古代歷史文化研究輯刊

二一編

王明蓀 主編

第 **27** 冊

近世穩婆群體的形象建構與社會文化變遷

張璐 著

國家圖書館出版品預行編目資料

近世穩婆群體的形象建構與社會文化變遷／張璐 著 — 初版 —
新北市：花木蘭文化事業有限公司，2019〔民 108〕
目 2+218 面：19×26 公分
（古代歷史文化研究輯刊 二一編；第 27 冊）
ISBN 978-986-485-745-6（精裝）
1. 助產士 2. 社經地位 3. 中國
618   108001545

古代歷史文化研究輯刊
二一編 第二七冊   ISBN：978-986-485-745-6

近世穩婆群體的形象建構與社會文化變遷

作　者　張璐
主　編　王明蓀
總 編 輯　杜潔祥
副總編輯　楊嘉樂
編　輯　許郁翎、王筑　美術編輯　陳逸婷
出　版　花木蘭文化事業有限公司
發 行 人　高小娟
聯絡地址　235 新北市中和區中安街七二號十三樓
　　　　　電話：02-2923-1455／傳真：02-2923-1452
網　址　http://www.huamulan.tw 信箱 hml 810518@gmail.com
印　刷　普羅文化出版廣告事業
初　版　2019 年 3 月
全書字數　201911 字
定　價　二一編 49 冊（精裝）台幣 122,000 元

近世穩婆群體的形象建構與社會文化變遷

張璐　著

作者簡介

張璐，女，1984 年出生，籍貫陝西省耀縣。
2002 年至 2006 年，就讀於南開大學歷史學院，攻讀歷史學專業，獲歷史學學士學位。
2006 年至 2009 年，就讀於南開大學歷史學院，攻讀中國古代史專業，獲歷史學碩士學位。
2009 年至 2013 年就讀於南開大學歷史學院，獲中國古代史專業博士學位。

提　　要

　　本文試圖通過搜集爬梳史料中零散的相關記載，來還原歷史上一個甚少被關注的小人物的群體——穩婆的生活狀貌，並藉由對諸多文本中有關的敘述來呈現穩婆的群體形象及其形象變遷，進而探究其豐富多樣的個人形象和單一刻板的群體形象間的落差所體現的社會文化意涵，以及不同階層的他者在產婆形象建構過程中所反映出的不同社會觀念。因此，本文不只是性別史和醫療史的研究，更是一項社會文化史的研究。

　　以一個較長的時段來研究，相對更有利於把握該群體形象的文化建構過程。因此本文從比較寬泛的角度來定義近世，即起訖於宋，而下至於民國。本文在探討穩婆形象時，對文本做了醫學書籍和文學作品等其他文本的兩類區分。穩婆因涉及婦女分娩領域，成為醫家頗為關注的對象。在醫書之中，自宋代，醫家已對穩婆的助產手法進行總結，表明在難產救助上醫家對其之倚重；至明代，在醫書中尚能見到技藝熟練之穩婆的存在；至清代，醫家表現出對穩婆之言的不信任與強烈排斥，穩婆在醫書中基本呈現忙冗慌張、混鬧誤事的形象。在文學作品或者個人日記等記述中，穩婆往往是活躍婦女社交氣氛的熱鬧角色，讓人發笑的滑稽角色，溫厚熱心的鄰家老婦，甚至被稱為「地獄菩薩」的人物。但是明清文學中人物類型化的傾向使得該群體的形象表現趨於一致化，常被塑造成墮胎、殺嬰或品行不端的負面形象。而近代的興論宣傳也在「衛生」等近代話語之下將穩婆認定成製造婦女悲慘境遇的劊子手。穩婆中多樣化的個人形象與穩婆群體單一的卑污形象形成一種矛盾。這種矛盾的形成主要因為：在醫學領域，傳統分娩醫學理論漸趨保守消極，醫者崇尚「瓜熟蒂落」的自然境界，而傳統醫學接生醫術的局限性使得穩婆成為產厄多發的替罪羔羊；在日常的道德教化中，穩婆侵入家庭私人生活空間等特點，又使其成了婦德教育的反面教材；而近代新法接生的引入與推廣這一產育「近代化」過程中，穩婆又在傳統和現代雙重力量的型塑下，成為與「科學」和「文明」無緣的「傳統」和「落後」的代名詞。由此可見，穩婆群體形象的形成與演變，很大程度上乃是社會文化觀念的使然，展現了文化建構的力量。

目
次

第一章 緒 論

一、選題緣起

筆者在在碩士階段選擇了天津一所綜合性善堂廣仁堂進行其醫藥功能方面的材料收集。在爬梳廣仁堂卷宗檔案的過程中發現一則有趣的材料，即在時已二十世紀初的清末，一些政府官員及社會精英認識到西方產科學以及婦嬰衛生行政的進步之處，認為中國強國必先「強種」，而中國的接生都交於「無知且粗魯」的穩婆，這是造成中國人體質孱弱、國力不強的原因，並因此提議在天津廣仁堂之內建立女醫學堂，遴選廣仁堂之內的節婦學習接生之術。然而廣仁堂方面的回應是，這些節婦都不識字，而且並不為自己的文化程度低感到羞愧，反而認為接生是「下流」穩婆做的事情，根本不屑於學。為能夠展現提議者與善堂方面對此事的討論，下面將雙方信件內容列出。

下文是光緒三十二年二月，天津官員麥信堅向袁世凱的提議：

> 教育之普及在乎人無不學，方今提倡新學，輸入文明，上下競以改良政俗為宗旨，而獨於婦科接生之法迄未講求。極其流弊所在，將益使民族微弱，社會悉蒙其影響。何則接生之優劣得失，關於孕婦之安康，與兒童之發育，為強種興國之最初起點。泰西各國，女醫學堂莫不有妊娠專科，設標本以供揣摩，自受孕以迄足月，型模畢具，學者研究體驗，灼見真知，然後出而行術，方有把握。蓋其事視醫藥為尤難，其害較疾病為尤烈，自不能不益加慎重。乃我國素無此學，竟以生死之機關，託諸不稟村婦之手，任其鹵莽從事，故難產之症誤於穩婆者十恒八九。譬諸修表之匠不知表中之輪齒，

演炮之弁不明炮體之機括，鮮不輕躁僨事。甚且未諳腠理，扡用刀割，傷生不辨緩急，動輒虛言恫嚇，大則戕人之命，小則詐人之財，其罪何勝擢髮。即幸而兩獲安全，而小兒墮地之初，關係甚重，往往接生不得其法，致令發育遲鈍，釀成疾病根源。因而體弱者有之，夭促者有之，若不加意改良，而欲使人人體質強壯，具有國民之資格，生成尚武之精神，必不可得。故欲養成完全之國民，應以設立女醫學堂，講求收接之術，為肇端之第一要義。獨是開辦之初，若盡招未笄女生，則數年以後始能卒業，緩實不足以濟急，其難一；女生嫁後，若夫家富足則未必復理舊業，誠恐良法美意或將廢於半途，其難二；華族女子多以跬步不出閨門為主義，夫家即不素封，又誰肯以年輕少婦深夜侍人臨蓐，其難三；且女與婦不同，婦科而以室女專習亦有隔膜，不能融貫之病，其難四；今若專招貧婦，則婦人有主中饋之義務，而又撫養兒女，料理家務，安能專心於學堂之中，其難五。因其難而籌其易，莫若將廣仁堂變通辦理，以收事半功倍之效。

下文是廣仁堂總督作出的回應：

所難者挑選學徒耳。查現在廣仁堂節婦五十餘人，除年老有疾者二十餘人外，其餘三四十人中約半攜有子女，又皆目不識丁，教授殊屬難施。且醫理精微，似須資質靈敏，心氣和平者，乃為合格。諸節婦從未受過教育，其性質粗鈍，能合格者甚屬廖廖。況風氣不開，彼等不自知程度不穀，而反視收生為下流穩婆之事，不屑於學。雖強迫之，而心態不專，亦難期成就。今為設立學堂，計惟有如麥道所擬，不能足額則行文附近各州縣，選送年在四十歲以內，粗通文字，心細品端之節婦，並招考堂外女生，前來肄習，統以二十名為額，以三年畢業。醫道與工藝不同，寧少取以求精，毋濫取以充數。然於其異日得心應手，確有把握，成一專家之業，則仍不敢必。蓋中國婦女，文學程度本來極淺，似不能數年內即邃造精微，大約畢業以後，較諸村婦穩婆微有見解，不至鹵莽誤事耳。

〔註1〕

〔註1〕 天津檔案館 J0130-1-000093 廣仁堂卷宗《光緒三十二年二月督憲袁箚興辦女醫學堂卷》。

廣仁堂總督的回應中說到其時「風氣不開」，所謂這種舊的「風氣」便是從事接生行當的穩婆被人們看不起，就連本身並無文化也並無身份地位的廣仁堂節婦，也視接生為「下流」穩婆做的事情。那麼，為何人們對接生及從事接生的穩婆持這種鄙視的態度呢？接生本身屬於下賤之事嗎？產育是婦女生活中普遍性的事件，接生者也是分娩之時所必不可少，然而，穩婆這個群體為何被普通人也視為「下流」？此處「下流」即地位微賤之意。可以說，廣仁堂節婦們談及穩婆的心態引起我的興趣，但尚未對我形成進一步研究的動機，也並未考慮要作為博士論文的選題，只是作為待解的問題存疑。

在研究生學習期間的歷次讀書會中，逐漸閱讀到一些有關婦女史與醫療史互動交叉的力作，例如《繁盛之陰》〔註2〕、《技術與性別》〔註3〕等，而其交叉互動的領域便離不開生育這個議題。圍繞女性的身體健康與生育問題，穩婆這類群體也進入研究者的研究視野。李貞德即說，「醫療史上的一個重要性別課題即是：女性在生育文化和健康照顧活動中的位置與形象。」〔註4〕而通過閱讀，我之前有關「穩婆為何低賤」的疑問有了一些模糊的解答。例如在《技術與性別》中，白馥蘭將婦女勞動分為生產性勞動與生育性勞動。生產性勞動即「女織」，對於士大夫來說，「女織」有維持社會秩序和賦稅的意義，對國家之維繫發揮著積極作用。因此出現這樣的分歧：在民間家長制中，婦女的生育角色越來越突出，而明清正統思想卻繼續描繪一個「男耕女織」的理想世界。〔註5〕由此，我們看到這樣一個現象，即婦女的生產性勞動被看作是褒揚性形象，而有關生育則總是與污穢相聯繫。《繁盛之陰》中也揭示了一個與此相類似的悖論：即在宇宙論上，生育是崇高與神聖的，而實際生活中，生育則是與污穢和禁忌相聯。〔註6〕

用生育的污穢性來解釋穩婆群體地位的低賤是可以考慮的因素之一，但

〔註2〕 （美）費俠莉著，甄橙主譯：《繁盛之陰：中國醫學史中的性（960～1665）》，南京：江蘇人民出版社，2006年。

〔註3〕 （美）白馥蘭，江湄、鄧京力譯：《技術與性別——晚期帝制中國的權力經緯》，南京：江蘇人民出版社，2006年。

〔註4〕 李貞德：《唐代的性別與醫療》，鄧小南主編：《唐宋女性與社會》，上海：上海辭書出版社，2003年，第417頁。

〔註5〕 （美）白馥蘭著，江湄、鄧京力譯：《技術與性別——晚期帝制中國的權力經緯》，南京：江蘇人民出版社，2006年，導言第5頁。

〔註6〕 （美）費俠莉著，甄橙主譯：《繁盛之陰：中國醫學史中的性（960～1665）》，南京：江蘇人民出版社，2006年，第90～100頁。

似乎並不全面。接下來讀到一些婦女史著作諸如《內閣》〔註7〕、《閨塾師》〔註8〕、《綴珍錄》〔註9〕等，其嶄新的學術視角與研究方法以及資料的運用，讓我覺得揭示所謂「失語群體」的日常生活成爲可能。這些研究也展示出，「歷史面貌」是如此多樣，如果陷入既定結論的窠臼，歷史研究便會僵化而無趣。但同時我也覺有些遺憾，即這些知識女性或者大家閨秀也只是婦女中的一部分群體，而廣大無知無識的婦女或者說生活在底層社會的婦女卻彷彿仍不被研究者所關注。

在和同學的一次交流中，同學提到她正在閱讀的一本專著《治療工作：南方種植園中的治療、健康和權力》〔註10〕，作者講到南方種植園中的黑人產婆，雖然受到白人醫生的鄙視，但卻因爲接生這份職業可以出入各個莊園，有外出的權利和相對的人身自由。書中涉及白人醫生與黑人產婆之間的權力關係，同時也表明，黑人產婆正是憑藉接生的技術在其有限生活空間內爭取到最大的自主性。這次交流讓我開始思考之前就有的「穩婆地位卑微」這個問題，開始認爲這個題目具有一定的可行性。因爲穩婆是爲數不多擁有專業技能的人，她們的技能賦予她們特殊的社會地位、社會流動性以及掙錢的能力。這些都會使得她們在男權社會中的地位和形象區別於其他女性。但是她們的形象總是並不光輝的形象，這是否體現了性別之間的權力關係？另外可以考察一下產婆所屬的階層；她們的技能傳承；她們與男性醫生的衝突與矛盾；她們在文學作品中是如何被表現的，體現了時人對她們的什麼態度，爲什麼會有這種態度；等等。

劉志琴在強調「貼近社會下層看歷史」時說：由於時代和當事者的局限，前人留下的資料，遠不能反映社會的全息和事態的全貌，即便是當事者的記錄，也可能如魯迅在《華蓋集》中所說：「因爲塗飾太厚、廢話太多，所以很不容易察出底細來。正如通過密枝投射在莓苔上面的月光，只看見點點碎影。」最大的空缺是社會下層民眾的動向，史學研究需要從點點碎影中修復這歷史

〔註7〕 （美）伊沛霞著，胡志宏譯：《內閣：宋代的婚姻和婦女生活》，南京：江蘇人民出版社，2004年。

〔註8〕 （美）高彥頤著，李志生譯：《閨塾師：明末江南的才女文化》，南京：江蘇人民出版社，2005年。

〔註9〕 （美）曼素恩著，定宜莊、顏宜葳譯：《綴珍錄：十八世紀及其前後的中國婦女》，南京：江蘇人民出版社，2005年。

〔註10〕 Sharla M. Fett, *Working Cures: Healing, Health, and Power on Southern Slave Plantations*, University of North Carolina Press, 2002.

的殘缺，從社會下層發掘足以反映歷史變動的軌跡，以最大限度地接近歷史的眞相。〔註11〕

　　筆者選擇穩婆群體作爲博士論文題目，實因爲筆者對社會下層人群的生活狀態抱有濃厚興趣。同時筆者也一直較爲關注醫療史與婦女史的交叉領域。在婦女史領域，其研究重點一向放在貞節烈女的議題之上，而近年來也已注意到中國婦女多元化的角色，但不論是探討貞節烈婦，還是探討名門閨秀，這些也無一不是以男性視角爲中心。即便是處於下階層的妓女群體，也因是處於男性較關注的群體範圍之內，留下頗多相關筆記詩詞等記載，成爲研究的熱門，早在 20 世紀初的婦女史研究中就已有專章論述。〔註12〕直到近些年來，學者認識到「僅僅討論貞潔烈女尚未能窺見當時婦女的全貌，中下階層的婦女是社會構成的要素之一，其形象非『貞烈』一詞可以概括」，〔註13〕而將研究範圍拓展至「三姑六婆」等以往不被關注的中下階層的婦女，不斷充盈著婦女生活多樣化的面貌。而女性醫療從業者是在二十世紀末藉由醫療史的興起才進入研究者視野的，穩婆作爲生育事件中不可或缺的群體引起研究者的注意。筆者正是在對這兩個領域的交叉方向的關注中產生了對穩婆群體進行深入研究的興趣。

二、學術回顧

　　如選題緣起所言，本文題目是在醫療史與婦女史的結合領域中所產生，試圖揭示歷史上婦女產育經歷中所必不可少的助手——穩婆群體的相關面貌。因此，本文所涉及的前人研究與以下兩個方面相關：性別史與醫療史視野下的產婆群體研究；有關產育的文化史研究。

（一）性別與醫療史視野下的穩婆群體研究

　　本文力圖透過中國穩婆群體的形象建構來展現社會文化，似乎應該從該群體如何進入研究者視野的緣由談起。這恐怕與西方史學界的影響較爲有

〔註11〕周積明、宋德金主編：《中國社會史論》（上），武漢：湖北教育出版社，2005 年，第 109 頁。

〔註12〕參見陳東原：《中國婦女生活史》，上海：上海書店，1984 年。根據商務印書館 1937 年版複印。

〔註13〕衣若蘭：《三姑六婆——明代婦女與社會的探索》，臺北：稻香出版社，2002 年，第 8 頁。

關。在上世紀末，「女性與醫學」的課題便已逐漸受到西方醫學世界的重視。德國醫學史家 Fohanna Geyer-Kordesch 於 1993 年的一篇研究回顧便已指出這個趨勢，其中尤以產婆/助產士的研究成果最為豐碩。其他醫史學家也指出，十八世紀歐洲啟蒙時代「醫學科學」的一項重大改變是「分娩」行為與技術的改變。十八世紀婦科醫學的最重要發展是助產士開業醫生階層的興起，以及婦幼疾病被納入正統醫學範疇。這些特點都是醫學史家汲汲欲探索的主題。而在此之前，西方有關產婆／助產士的研究已有悠久的傳統，自十八世紀英國首次出現男性助產士以來，就陸續有相關研究出現，當時還有一批醫學作家、醫生及學者專門針對此新興現象作了相當完整的記載與研究，這些研究成為當代西方醫史著作的重要依據。〔註 14〕由此可見，產婆群體進入西方學者的視野是伴隨分娩醫療化〔註 15〕的過程而出現。

　　1990 年代以來，醫學史界又將焦點上溯至十八世紀中期（男性助產士誕生）之前的歐洲國家。1993 年醫學史家 Milary Marland 編輯出版了論文集《產婆的技藝》〔註 16〕，此書的出版戳破了史學家對十七世紀前產婆污名化〔註 17〕形象的迷思。因受到男性醫者及助產士對產婆的攻訐影響，我們對當時產婆的印象不外乎是一些上了年紀、中下階層、已生育過、未受正統醫學訓練、

〔註 14〕 蔣竹山：《從產婆到男性助產士：評介三本近代歐洲助產士與婦科醫學的專著》，《近代中國婦女史研究》1999 年第 7 期（臺北），第 224 頁。

〔註 15〕 所謂「分娩醫療化」，可以理解為西方 18 世紀以後新的助產術通過新式助產者應用於分娩領域的過程；與此同時，大量新醫院尤其是世俗醫院的出現為臨床醫學的誕生提供了場所，產科也與這種醫學的整體轉向相一致。此外，人口統計作為一種新的政治技術使得分娩被納入國家的總體規劃，從而進一步推進了分娩的醫療化與國家化進程。參見盧彥名：《疼痛的隱喻——17、18 世紀英國產科醫學史的另一種敘事》，《理論界》2008 年第 5 期，第 190 頁。

〔註 16〕 Hilary Marland ed., *The art of midwifery: early modern midwives in Europe*, London and New York: Routledge, 1993.

〔註 17〕 所謂污名化，即一個群體將人性的低劣強加在另一個群體並加以維持的過程。通俗地說，污名化反映了兩個社會群體之間一種單向「命名」的權力關係，它體現為群體特性與另一群體加諸於該群體之上的印象之間的一種特殊關係，這種特殊關係即具污名的一方和另一方之間的互動，而污名化就是這一互動關係不斷發展以至最後成為凝固現實的過程。唐魁玉、徐華：《污名化理論視野下的人類日常生活》，《黑龍江社會科學》2007 年第 5 期，第 141 頁。另外可參考戈夫曼：《污名——受損身份管理箚記》，宋立宏譯，北京：商務印書館，2009 年，第 2～6 頁。B.G.Link 和 J.C.Phelan 又將污名分解為貼標籤、刻板印象、隔離、地位喪失和社會歧視等五個要素。管健：《污名的概念發展與多維度模型建構》，《南開學報》（哲社版），2007 年第 5 期，第 127 頁。

無法接生難產、及與女巫沒有兩樣的已婚老婦或寡婦。然而實際上，將產婆與女巫所做的聯想，根本就是歷史學家「想像的作品」，以及教士們妒忌產婆篡奪了他們的角色因素作祟。〔註18〕

　　此論文集提出了產婆污名化形象的主題，研究者力圖挑戰與產婆有關的根深蒂固的觀念。這對於國內「女性與醫療」相關主題的研究不無啓發，有關產婆群體的研究陸續出現，產婆污名化形象及其原因也多被提及和分析。同時，我們也可看到不同於中國經驗的一些西方歷史現象：例如男性醫者與產婆在具體接生領域的競爭、教會與產婆施洗角色的衝突等等。這給我們的啓發是，穩婆群體的低賤形象是與其他群體的「妒忌」有關。

　　關於中國方面的研究，吳一立1998年的博士論文《秘傳：中華帝國晚期長江下游地區的醫生和婦科》〔註19〕及其2010年出版的專著《分娩的婦女：中華帝國晚期的醫療、隱喻與分娩》〔註20〕，兩項研究皆立足於醫療文本產生與傳播的環境，著眼於中醫婦科知識的正統性與合法性的建立。其博士論文以江南爲地域範圍，分析竹林寺女科以及幾個世醫家族的醫學知識來源。而其專著則打破了地域限制，增加了對流行於晚清的《達生編》的醫藥小冊子的研究，她爲我們揭示了一個現象，即竹林寺女科和《達生編》爲代表的通俗婦科醫療知識的產生與流傳，都不是專業醫生所把持，而這些「業餘者」卻擁有一種合法性，成爲晚清婦科知識的代表，在廣大民眾及各類階層中產生廣泛影響。這些「業餘者」的合法性來源主要是民眾對其學養與地位的信任、果報信仰的動機以及宗教威信。這或許對我們理解傳統婦科醫學知識在大眾中的傳播有所助益。吳一立在其專著中還指出了這樣耐人尋味的現象：即中國的文人學士（literate gentleman）通過貶低沒有文化的僅使用一些指南的實踐者（unlettered manual practitioners）來抬高自己的名譽。在清代，男性儒醫將正統醫學（literate classical medicine）視爲藥方的學問和藝術，而將產婆視爲手冊指南的使用者。在晚清，西醫忙於搶奪產婆的接生實踐地盤時，中國男性醫者則在認識論上強調自己的權威：處理難產的具體實踐歸於產婆

〔註18〕蔣竹山：《從產婆到男性助產士：評介三本近代歐洲助產士與婦科醫學的專著》，《近代中國婦女史研究》1999年第7期（臺北），第225～226頁。

〔註19〕Yi-Li Wu, *Transmitted Secrets: The Doctors of the Lower Yangzi Region and Popular Gynecology in Late Imperial China*, Yale University,1998.

〔註20〕Yi-Li Wu, *Reproducing Women: Medicine, Metaphor, and Childbirth in Late Imperial China*, university of California press, 2010.

的地盤，而監督婦女生育健康則是男醫的領域。這種分娩哲學的認識論使得男醫通過對婦女懷孕的身體有更高層次的監督而將自我正統化。這同時也意味著，產科實踐不斷遠離中國儒醫的專業策略與自我認同。〔註21〕

費俠莉於 1987 年發表論文《晚清的懷孕、分娩與嬰兒期的概念》〔註22〕，分析了晚清醫學與性別關係的建構。認爲婦產科醫學塑造了儒家性別關係的雙重模型：一方面，在家長式社會秩序裏面，婦女是病態、身體虛弱、依賴他人的性別角色；另一方面，婦女的一些惡習——憤恨、激情、放縱——對家庭秩序造成破壞，並且會造成懷孕以及嬰兒的病態無序。男性醫學權威通常是依靠有閒階層或者士紳階層贊助，他們爲母親們規定健康的養生法，並且將之看做一種道德訓練與道德規範。母親以及孩子的健康依賴於冷靜的品格，這種品格同樣爲家長制家庭所需，適用於對妻子的角色管理。例如《達生編》一類的書籍強調婦女分娩時的自我管理。對於醫生與產婆之間的關係，作者認爲由於性別隔離的觀念比西方更甚，因此在中國，分娩更是一項男人被排除在外的事情，然而同歐洲一樣，產婆與醫生之間也存在階級的對立以及職業上的競爭，產婆由於沒有受過醫學訓練，社會地位較低。

1999 年費俠莉《繁盛之陰：中國醫學史中的性（960～1665）》的英文版出版，中文版於 2006 年由甄橙主譯出版。〔註23〕費俠莉的研究範圍主要是元明兩代的婦產科醫學。在最後一章中，她以醫案爲主要資料，將被稱爲「婆」等處理分娩或提供江湖醫術的女性或擁有或高或低治療技能的女性統稱爲「女醫」，通過大量醫案說明這些女醫的存在價值與存在的合理性。作爲一名女性主義學者，費俠莉力圖恢復女醫這些邊緣人群在歷史上的主體性與能動性。雖然穩婆之類並未像允賢那樣的才女留下自己的醫案，然而從男性話語對她們形象的攻擊中，足以體現出穩婆對男醫構成的緊張關係，由此判斷穩婆有其不可替代的社會價值與社會功用。例如產婆一詞本身就體現了男性的攻訐：對她們的獨立性和流動性、必要性以及關於身體的性知識。其中，藝

〔註21〕 Yi-Li Wu, *Reproducing Women: Medicine, Metaphor, and Childbirth in Late Imperial China*, university of California press, 2010, pp.186-187、226.

〔註22〕 Charlotte Furth, Concepts of Pregnancy, Childbirth, and Infancy in Ch'ing Dynasty China, *The Journal of Asian Studies*, Vol.46,No.1 (Feb.,1987), pp.7-35.

〔註23〕 Charlotte Furth, *A Flourishing Yin: Gender in China's Medical History, 960-1665*，英文版由加州大學出版社 1999 年出版；中文版由江蘇人民出版社 2006 年出版。

術作品把產婆刻畫成庸俗的人，醫家談論的是產婆的粗暴動作和拙劣技術。〔註24〕此書對穩婆群體的污名化探討較爲深入。

另外，學者凱思・維多利亞於 1986 年發表論文《明代女性治療者與禮儀房》，以《宛署雜記》的材料爲主，分析了明代京城爲宮廷服務的女性醫療者。女性醫療者包括乳母、藥婆、穩婆、醫婆、巫。明代是正統女性形象已經建立的時代，這些女醫因而成爲非正統的女性形象。她們離開家的活動領域，出入公私空間，並獲得權利與生計，有獨立生存能力。正是由於她們的醫療技術與看護職業，而受到了男性精英的批評與懲罰。〔註25〕

臺灣自 1980 年代後婦女史蓬勃發展，1990 年代以來醫療史也方興未艾，醫療史的發展對婦女史的研究產生衝擊，產生出不少前所未見的主題。婦女史的性別意識也使得醫療史突破對經典名醫的研究，將日常生活中女性擔任健康照護問題納入討論範圍。例如李貞德的研究集中在中古時期醫護文化中的女性角色。她在《漢唐之間醫書中的生產之道》一文〔註26〕討論了婦產科發展與助產問題。《病源論》中屢言助產者應如何，顯示分娩中的主要助產者不是醫生，然而醫生對於一般分娩卻頗有意見，並且不排除助產失理造成產婦危殆的看法。雖然一般看產者未必受過專業訓練，但是自漢以來應當已有以看產爲職業者。助產者可能是因爲貧困需要收入而幫人助產，也可能是較有經驗的婦人，「善看產」的名聲在鄉里間逐漸傳開，而被公認爲地方上的產婆。其《漢唐之間的女性醫療照顧者》一文〔註27〕論述了漢唐之間女性爲人治病，有巫祝符咒禱解、物理治療、依靠醫藥三種形式。所治療者主要圍繞產育相關疾病，包括代人求子解決不孕、看產並視產乳之疾等。有些依仗口碑活動於民間，有些則以醫技邀寵於皇室。就其醫療技術而言，女巫或賴神啓，看產倚靠經驗，醫藥知識大概源於生活經驗與家學背景。其中助產爲貧困婦女的一門營生之道。然而，女性從事醫療照顧未嘗不受限制。除了宗教

〔註24〕（美）費俠莉著，甄橙主譯：《繁盛之陰：中國醫學史中的性（960～1665）》，南京：江蘇人民出版社，2006 年，第 249～254 頁。

〔註25〕Victoria B. Cass, Female Healers in the Ming and the Lodge of Ritual and Ceremony, *Journal of the American Oriental Society*, Vol.106, No.1,1986, pp.233-245.

〔註26〕李貞德：《漢唐之間醫書中的生產之道》，原載《中央研究院歷史語言研究所集刊》第 67 本第 3 分（1996 年），收入李建民主編：《生命與醫療》，北京：中國大百科全書出版社，2005 年，第 56～161 頁。

〔註27〕李貞德：《漢唐之間的女性醫療照顧者》，《臺大歷史學報》，1999 年第 23 期，第 123～156 頁。

女性如尼、冠、女巫等群體的醫療活動曾遭禁絕之外，在唐代官方醫學考核過程中，也因將明堂經脈爲醫學知識正統、以本草針藥爲治療方式主流，而將習於手治的女性醫療者排除在外。

梁其姿 1991 年發表的論文《前近代中國的女性醫療從業者》分析了前近代包括產婆在內的女醫群體，探討女性醫療從業者的形象與現實之間的差距。該文探討了宋代以來產婆的形象演變脈絡，認爲產婆負面刻板形象的形成，是由於排斥非我族類如女醫、巫醫等的正統醫學的形成，以及道學家的文字及通俗文學所塑造出來的。產婆不受信任，但是她們又不可或缺，這種悖論產生的原因主要是由於性別隔離：自宋朝以來，反對女人進入公領域的理學興起。產婆群體負面刻板形象的建構本質上是受到理學意識形態的影響。〔註28〕

對於古代產婆的刻板印象，衣若蘭在《三姑六婆──明代的婦女與社會》裏也有所總結。「三姑六婆」經過歷來文藝作品的塑造，這個群體已經有其典型的公眾形象。衣若蘭將之歸納爲「巧爲詞說、搬弄是非」、「貪財好利、盜騙財物」、「惑亂人心、媒介姦淫」三類特點。〔註29〕三姑實際上指的是宗教婦女（尼姑、道姑、卦姑），六婆則是「牙婆、媒婆、師婆、虔婆、藥婆、穩婆」。其中六婆中的三個明顯是與醫療專業有關。〔註30〕

趙婧、周春燕、李亞琴以及姚毅等人的論文雖然都立足於近代婦女衛生事業的研究，但是也關注到傳統穩婆群體，並以此引出現代助產教育對這些傳統穩婆的改造。趙婧的《助產士與中國近代的分娩衛生》一文從助產士的訓練、助產士與產婆和產科醫生之間的職業競爭介紹了助產士的生存狀態。

〔註28〕 梁其姿著，蔣竹山譯：《前近代中國的女性醫療從業者》，收入李貞德、梁其姿主編《婦女與社會》，北京：中國大百科全書出版社，2005 年，第 373～374 頁。

〔註29〕 衣若蘭：《三姑六婆──明代婦女與社會的探索》，臺北：稻香出版社，2002 年，第 18～32 頁。

〔註30〕 梁其姿著，蔣竹山譯：《前近代中國的女性醫療從業者》，收入李貞德、梁其姿主編《婦女與社會》，北京：中國大百科全書出版社，2005 年，第 355 頁。將「三姑六婆」首次做群體研究的可見衣若蘭《三姑六婆──明代婦女與社會的探索》，臺北：稻香出版社，2002 年。另外有，劉桂秋：《明清小說中的「三姑六婆」》，《文史知識》2006 年第 5 期，第 49～55 頁。王露：《淺議「三姑六婆」與晚明社會的關係──以《金瓶梅》爲中心》，吳兆路，甲斐勝二編著：《中國學研究》第十二輯，濟南市：濟南出版社，2009 年，第 126～130 頁。等等。

助產士遭遇的職業困境有兩個原因造成，除了產科醫生外，穩婆是其競爭對手。助產士往往自視太高，不屑做下層工作，不願去窮鄉僻壤。相比之下，產婆態度和易，收費低廉，受到民眾歡迎，成爲分娩助手之爭的勝利者。〔註31〕其博士論文《近代上海的分娩衛生研究（1927～1949）》〔註32〕論述了近代上海「穩婆不穩」的形象以及分娩衛生中改造產婆的情況。

　　周春燕的《女體與國族：強國強種與近代中國的婦女衛生（1895～1949）》〔註33〕從女子成爲「國民之母」這一觀念的興起，探討女性身體相關的月經、孕產如何從傳統轉向被現代醫療制度所關照。論著開闢專章，探討了清末民初中國的助產行業，如何從傳統跨足現代，以及傳統穩婆在此發展中所承受的壓力，及其最後被改造、被納入國家的監控體系的過程。文章從產婆與難產、產婆與病菌兩方面概述了時人對產婆的非難，在傳統產婆面臨近代助產事業發展過程中的命運方面，列舉了政府以及西醫人士開辦產婆訓練所、頒佈「接生婆管理規則」、監督接生婆等改良助產事業的幾種舉措。可以看出作者論述了以公權力或者西醫話語權力下的穩婆形象。

　　李亞琴《民族國家的重建與助產革命：以滬寧地區爲中心的觀察（1928～1937）》一文〔註34〕，選取南京國民政府較快發展的十年對此期間的助產教育進行研究，1928 年國民政府衛生部成立，全國始有較爲系統的衛生行政的發展與監督機構，作者以傳統產婆社會形象的描述爲切入，認爲隨著西方醫學知識，尤其是產科知識的發展及大規模傳入中國，對個別產婆的批評開始轉向對整個產婆群體的批評。其中，對傳統產婆的批判尤爲突出：藏污納垢的長指甲，基本消毒觀念的缺乏，以及訴諸於鬼神果報的愚昧思想，成爲科學話語投射下傳統產婆的一種寫照。而助產士群體被賦予新女性的身份，使她們具有強烈的推動社會進步與民族強盛的使命感，這與民族國家的重建具有極爲密切的關係。

〔註31〕 趙婧：《助產士與中國近代的分娩衛生》，《醫學與哲學（人文社會醫學版）》，2010 年第 31 卷第 3 期，第 65 頁。

〔註32〕 趙婧：《近代上海的分娩衛生研究（1927～1949）》，復旦大學博士論文，2009年。

〔註33〕 周春燕：《女體與國族：強國強種與近代中國的婦女衛生（1895～1949）》，臺北：國立政治大學歷史學系，2010 年。

〔註34〕 李亞琴：《民族國家的重建與助產革命：以滬寧地區爲中心的觀察（1928～1937）》，南京大學歷史系碩士論文，2006 年。

　　2011 年出版的姚毅《近代中国の出産と国家・社会》一書〔註35〕以北京爲研究中心，也呈現了近代訓練接生婆、培養新式助產士這一生育近代化與國家化的歷程。此書主要關注近代助產事業，但也對傳統穩婆狀況有所歸納。

　　傅大爲《亞細亞的新身體》旨在關注近代化過程中醫療、性別與身體的複雜互動與演化，近代臺灣存在傳統產婆（主子婆、先生媽）、日治時代訓練的產婆、與戰後助產士之分，〔註36〕而傳統產婆是被現代/文明、傳統/落後的二元標準所污名化。臺灣民間歌仔冊中的產婆完全是另一種被歌頌的形象。〔註37〕有關近代臺灣地區助產事業開展的研究成果比較豐富，內中對臺灣傳統接生婆狀況也多有論述。例如洪有錫、陳麗新的《先生媽、產婆、婦產科醫師》一書提到，日治時期以前的臺灣社會並沒有接生者的養成制度，接生行爲大多由傳統接生者「先生媽」擔任。文章從醫師、內地產婆、新聞人士與政府官員四方面歸納了對先生媽接生狀況的評價，顯見當時臺灣總督府爲了掃除先生媽，並希望民眾多加利用新式產婆，所以通過報紙凸顯先生媽負面的評價不遺餘力。〔註38〕游鑒明 1993 年發表《日據時期臺灣的產婆》，也分析了關於產婆訓練的開端及發展。〔註39〕吳嘉苓的《醫療專業、性別與國家：臺灣助產士興衰的社會分析》〔註40〕對戰後臺灣的助產教育進行了研究，比較側重於助產士的養成方面。

　　楊念群的研究爲讀者提供了產婆群體在新式助產事業勃興下生存狀態的複雜圖景。其研究力圖展現產婆形象以及新式產婦都是如何「塑造」出來的，

〔註35〕姚毅：《近代中国の出産と国家・社会》，東京：研文出版，2011 年。

〔註36〕在臺灣，國民黨時代訓練出來的產婆通常叫助產士。而產婆一詞來自日文，原來只稱呼日治總督府醫療訓練出來的助產婦女，但是後來因種種原因，產婆一詞頗爲流行，許多沒有受過新醫療訓練的傳統拾子婆（或主子婆、穩婆、先生媽），也被叫爲產婆，爲以示區分，傅大爲的研究將她們稱爲傳統產婆。參見傅大爲《亞細亞的新身體：性別、醫療與近代臺灣》，臺北：群學出版有限公司，2005 年，第 83 頁。

〔註37〕傅大爲：《亞細亞的新身體：性別、醫療與近代臺灣》，臺北：群學出版有限公司，2005 年，第 93～108 頁。傅大爲通過歌曲裏面所顯露的民間生活氣氛、產婆的禱祝儀式、又缺乏任何醫療色彩與描述，認爲曲中應指傳統產婆。

〔註38〕洪有錫、陳麗新：《先生媽、產婆與婦產科醫師》，臺北：前衛出版社，2002 年，第 7～16 頁。

〔註39〕游鑒明：《日據時期臺灣的產婆》，《近代中國婦女史研究》第 1 期，1993 年 6 月，第 49～88 頁。

〔註40〕吳嘉苓：《醫療專業、性別與國家：臺灣助產士興衰的社會分析》，《臺灣社會學研究》，2000 年 7 月第 4 期，第 191～268 頁。

傳統生育空間如何經過規訓、監督的行政過程完成醫療化的轉變。楊念群指出，傳統社會中產婆的社會文化功能大於醫療功能，傳統社會產婆的公眾形象主要在於主持公眾儀式，而北京衛生試驗區的例子說明，「自然社區」與「醫療社區」重疊後，接生成為要符合衛生行政要求的純粹醫療事件，產婆成為受取締的對象，自然社區的傳統資源與地方網絡被破壞。他通過檔案中新式助產士、監控者、產婆、產婦及其家屬的多重聲音，分析權力關係博弈的過程，不僅可以看出產婆的負面形象是「權力」塑造的結果，普通民眾「對日常生活的認知邏輯也在被強行予以塑造」〔註41〕，產婦及其家屬對傳統接生方式的自覺認同與對現代醫學制度的曲意逢迎的雙重心態也是這個歷史過程中的生動細節。現代醫療體系的醫務人員依靠專門化的技術手段和國家力量的支持獲得權威性，而非依靠自然社區內的傳統資源，比如舊有人際關係。〔註42〕

　　賀蕭與高小賢等人於 1996 年開始一起研究 1950 年代農村社會主義建設，通過田野調查努力搜集中國農民的個體和群體記憶，來揭示政府運動以外的邊遠地區/邊緣人群的歷史。1950 年代共產黨完全繼承了國民黨在接生問題上的舉措，即批判和復訓舊產婆又努力訓練新法接生員。但是共產黨的經驗是團結舊產婆而不是單純打擊，通過樹立勞模等方式，反覆強化舊產婆堅持不懈向農民宣傳新法接生的積極形象。而一些官方資料所無法展示的東西，賀蕭在她們的採訪記錄中向我們展示了一二。劉西罕是陝西西關的一位經過培訓的積極宣傳新法接生的傳統產婆，但是當地的群體記憶除此之外還有劉西罕接生的種種魍魅，生產的危險與不祥同消毒醫療器械一樣是 50 年代農村婦女的真實記憶，即使新法接生也無法驅除這種不祥，當地人都說劉西罕「接生給接死了」，關於她到鬼界接生等傳說反映了古老而強烈的群體恐懼，而劉西罕的個人恐懼只能在害怕被當作迷信受到政府批判的另一恐懼之下保持沉默。〔註43〕賀蕭的採訪向我們生動展現了國家運動之下，群體生活的國家時間與其他時間是共存的，知識、觀念和行為並不以單線程、直線型的模式傳播，而是可以以複雜的方式流動擴散。

〔註41〕楊念群：《再造「病人」：中西醫衝突下的空間政治（1832～1985）》，北京：中國人民大學出版社，2006 年，第 158 頁。

〔註42〕楊念群：《「蘭安生模式」與民國初年北京生死控制與空間的轉換》，《社會學研究》1999 年第 4 期，第 111 頁。

〔註43〕（美）賀蕭：《生育的故事：1950 年代中國農村接生員》，王政、陳雁主編：《百年中國女權思潮研究》，上海：復旦大學出版社，2005 年，第 323～327 頁。

　　復旦大學碩士生於文曾與賀蕭一同進行了陝西農村地區接生員的採訪工作，並於 2008 年完成碩士論文《生育與國家：1950 年代中國婦嬰衛生運動中的政治、科學與性別》〔註44〕，論文以表象（representation）體驗（perception）等後現代詞彙爲理論引導，綜合官方出版物、地方檔案以及口述史訪談等數據，對比國家生育改革的「表達性建構」和地方實踐，考察婦嬰衛生對新生政權的政治和社會動員意義。與民國時期公共衛生改革家的興論不同，新國家政權的宣傳語境中，帶來婦嬰死亡的是反動階級和舊的國家制度，而不再是舊產婆們的雙手。生育改革也不再只承擔晚清以來富國強中的訴求，而是體現了只有新國家才能帶來的福利。官方媒體大量塑造農村舊式產婆通過學習「新法接生」獲得群眾歡迎、成爲婦聯衛生委員的模範形象，與民國時期大肆宣傳舊產婆愚昧落後的形象不同，在 50 年代的官方敘事中，舊產婆獲得了新的身份認同與社會尊敬，而尊敬的要點不在於她們學會了科學的接生技術和傳播公共衛生的意識，而在於改掉了「收禮物」等舊社會習氣，成爲「官家人」。通過改造舊產婆，政府有意利用地方資源幫助國家形象深入基層。這與楊念群所研究民國時期北京政府打破原有舊的地方資源正相反。

　　有關性別與醫療相結合的研究，並不是單純的婦產科歷史的發展研究，然而醫史學界對於婦產科發展歷史的研究更具備醫學理論背景，因此是歷史研究者必不可少的知識參考來源。本文得益於馬大正《中國婦產科發展史》和張志斌《古代中醫婦產科疾病史》很多，此二書對於古代婦產科學的梳理全面而清晰。需要說明的是，隨著醫學界與史學界的交流日益頻繁，很多醫學史研究成果兼具醫學理論背景與史學問題意識，因此區分所謂「內史」與「外史」的界限逐漸模糊。例如熊秉眞《幼幼——傳統中國的襁褓之道》一書〔註45〕即是如此，本文亦從中借鑒很多幼科方面醫學知識。

（二）有關產育的文化史研究

　　考察歷史上對助產者角色的認知過程，必然還與社會對產育的認知密切相關，這涉及到文化史的研究。婦女懷孕、分娩、經血等具有污穢性是世界性的觀念，很多種族都有此種信仰。這種「污穢」不是單純可以洗淨的「髒」

〔註44〕於文：《生育與國家：1950 年代中國婦嬰衛生運動中的政治、科學與性別》，復旦大學歷史學系碩士論文，2008 年。

〔註45〕熊秉眞：《幼幼：傳統中國的襁褓之道》，臺北：聯經出版社，1995 年。

的觀念，而是具有「危險」的含義。〔註 46〕這種觀念本身就是值得研究的課題。對中國女性身體觀的最早研究，可以追溯到江紹原在 1926 年發表的《中國人的天癸觀的幾方面》一文〔註 47〕，這篇文章分析了關於月經污穢觀念的來源與表現，指出污穢意味「危險」，因此具有「不吉」和「祛害」的雙重力量。猶太教、佛教、回回教中都有對月經以及女人的污穢以及禁忌觀念，〔註 48〕這些宗教起了不同程度的影響作用，但是為何各宗教會有月經污穢或者女人污穢的觀念，江紹原對這一點則缺乏理論層面的分析。

　　國外結構主義興起後，人類學對「污穢」的研究積累了一些理論分析的成果。道格拉斯 1966 年出版的《潔淨與危險》，對污穢行為的考察具有開創性意義。她認為清潔與分隔、分類相聯，污穢即「無序」，本質上講是混亂的無序狀態（matter out of place），污穢不是獨立存在的，有污穢的地方必然存在一個系統。關於污穢的觀念是一種象徵體系。污穢也即「禁忌」，對於社會結構來說，禁忌（包括宗教禁忌）維持著社會秩序的建構。「污穢」與「無序」相聯是一個啟發性的研究進路。沒有出生的孩子具有「危險」的意義可以解釋為它的社會位置不明，狀態以及身份都無法定義。列維・布留爾還注意到，有些時候經血和流產也會引發同樣的觀念。毛利人把經血看作一種有缺陷的

〔註 46〕古人所謂」不乾淨「異於我們今人普通所謂不乾淨。他們所謂「不乾淨「，意為「污穢」，含有極凶、極危險、可以致命、萬不可接觸諸意。參見江紹原：《中國人的天癸觀》，《晨報副刊》1926 年 3 月 8 日，第 143 頁。

〔註 47〕江紹原：《中國人的天癸觀》，《晨報副刊》1926 年 3 月 8 日。女體污穢具有「不吉」和「驅害」的雙重力量。這點學者已有不少研究成果。例如對於漢唐之間產婦污穢的問題，討論可見李貞德《漢唐之間醫書中的生產之道》，「隔離、禁忌與產乳不吉」，原載《中央研究院歷史語言研究所集刊》第 67 本第 3 分（1996 年），收入李建民主編：《生命與醫療》，北京：中國大百科全書出版社，2005，第 574～578 頁。以及氏著《漢唐之間醫書中的忌見婦人與女體為藥》，《新史學》2002 年 13 卷第 3 期，第 1～36 頁。蔣竹山《女體與戰爭——明清戰爭與「陰門陣」再探》，《新史學》1999 年 10 卷第 3 期，第 159～187 頁。

〔註 48〕江紹原在文中說：「佛教在天癸不淨觀和除穢法二者上面，均有實質的貢獻；而且佛教所貢獻的觀念與方術，很影響了我們的民眾和士大夫。」可是他並未舉出證據，只稱「此刻既沒書又沒心思，只能用以上一句話點明，留待不遠的將來補敘。」江紹原：《中國人的天癸觀》，《晨報副刊》1926 年 3 月 8 日，第 142 頁。而 Seaman 認為，將女性的生育等同於宇宙污染的惡毒觀念，在中國佛學經文中所論述的印度先驅的思想中找不到對應，他認為這一看法一定是根源於中國民間關於生育污染的觀念。參見（美）白馥蘭著，江湄、鄧京力譯：《技術與性別——晚期帝制中國的權力經緯》，南京：江蘇人民出版社，2006 年，第 369 頁。

人類。如果這些血液沒有流出來，它本該變成人，因此經血就具有了未生過的死人那種事實上不可能的身份。他也記錄下了一個普遍的信仰，及早產的嬰兒懷有惡意的靈魂，對活著的人有危險。但是他沒有將這種危險歸納爲處於邊緣狀態。范·傑內普提出社會學的理論解釋，他把社會看作是一棟房子，房子裏有房間和走廊，從一個房間走向另一個房間時穿過走廊的過程是危險的。危險處於過渡的狀態，恰恰因爲過渡既不是上一個狀態也不是下一個狀態，它因而無法被定義。那些必須從一個狀態走向另一個狀態的人本身處於危險之中，並且向他人發散危險。那麼處於過渡狀態或者邊緣狀態的懷孕、分娩以及經血都因此具有危險的力量。〔註49〕

按照巫術「接觸律」的思維方式，「污穢」的危險力量會玷染到受接觸的人，那麼產婆必然玷染到分娩以及產血所帶來的「危險」力量，因此產婆的污名化與這種污穢觀是緊密相聯的。按照道格拉斯，玷染觀是一種維護，是對道德秩序或者社會秩序的維護，傳染者跨越界線，要受到區隔。〔註50〕按照此理論，產婆的邊緣化可以理解爲產婆是被區隔出去的，「正統」通過區隔來建立。

芮馬丁1975年發表的《中國婦女的污染與力量》〔註51〕對中國女性分娩「污穢」的分析是對道格拉斯觀點的繼承。「不潔」是威脅到了秩序或者家庭或人的身體的無序的結果。「無序」在這裡的意思是：刺入家庭或人這兩種獨立實體邊界的任何東西都是不乾淨的，不論是進入的或者是離開的。在家庭中，家庭成員的進入或者離開都是「無序」的製造，需要宗教儀式的淨化。女性在生產中，由妻子、媳婦，變成母親，並確立她在夫家的地位，生產正是婦女角色與地位轉換的關鍵。人類社群面臨此種角色或者關係的轉換，會將其視爲「無序」或者「不潔」，因而要將主角加以隔離一段時間。

〔註49〕 （英）道格拉斯著，黃劍波等譯：《潔淨與危險》，北京：民族出版社，2008年，第120～123頁。

〔註50〕 王銘銘主編：《西方人類學名著提要》，南昌：江西人民出版社，2004年，第418頁。

〔註51〕 Emily M. Ahern, The power and pollution of Chinese Women, in *Women in Chinese Society*, Ed. by Margery Wolf & Roxane Witke, Stanford: Stanford University Press1975, pp.193-214.「污穢」、「水」與「隔離」似乎存在必然關係。在西方文學描述的「愚人船」中，瘋癲也被認爲「不潔」，因此遭到驅逐遠航，而水域有淨化的作用。參見福柯：《瘋癲與文明》，北京：生活·讀書·新知三聯書店，2007年，第7～8頁。「水」在其中的象徵意義也表現在其他方面，例如「洗三」也被意味洗去生產所帶來的污穢。

　　以上有關生育的身體觀的討論是一種解釋維度，而芮馬丁的研究已經引出另一個主題：婦女的社會角色導致其在社會與宗教儀式上的「污染力」。〔註52〕而筆者所關注的產婆群體與整個婦女群體對社會的「污染」是不同層級的：產婆可以作為婦女群體之一部分，但又屬於其中的邊緣群體。如王明珂所說，按照人類學的研究，「具污染力的女人」有一相同背景值得注意：無論是由於追求宗教的純淨或家族的純淨，女人都被視為外來者與潛在的污染者。〔註53〕因此，不論作為抽象群體的女人還是具體到產婆群體，都有著相同的解釋背景——作為一個村落或者社區或者家庭的「外來者」。「外來者」常常是不吉事件的「代罪羔羊」。成為「代罪羔羊」的一個特質就是既是群體內部的人也是外人。〔註54〕這一解釋路徑可以分析很多被視為有威脅的邊緣性群體。王明珂在分析羌族村寨的女人與不潔時，主要就是運用了「代罪羔羊」理論以及族群間的認同與區分，或者稱為「親近群體間的敵意與猜疑」。〔註55〕他認為，人類群體間的「區分」（無論是被選擇、創造或是被想像的），以及因此產生的歧視、敵意與暴力，更是許多社會科學的種族、族群或國族研究的重要課題。雖然有些國族或族群現象研究者，已注意到國族或族群關係中隱含

〔註52〕人類學者曾以生產方式、婚姻的社會功能與父系家族繼嗣等，來解釋印度與中國婦女在社會與宗教儀式上「污染力」的由來。參見王明珂：《女人、不潔與村寨認同：岷江上游的毒藥貓故事》，《中研院歷史語言研究所集刊》70本第3分，1999年，第701頁。

〔註53〕王明珂：《女人、不潔與村寨認同：岷江上游的毒藥貓故事》，《中研院歷史語言研究所集刊》70本第3分，1999年，第701頁。

〔註54〕R. Girard 基於世界各地神話建立一個「代罪羔羊」理論。他指出，在一社會各親近的個人與群體之間，由於相似而破壞了重要的區分，造成人與人之間或諸人群之間的緊張、衝突與暴力。以暴易暴造成社會衝突無法過止，唯一途徑便是集體施暴於一「代罪羔羊」。如此社會群體的和諧與團結可得到保障。參見王明珂：《女人、不潔與村寨認同：岷江上游的毒藥貓故事》，《中研院歷史語言研究所集刊》70本第3分，1999年，第701～702頁。

〔註55〕王明珂採用了 R. Girard 研究中相關的部分，即「親近群體間的敵意」以及用「代罪羔羊」消除社會緊張與凝聚社會人群的現象。但是王明珂所謂的「代罪羔羊」並非涉及實質的暴力或殺戮，而是更普遍的、制度化的對特定對象的敵意與歧視，表現在鄉里的閒言閒語之間。「親近群體間的敵意與猜疑」這一主題也被歷史學者 Robin Briggs 用來詮釋歐洲中世紀末「獵女巫」的歷史。經濟、宗教、社會權力因素在鄉民日常生活中造成的挫折、恐懼與不安，以及鄰里、家庭成員間的猜忌是這段歷史的主要背景。參見王明珂：《女人、不潔與村寨認同：岷江上游的毒藥貓故事》，《中研院歷史語言研究所集刊》70本第3分，1999年，第702頁。這對產婆群體的研究同樣具有借鑒意義。

的性別、階級矛盾，但上述對於較小的社會群體內或較親近人群間的敵對與衝突的研究，並未得到應有的重視。〔註 56〕這對筆者的啓發意義是：對產婆的歧視與敵意正是社會群體間「區分」的結果。對一個家庭來說，產婆是外來者，其頻繁的進出公私空間，破壞了家內/家外這種重要的社會區分。三姑六婆常被視爲奸媒淫盜之流，然而她們不過是社會風氣的「代罪羔羊」。

對於產婦污穢的問題，李貞德通過爬梳漢唐史料論述道，從入月安廬到滿月出蓐，隔離與禁忌標示了生產的起訖。隔離的目的主要在於產乳不吉的觀念。產乳不吉，一是主要來自分娩血水污穢，容易觸忌犯神。神明的形象極具能力，既能保護產婦，又可能因被冒犯而加害於人。除此，也因婦女的角色轉換所致。女性藉由生育從妻子、媳婦變成母親，並確立她在夫家的地位。這象徵著社會關係的破——改變家庭成員的角色，與立——重建家庭成員的位置。〔註 57〕

穩婆屬於產育文化中的重要角色，其本身的形象也必然受到此種文化觀念的影響。因此，上述有關人類學及文化史的研究成果可以爲我們理解穩婆群體的形象有所助益。

綜上，從已有研究中可以看出，對穩婆在前近代的關注多集中於醫療文化的脈絡之下，也就是將之歸於「女性醫療照顧者」的範疇之中，研究成果少部分是漢唐間（李貞德等人），大多集中在明清（Victoria Case、Charlotte Furth、梁其姿、衣若蘭、吳一立等人）。對穩婆在近代分娩醫療化時期的關注也頗多（賀蕭、傅大爲、楊念群、游鑑明、周春燕、趙婧、姚毅、李亞琴、於文等人）。

三、問題意識

本文希望能夠描述穩婆群體形象在歷史上發展的演變脈絡，首先需要描繪產婆群體的整體狀貌，在此基礎上，本研究要思考的幾個問題是：

第一，醫學文本與其他文本對產婆形象的塑造有何不同？

本文在描繪產婆群體的狀貌時，主要借助的是兩類人的塑造：文人與醫

〔註 56〕 王明珂：《女人、不潔與村寨認同：岷江上游的毒藥貓故事》，《中研院歷史語言研究所集刊》70 本第 3 分，1999 年，第 703 頁。

〔註 57〕 李貞德：《漢唐之間醫書中的生產之道》，原載《中央研究院歷史語言研究所集刊》1996 年第 67 本第 3 分，收入李建民主編：《生命與醫療》，北京：中國大百科全書出版社，2005 年，第 574～578 頁。

生。文人基於對「秩序」的塑造，「正統」性別秩序的塑造。醫學家則是基於對「醫學正統」的塑造。以上兩種趨勢前輩的研究已經論及，這兩種「正統」的塑造是理解產婆邊緣化的兩大路徑。但是筆者認為現有研究將這兩種趨勢太過抽象化，而若具體分析的話，便可以看到其中的不同之處。文人說產婆破壞了社會風氣，是男女不正之風的來源。醫生說產婆用力太過，是造成難產的原因之一。因此可見，醫生對產婆的批評著重於技術，而文人則在於道德方面，批評與諷刺的指向不同。道德上的批判對產婆群體的公眾形象影響較大，而清代醫生也開始對產婆群體加入了道德的批判。

　　第二，醫生與產婆是否產生對立的緊張關係？何為「醫學正統化」？

　　權力的議題已經被多次討論。問題集中在醫生與產婆之間是否存在競爭關係。這個問題的提出恐怕還是參照西方醫療史，17 世紀至 18 世紀初，西方的生育醫療化進程中，男性助產士與傳統產婆之間存在了非常顯而易見的競爭，最終男性助產士獲得了勝利。而在中國，情況要複雜一些，中醫男性醫生對產婆確實使用了刻薄的話語，但是這就能證明二者之間存在緊張的競爭關係嗎？有史料可以證明產婆因為對自己的經驗充滿自信而對醫生的說法嗤之以鼻。即便如此，中國的男性醫生也只是在棘手情況下才對產婦分娩進行診斷與指點，絕不會想要擠掉產婆的地盤。

　　因此與產婆形成權力關係的似乎並非男性中醫，而是來自近代西方的醫學體系以及政治體系。一是學習西方婦幼衛生技術的新式助產士，二是欲行西方政治技術與管理策略的政府，這二者想要消滅的便是「頑固不化」的產婆和同樣「頑固的」民眾的接生習俗。我們可以聯想到 18 世紀歐洲產婆與男性助產醫生之間基於「技術」的使用而產生的權力之爭〔註 58〕。而在中國，產婆與男性醫者之間存在競爭關係則很難想見，很大一個原因是性別隔離的觀念，所以在中國並沒有男性醫者與產婆在產房之內的權力之爭。而且值得思考的是，時至今日，大陸地區男性產科醫生的數量比重仍很微弱，孕婦、孕婦家屬、男性產科醫生三者都存在某種心理障礙，而且男性產科醫生或許還要面對鄰居們的異樣眼光。〔註 59〕這就是傳統的力量，以及所謂現代化進

〔註58〕 Ornella Moscucci, *The science of woman: gynaecology and gender in England, 1800-1929*, Cambridge university press, 1993, pp.43-50.

〔註59〕 實際上，在十八世紀歐洲出現男性助產士以後，女產婆也利用性別隔離的觀念對男產婆進行攻訐。女產婆抨擊男產婆觸摸孕婦的情景粗俗卑鄙，將其描繪為一幅充滿色欲與誘惑的畫面，其中同樣涉及到孕婦丈夫、孕婦與男產婆

程在面對傳統思維時的無可奈何。我們當日的男性產科醫生是在現代醫療體制下出現的,是照搬西醫體制才會出現的現象。而在這種現代化的形式之下,內在思維則具有強大慣性。男女之別是在孔孟之道中就提出的規範。經過宋明理學的強調,已經成為中國社會深度內化的性別關係準則。因此醫生與產婆的位置是在這種性別觀念之下的自動安排的結果。這一點也可以歸為道學家塑造的性別關係的努力。

　　另一點值得討論的是,現有研究很容易給我們一種印象,即在「醫學正統化」的過程中,掌握話語權的醫生通過對產婆的批評而達到自身的「正統化」。〔註60〕那麼何為「醫學正統化」?是醫生通過打擊產婆這樣的競爭對手或者說「異端」而完成的嗎?事實是,醫生的儒化現象是「醫學正統化」的開端,醫生將為自己的行業塑造比之於儒學傳統的先賢體系與文本體系,以此建立一個醫學統緒。〔註61〕由於儒生鄙醫者為「技」的行列,因此醫者則迫切與「技」拉開距離,通過不斷將醫學理論化、哲學化來提升自己的地位,如果說把醫學分為哲學體系與實踐技藝兩個領地的話,醫學正統化的過程便是醫者不斷強調醫學哲學體系的過程。因此產婆佔據的「技術」的領域正是醫者想要逃脫的。不斷儒化的醫者是「醫學知識」的權威,也可以說他們不屑於進入接生實踐的領域,而自動將這種直接的「技術實踐」留給產婆去處理。因此大概可以簡化為這樣的思路,「醫學正統化」即是醫學「儒學化」,也是醫者在態度上疏離「技」的過程。因此,在兩種不同方向、不同趨勢發展的群體並不構成對立的緊張關係。然而,這種宏觀的論述還需具體史料分析的檢驗,即在具體歷史情境之中,是否存在「醫學正統化」,或者「醫學正統化」有何表現。

　　第三,關於產婆的各種記錄之後所反映的社會意識形態。

　　　　的心理想像。參見(英)克萊爾・漢森著,章梅芳譯:《懷孕文化史:懷孕、醫學和文化(1750～2000)》,北京:北京大學出版社,2010年,第23～24頁。

〔註60〕例如梁其姿認為,當醫學正統致力於建立和鞏固的時候,對非我族類的產婆的不信任有普適性。見梁其姿著,蔣竹山譯:《前近代中國的女性醫療從業者》,收入李貞德、梁其姿主編《婦女與社會》,北京:中國大百科全書出版社,2005年,第361頁。

〔註61〕祝平一:《宋、明之際的醫史與「儒醫」》,第四節「元、明醫史中正統意識的形成」,《中央研究院歷史語言研究所集刊》第七十七本第三分,2006年,第421～439頁。

　　在閱讀明清筆記小說時，與生產有關的鬼魅故事是文人們樂此不疲的題材。蕭鳳霞在採訪錄中提到的二十世紀 50 年代產婆給鬼接生的傳聞在那之前的 100 多年就流傳著。另外各種怪胎更是花樣百出，因此要求產婆見多識廣，處「怪」不驚。當然各種怪胎的記載其實是因果報應觀念的產物，以此來宣傳「善」的價值觀，或者傳達一些衛道之理。而我們也可以不單獨討論產婆的鬼魅故事，而是將其放在更大的一個脈絡之下，即是明清筆記小說中豐富的女性與鬼魅的題材。文人筆下的鬼魅多幻化爲女性形象，這反映了文人什麼思想呢？〔註 62〕這可以解釋爲性別隔離激發了文人的無窮的想像力嗎？用福柯的觀點可以解釋爲，性的禁忌需要釋放，或者在公領域以法律、醫學的話語，或者在私領域的竊竊私語。那麼文人的筆記小說可以說是一種公開流傳的竊竊私語。女性主義史家 Anne Llewellyn Barstow 提出一個解釋觀點，產婆的污名化是因爲所有的男人（包括父親）都被擋在產房之外，因此他們只能憑空猜想一些莫名其妙的事。〔註 63〕同時，對於分娩產生的各種聯想也反映了懷孕時間本身所具有的不確定性、未知性以及所帶來的焦慮感。〔註 64〕這一點或許能解釋爲何上古神醫的傳記中多有預測胎兒性別的案例。因爲預測胎兒性別、個數只有借助現代醫學的超聲波掃描儀才能精確完成，名醫的預測案例只是用來突出其「神」性，並且也反過來證明了懷孕的身體具有神秘的不可知性。

　　在已有研究的基礎上，筆者先提出幾個本研究需要注意的問題。首先是群體形象與個體形象的問題。我們要注意的是在考察「產婆」這個群體時，雖然其總是被納於「三姑六婆」這個更大的群體之列，但是也並不能完全迷信出現「三姑六婆」詞語的材料。〔註 65〕清末文獻中所出現的「三姑六婆」

〔註 62〕 在王明珂有關羌族女人「毒藥貓」的研究中，他認爲，這實際上是將女性異類化、罪化、污化，表達他們對一層層外在世界的敵意和恐懼。王明珂：《女人、不潔與村寨認同：岷江上游的毒藥貓故事》，《中研院歷史語言研究所集刊》70 本第 3 分，1999 年，第 734 頁。

〔註 63〕 蔣竹山：《從產婆到男性助產士：評介三本近代歐洲助產士與婦科醫學的專著》，《近代中國婦女史研究》1999 年第 7 期（臺北），第 226 頁。

〔註 64〕 （英）克萊爾‧漢森著，章梅芳譯：《懷孕文化史：懷孕、醫學和文化（1750～2000）》，北京：北京大學出版社，2010 年，導言第 1 頁。懷孕的焦慮以及不確定性可以說是人類所共有的。

〔註 65〕 例如衣若蘭引用《女界鐘》「求交友而不得，則相狎之伴，知情之婢，三姑六婆之交密矣」，認爲清末仍將「三姑六婆」列入交往禁忌。衣若蘭：《三姑六婆——明代婦女與社會的探索》，臺北：稻香出版社，2002 年，第 173 頁。但

並不能完全等同於陶宗儀時代所概括的「三姑六婆」。清末「三姑六婆」已經成為一句俗語，泛指這一類性質的人群。我們做史學研究，恐怕要弄清楚這句俗語的「特指」和「泛指」。也就是，「三姑六婆」這個詞語已經經過不斷的意義繁衍，其言語與形象、語言描述與藝術塑造〔註 66〕具有一定程度的分裂。這種分裂一方面指「三姑六婆」已不限於指代這九種職業的婦女，二是這幾種職業的婦女的意象與現實形象並不統一。把它作為一個抽離出來的意象進行不斷反覆的塑造，與現實中的形象肯定是有差距的。塑造的意象只能愈來愈刻板化，或者說成為一種群體形象的標籤。這就涉及到群體形象與群體中的個體形象問題。筆者在做碩士論文時，看到檔案中有清末官員建議建立依照西醫培訓接生婆的記載。在「強國」的思維下產生對「強種」的訴求。但是當時婦女（即使是住在善堂中的寡婦）並不屑於學習接生之術，〔註 67〕這種不屑背後其實是她們對產婆群體的不屑。可見產婆作為一個群體，其地位在當時人們觀念中還是很低下的。這是一種群體形象。群體形象是傾向於刻板化的。而文獻中涉及到某一個產婆的時候，其也可以是很受歡迎的。也就是，作為個體，由於牽涉人情在內，會偏於值得尊敬等等更加生動的形象。

同樣需要注意的是，相對於「三姑六婆」這個大的群體，「產婆」便是其中的個體。「三姑六婆」的整體形象很容易與「產婆」形象紛擾難辨。例如貪財更多用來描述媒婆，但是綁在「三姑六婆」群體形象之中的「產婆」也難逃這頂帽子。因此，筆者考察產婆群體首先要破除「三姑六婆」的群體形象迷思，二是要立足於具體資料具體分析。

第二個問題是，要注意到產婆群體有一個從傳統社會到現代的轉型（這裡的傳統與現代更多指時間的參照系）。即在傳統社會，產婆並不歸類為醫者群體，這應當是包括文人、男性醫生在內的時人的共識。而之所以梁其姿、李貞德、費俠莉等學者在探討古代女性醫療工作者的時候都不遺餘力將產婆的考察納入其中，一方面生產之事作為婦科主要內容在中國很早就得到醫學

筆者以為，此時「三姑六婆」並一定就指作者所分析之九種職業之婦女，而是採用其抽象意味。

〔註 66〕借用《瘋癲與文明》中的說法：「言語和形象的統一、語言描述和藝術造型的統一開始瓦解了。它們不再直接共有統一的含義。」（法）米歇爾‧福柯：《瘋癲與文明》，北京：生活‧讀書‧新知三聯書店，2007 年，第 14 頁。

〔註 67〕「諸節婦能合格者甚屬廖廖，況風氣不開，彼等不自知程度不穀，而反視收生為下流穩婆之事，不屑於學」。天津檔案館 J0130-1-000093，廣仁堂卷宗《光緒三十二年二月督憲袁箚興辦女醫學堂卷》。

界重視並不斷著述，產婆作爲生產之事的參與者也得到醫者關注並重視，因此產婆並沒脫離醫學界的視野。另一方面，將產婆作爲醫者可參照對比的群體來分析，其實也是受到現代醫療體系思維的影響，因爲在現代，從事助產工作的婦產科醫生，毫無疑問屬於醫生群體。而古代從事接生工作的產婆，按照現代醫療體系，也可稱之爲「女性醫療從業者」或者「女醫」。而如果我們之前並不限定「醫療」這個研究思路，那麼傳統社會的產婆承載的遠不止其「醫療」這個角色，恐怕更多在於「婆」的這個角色。即包含見多識廣、安慰產婦、主持將新生兒納入社會的儀式、一個社區之中受到尊敬的人、或者在女性群體間傳播八卦、讓男性士紳階層警惕的人等等。也即楊念群所說其文化意義多於醫療意義。因此，考察傳統社會產婆群體時，應當破除當代醫療體系思維的定勢，抱有產婆在傳統社會並非僅爲「女醫者」的觀念，才能分析其在近代轉型的意義。

四、研究思路與文章框架

以一個較長的時段來研究，相對更有利於把握該群體形象的文化建構過程。因此本文在研究時間上並未做嚴格限定，基本起訖於宋，而下至於民初，因此，題目以「近世」〔註68〕爲題。起訖於宋，是因爲在唐代文獻中，只見「產時看生人」的記載，尚未有專門稱呼，而在宋代文獻中，可見大量「乳醫」收生的故事，可見此時「接生」已經形成一種行業，民間也出現大量專門以接生爲業之人。元明之際，「穩婆」稱呼成爲較爲固定的書面用語，並延續至明清。明清文獻顯示穩婆是市井生活中頗爲活躍和繁盛的群體，也表明民間對此類人群需求之大和「接生」業務的商業化。經驗豐富、能幫助產婦度過難產之厄的穩婆更爲人們所需，民間也不乏因接生技術高超而獲得聲望與財富之人。清末民初，醫療衛生行政的引入打破了穩婆群體的自由營業形式，穩婆的商業招牌已不能再在街道上自由懸掛。國家開始對穩婆實行營業執照制度，欲獲得執照，必須滿足國家有關「取締產婆」法規中的條件，並

〔註68〕對近世一詞，目前學術界並沒有明確的界定，早年由日本學者提出，主要是指宋元明清這一歷史時期。後來，在探討中國社會的近代化道路時，中國與西方的研究者也使用這一概念，一般指明代中後期至民國初年這一段時間。大體相當於西方學者所謂「Late Imperial China」。參考余新忠：《清代江南的瘟疫與社會——一項醫療社會史的研究》，北京：中國人民大學出版社，2003年，第4頁。而本文借指宋以後至民初時期。

須參加產婆培訓班，學習合格後方能營業。在近代取締穩婆的高漲輿論之中，穩婆的境遇有所轉變。表現在一些穩婆涉訟案件中，穩婆成為十足的弱勢群體，穩婆的營業執照會被輕易取消，帶來的結果就是這些穩婆的飯碗隨之丟掉。然而，另一方面，我們也要注意到這種境遇的轉變並不能放之全國。即便在北京、上海等城市，婦嬰衛生行政也屬起步階段，穩婆受到監督和管理也是在一定程度之中，一些研究顯示助產士與穩婆相較，穩婆仍為接生市場中的勝利者。

在上述時間劃限的基礎上，本文將圍繞以下幾方面內容進行具體論述。

第一，近世穩婆的基本狀貌如何？在第二章中，筆者將首先從該群體的稱呼變化來探討其行業形成及發展過程，進而從其收入狀況、經驗技能、行為特徵以及其他職能等方面來做論述。

第二，從醫學文本中可見穩婆的何種形象？醫家與穩婆呈現出何種關係？在第三章中，將對有關產育問題（尤其是難產處理）的醫學文本進行爬梳，先從較為宏觀的醫學理論入手，對醫學相關產育思想有所掌握，再分析在此醫學思想之下，醫家對穩婆的態度及其對穩婆的描述。

第三，從醫書之外的虛構類文本以及非虛構類文本中，穩婆呈現何種形象？這些形象之後體現了何種社會觀念？在第四章中，筆者將盡可能呈現穩婆個體形象的豐富性，繼而分析穩婆群體刻板形象的形成。群體刻板形象是一種較為單一化的形象，在對個體形象的取捨之中，社會意識形態及觀念必然起到主導作用。

第四，穩婆群體從傳統走向近代的過程中，生活境遇有哪些變化？人們對之有何新的評價？在第五章中，筆者將從搜集的近代檔案及報刊資料中，盡可能呈現一些以往研究中未被注意的現象。而且，值得說明的是，研究者往往對自己所研究對象抱有理解之同情。筆者以傳統穩婆為研究主體，似也難逃此傾向。

第二章　近世穩婆的基本狀貌

　　生活於明代正德年間的陳鐸有一卷北曲小令的曲集《滑稽餘韻》，共收一百四十一首作品，每首描寫一個行業。因陳鐸久居金陵，所以這首曲集基本包含了當時南京城裏的各種手工業、服務業以及形形色色的商業，非常全面而且生動地反映了當時城市的市民日常生活。其中對穩婆行業這樣描寫道：

　　　　收生有年，五更半夜，不得安眠，手高慣走深宅院，幾輩流傳。

　　看脈知時辰遠近，安胎保子母完全。搣饅的心不善。剛才則分娩，

　　先指望洗三錢。〔註1〕

　　陳鐸將穩婆與巫師、道人、牙人、篦頭、打春、乞兒等人物放在一起，反映了其對穩婆行業的定性：大概屬於一種地位較低的商業種類，但是又屬於人們日常生活中所不可或缺，從中也可見明代城市中穩婆行業的興盛。另外清代小說《歧路燈》第二十七回說有產婦要分娩，被遣去請穩婆的人不知道到哪裏請，旁人便告訴他說：

　　　　他門上有牌兒，畫著騎馬洗孩子的就是。衙門前那條街上，有

　　好幾家子。〔註2〕

　　清代的一首成都竹枝詞描寫到成都的接生行業：

　　　　門前掛得接生牌，老婦神情尚不衰。接得男娃忙萬福，三朝還

　　要喜紅來。〔註3〕

〔註1〕　（明）陳鐸：《滑稽餘韻》，謝伯陽編：《全明散曲》第 1 卷，濟南：齊魯書社，1994 年，第 547 頁。

〔註2〕　（清）李綠園：《歧路燈》，濟南：齊魯書社，1998 年，第 157 頁。

〔註3〕　（清）定晉岩樵叟：《成都竹枝詞》，雷夢水、潘超等編：《中華竹枝詞》，北京：北京古籍出版社，1996 年，第 3198 頁。

這些記載都顯示出穩婆忙碌的生活狀態，也顯示出民間對於此類人群的需求之大。因此下文將對這一人群的基本狀況做一描述，以期對其背景做一瞭解。

第一節　穩婆的稱呼

穩婆在歷史上有多種稱呼，從這些稱呼的變化中，我們可以看出這個群體的基本狀貌所經歷的一些演變。梁其姿在《前近代中國的女性醫療從業者》一文將穩婆納入女醫角色演變的脈絡之中進行過探討，其中也涉及到歷史上穩婆的不同稱呼。

梁其姿認爲，從漢到晉尚未有專門的名稱來稱呼從事接生的人群。唐代醫書中只用「產時看生人」指稱接生者，中國醫學史上最早的產科文獻《經效產寶》是其中一例。北宋時期醫書中有「看生之人」和「收生之人」的說法，例如楊子建的產科名著《十產論》。除醫書之外，李元弼《作邑自箴》卷一「治家」中也有「收生之婦」的說法。此外，北宋的非醫類書籍中，開始零星出現「坐婆」和「穩婆」的說法，例如歐陽修《歐陽文忠公全集》提到三位名爲「坐婆」的產婆。按照梁其姿的梳理，在北宋，「坐婆」有可能是第一個用來指稱接生婆的稱呼，其來源可能是「坐草」。北宋王易《重編燕北錄》裏有對契丹皇后生產的儀式及排場描寫，提到爲皇后接生的「穩婆是燕京高夫人」，但是梁其姿認爲這段文字是由陶宗儀所編輯的，他對「三姑六婆」一名詞的定型有較深入的興趣，因此有可能原先的名詞已被他更改成迎合明初讀者的「穩婆」。南宋時期，婦科成爲醫學知識的一門專科，醫書中開始有對產婆的確切指稱，例如「產婆」、「坐婆」、「乳醫」的稱呼。〔註4〕

舉例而言，南宋初期朱端章所編《衛生家寶產科備要》卷一「產前將護法」載「臨產之時，不可令傍人喧擾，大小倉忙，慮致驚動產母。只可令熟事產婆及穩審謹卓老成親密三兩人，扶侍產母。」〔註5〕卷三「論欲產並產後」又載「凡欲生產切不得喧鬧，產婦房門常須關閉，選一年高性和善產婆，又

〔註4〕　梁其姿著、蔣竹山譯：《前近代中國的女性醫療從業者》，收入李貞德、梁其姿主編《婦女與社會》，北京：中國大百科全書出版社，2005 年，第 358～359 頁。

〔註5〕　（宋）朱瑞章編，徐安國整理，楊金萍點校：《衛生家寶產科備要》，上海：上海科學技術出版社，2003 年，第 4 頁。

選穩審謹慎家人一兩人扶持」。〔註6〕另外還有「坐婆」的說法，例如陳自明《婦人大全良方》卷十六「將護孕婦論」載「若坐婆拙，不能體候，胎氣方轉動之際便爲欲生，多端下手，驚動傷早，則橫倒之憂從此而致也。」〔註7〕文學作品中，《夷堅志》講了很多「乳醫」的故事。例如「武陵城東宋氏婦女產蓐，所用乳醫曰屈老娘」，〔註8〕又如「乳醫趙十五嫂，……聞人扣門請收生」〔註9〕，「春夜過半，楊之子恂婦將就蓐，恂出外喚人呼乳醫」〔註10〕，「龔濤仲山說其母方娠，時在衢州，及期將就蓐，遣呼乳醫」〔註11〕等等。

　　對於明清時期穩婆的稱呼，梁其姿則沒有做過多的梳理，只是在文中提到至明初之時，讀者更習慣使用「穩婆」。又明清時期穩婆稱呼在口語中並不統一，筆者將在其研究的基礎上作進一步梳理。

　　首先，梳理一下「乳醫」一詞。「乳醫」是漢代就開始使用的詞，可以說是最早對接生者的稱呼。《漢書》有「乳醫淳于衍」的記載，顏師古注「乳醫，視產乳之疾也」。〔註12〕《國語‧越語上》載「令壯者無取老婦，令老者無取壯妻；女子十七不嫁，其父母有罪；丈夫二十不娶，其父母有罪。將免者以告，公醫守之。生丈夫，二壺酒，一犬；生女子，二壺酒，一豚……」，韋氏注「免，乳也。醫，乳醫也」〔註13〕。「將免者」是即將要分娩者，孕婦將要分娩之時，報告給官府，官府會派乳醫去守視。可見，「乳醫」是負責接生之人。梁其姿認爲唐代沒有對穩婆的專門稱呼，大概她認爲史料並不足以證明那時的「乳醫」就是專門負責接生之人，因爲「乳醫」還可能是治療產科方

〔註6〕　（宋）朱瑞章編，徐安國整理，楊金萍點校：《衛生家寶產科備要》，上海：上海科學技術出版社，2003年，第39頁。

〔註7〕　（宋）陳自明著，田代華點：《婦人大全良方》卷十六，天津：天津科學技術出版社，2003年，第309頁。

〔註8〕　（宋）洪邁：《夷堅志》卷三十七「屈老娘」，《筆記小說大觀》第二十一編第四冊，臺北：新興書局，1981年，第2509頁。

〔註9〕　（宋）洪邁：《夷堅志補》卷四「趙乳醫」，第八編第五冊，臺北：新興書局，1981年，第2454～2455頁。

〔註10〕　（宋）洪邁：《夷堅乙志》卷十三「盱眙道人」，《筆記小說大觀》第八編第三冊，臺北：新興書局，1981年，第1723頁。

〔註11〕　（宋）洪邁：《夷堅乙志》卷十八「龔濤前身」，《筆記小說大觀》第八編第三冊，臺北：新興書局，1981年，第1788頁。

〔註12〕　（東漢）班固：《漢書》卷六十八，北京：中華書局，1962年，2953頁。

〔註13〕　徐元誥撰：《國語集解》卷二十‧越語上，北京：中華書局，2002年，第570頁。

面的醫生。唐宋醫書中使用「收生之人」和「看生之人」的說法，並沒有使用漢代出現的「乳醫」一詞，有可能是醫者爲了語言表述的通俗易懂。同時，也證明已經存在「看生」和「收生」的專門群體，即唐宋時期接生事務已經從看視「產乳之疾」的工作中分離出來，接生工作更爲專門化，接生也已有專門之人具體操作，這類人與「乳醫」並不完全等同。直到南宋，在筆記小說中開始大量出現「乳醫」，此時「乳醫」與漢時意涵不完全相同，是專指接生婆的名詞。

清代關槐增在其編纂的《事物異名錄》卷九「穩婆」一條後列了「老娘」和「乳醫」的異名，其中「乳醫」引宋元之際《癸辛雜識》中「全霖卿之妻史氏誕子，先出雙足，乳醫推上之」的記載，關槐增在之後加按語「曰推上之，其爲穩婆無疑，非醫產科者也」。〔註14〕由此可知，「乳醫」也有產科醫的意思，但是宋元之際的「乳醫」多指接生婆。另據俞樾《茶香室三鈔》，說接生婆「古謂之乳醫」〔註15〕，說明至清代，「乳醫」已經是古時候的稱呼，清代已經基本不用。

其次，對於「穩婆」一詞的梳理。梁其姿認爲北宋王易《重編燕北錄》中使用的「穩婆」一詞可能是元明之際的陶宗儀所更改，因此不能斷定「穩婆」在北宋就已經使用。而據張德英，宋齊仲甫《產寶雜錄》中有「或初產不能受痛，用力起倒勞倦者；或因穩婆鹵莽，用手觸犯而腫者，此言之不盡。」因此接生婆被稱作「穩婆」應是在宋代，當見《產寶雜錄》。〔註16〕我們能夠確定的是，「穩婆」一詞在元明之際開始流行，陶宗儀於元末整理成的《輟耕錄》中，歸納「三姑六婆」一詞時使用的是「穩婆」，並且說「世謂穩婆曰老娘」。〔註17〕可見元代時口語中使用「老娘」，而書面用語一般用「穩婆」。例如元代醫書《丹溪先生胎產秘書》載「當令產母仰臥，穩婆輕推而近上」，「若兒頭之後骨，偏在谷道，兒頂未正，當令穩婆熱手」等。〔註18〕明代以後，

〔註14〕（清）關槐增纂，吳瀟恒、張春龍點校：《事物異名錄》，長沙：嶽麓書社，1991年，第151頁。

〔註15〕（清）俞樾：《茶香室叢鈔》第三冊，卷二十一「蘇易」，北京：中華書局，1995年，第1310頁。

〔註16〕張德英：《穩婆》，《文史知識》2003年第3期，第87頁。

〔註17〕（元）陶宗儀著，文灝點校：《南村輟耕錄》卷十四，北京：文化藝術出版社，1998年，第201頁。

〔註18〕（元）朱震亨：《丹溪先生胎產秘書》卷中「備臨盆・臨產須知」，《續修四庫全書・子部・醫家類》1007冊，上海：上海古籍出版社，2002年，第229頁。

醫書則普遍使用「穩婆」一詞。例如《萬氏女科》中引用了楊子健「十產論」，將「十產論」中原本使用的「收生之人」、「看生之人」改爲「穩婆」。〔註19〕明清其他醫書中使用「穩婆」處不勝枚舉。

　　至於穩婆的其他稱呼，在宋代還有「老娘」、「薦母」、「助產」、「產媼」等。〔註20〕在民間一般俗稱「某老娘」，例如《夷堅志》中載「武陵城東宋氏婦女產薦，所用乳醫曰屈老娘。」〔註21〕明清之際，口語化稱呼非常多樣，例如「老婆娘」、「老娘婆」、「老娘」這種俗稱，也常說「收生婆」。例如《醒世姻緣傳》第二十回載：

　　　　不多時，叫到了一個收生的婦人。大尹問說：「你是個薦婦麼？」

　　那婦人不懂得甚麼叫是薦婦。左右說：「老爺問你是收生婆不是？」

　　那婦人說：「是。」〔註22〕

可見「薦婦」是稱呼穩婆的書面語，而「收生婆」爲生活中常用。

　　另外，各個地方的稱呼也會有不同。清人總結道，吳越之間稱「穩婆」，江淮之間稱「收生婆」，徽寧之間稱「接生婆」。〔註23〕從近代史料中可知北京習慣稱「姥姥」〔註24〕，安徽稱「接生的老媽」，江浙多稱「洗生娘」或「接生娘」，東三省多稱「老娘婆」，山東、河北稱「收生婆」，福建稱「婆奶」，〔註25〕成都叫「撿生婆」，〔註26〕臺灣稱爲「先生媽」、「主子婆」、「拾子婆」等〔註27〕。

〔註19〕（明）萬全：《萬氏女科》卷一「救難產」，《續修四庫全書・子部・醫家類》1007 冊，上海：上海古籍出版社，2002 年，第 292～293 頁。

〔註20〕衣若蘭：《三姑六婆——明代婦女與社會的探索》，臺北：稻鄉出版社，2002年，第 58 頁。

〔註21〕（宋）洪邁：《夷堅志》卷三十七「屈老娘」，《筆記小說大觀》第二十一編第四冊，臺北：新興書局，1981 年，第 2509 頁。

〔註22〕（明）西周生輯著：《醒世姻緣傳》（上），濟南：齊魯書社，1980 年，第 264頁。

〔註23〕（清）亟齋居士：《達生編》卷上「臨產」，《續修四庫全書・子部・醫家類》1008 冊，上海：上海古籍出版社，2002 年，第 104 頁。

〔註24〕待余生著，張榮起校注：《燕市積弊》卷二，「姥姥」條，北京：北京古籍出版社，1995 年，第 55 頁。

〔註25〕虞誠之：《產婆能沒有醫的知識嗎》，《通俗醫事月刊》1919 年第 2 期，第 23頁。轉引自趙婧：《近代上海的分娩衛生研究（1927～1949）》，復旦大學博士論文，2009 年，第 58 頁。

〔註26〕（清）傅崇榘編：《成都通覽》上冊「成都之執業人及種類」，「穩婆」條，成都：巴蜀書社，1987 年，第 383～384 頁。

〔註27〕傅大爲：《亞細亞的新身體：性別、醫療與近代臺灣》，臺北：群學出版有限公司，2005 年，第 83 頁。

　　歷數產婆的稱呼，我們大概可以理出一個脈絡，即在漢代，產婆還尚未形成一個專門化的群體，接生工作可能由治療婦產科疾病的醫生「乳醫」來兼任。唐代僅僅稱作「產時看生人」，表明民間接生往往由產婦鄰里親戚等有經驗之婦人來幫忙看產，但也不知其具體行業面貌。南宋以後，文獻之中有了「坐婆」、「乳醫」等專門名詞，顯示該行業已經形成。口語「老娘」的稱呼讓我們知道這個群體一般是年長之婦，大概因醫生主張選用經驗豐富行事穩重的產婆，產家也多信任年長有經驗之婦。而元明開始流行「穩婆」一詞，也暗含了世人看重接生一事貴在作風「穩重」的意涵。明清穩婆的稱呼更加多元化，民間叫法不一，顯示該群體在民間的活躍程度，穩婆成為人們日常生活中非常普遍且必不可少的一種行業群體。

　　關於產婆的性別，我們通常會不假思索的認為是女性。但是梁其姿在研究中並沒有被我們理所當然的想法所蒙蔽，指出直到遼代，為婦女接生者未必都是女性，尤其在上層社會。〔註28〕衣若蘭在梁其姿的上述研究基礎上則認為，既然產科在宋明時代獨立發展，應有男性為婦人接生者，證據是男醫者常為難產婦人看產。所以南宋以後的接生者也未必一定是女性，只是民間一般尋求的對象以女性居多。〔註29〕不過尚還沒有確鑿的史料證據可以證明男性進行了具體的接生工作。李貞德通過對五代到宋代的大足石刻《說父母恩重經》「臨產」一景的分析指出，圖中抱腰與接產之人皆為女性，顯見女性為助產主力的事實。〔註30〕

第二節　穩婆的經濟狀況

　　收生婆的收入情況如何？這個問題的答案是比較細瑣的，我們必須考慮不同的年代和地點、產家的富裕程度和接生時的具體情況。關於收生婆報酬的相關材料也並不少，文學作品之中描寫生子的場景通常會有所觸及，我們

〔註28〕梁其姿：《前近代中國的女性醫療從業者》，收入李貞德、梁其姿主編《婦女與社會》，北京：中國大百科全書出版社，2005 年，第 359 頁。

〔註29〕衣若蘭：《三姑六婆──明代婦女與社會的探索》，臺北：稻香出版社，2002年，第 59 頁。

〔註30〕李貞德：《唐代的性別與醫療》，鄧小南主編：《唐宋女性與社會》，上海：上海辭書出版社，2003 年，第 426～427 頁。圖中左一為男性，可能為醫者或者產婦丈夫，李貞德傾向於認為是產婦丈夫。這也反映出當時性別隔離的觀念尚不如後世嚴重。

通過這些零星的大多只是隨筆一帶的記載，可以知道一個大概的社會狀況。

　　產婆的收入並不一定只是金錢，除了金錢之外，主要還有很多實物的報酬，以及包括在產家可以吃到比平日更好的食物。例如《金瓶梅》中的蔡產婆一出場的自我介紹說：「身穿怪綠喬紅，各樣鬆髻歪戴。嵌絲環子鮮明，閃黃手帕符擦。入門利市花紅，坐下就要管待。」〔註31〕花紅就是指接生的報酬，有的地方俗稱作「拆紅」。〔註32〕紅衣綠褲、閃黃手帕，蔡產婆的服飾顏色都極其鮮亮。而作者彷彿借產婆的口表達出一種對其身著奇裝異服而不以為異的諷刺。我們不知道作者這樣的諷刺是否是對產婆穿著不合常規的一種看不慣，但是可以反映出產婆對豔麗裝扮的一種追求。常建華認為，明清的奢侈消費能夠普及到下階層，這顯示下階層社會的收入勢必有相當程度的上升。明成化以後服飾開始發生一些變化，人們開始依據經濟條件來打扮自己，有了打扮的風尚與追求。〔註33〕同樣，產婆對服飾的著意或許也在一定程度上代表著產婆的消費力。

　　產婆為何要這樣打扮呢？除了紅綠顏色對比強烈可以形成丑角的形象效果外，還有一個解釋就是，這些紅衣綠裳、頭飾耳飾手帕等物可能是每次接生後產家給的報酬，產婆將之集於一身穿戴，顯然並不搭調，但是卻起到可以顯示她自己業績豐厚的作用。從一些材料可知產婆經常會向產家索要衣裳或者綢緞作為報酬。例如《金瓶梅》第七十九回載蔡老娘為月娘接生後月娘給了三兩銀子，蔡老娘嫌少，便討要道：「還賞我一套衣服兒罷。」後來到洗三的日子，「月娘與了一套綢子衣裳打發去了」。〔註34〕清代梁恭辰《北東園筆錄三編》卷六記載：某婦分娩，「延穩婆收生，穩婆向婦乞一舊衣為謝」。〔註35〕《八洞天》裏的陰娘娘收生之後也要「討條喜裙兒穿穿」。〔註36〕穩婆有

〔註31〕（明）蘭陵笑笑生著：《金瓶梅詞話》上，北京：人民文學出版社，2000年，第347頁。
〔註32〕吳漢癡主編：《切口大詞典》，上海：上海文藝出版社，1989年，第10頁。
〔註33〕常建華：《論明代社會生活性消費風俗的變遷》，《南開學報》1994年第4期，第54頁。
〔註34〕（明）蘭陵笑笑生著：《金瓶梅詞話》下，北京：人民文學出版社，2000年，第1116～1117頁。
〔註35〕（清）梁恭辰：《北東園筆錄三編》卷六「平陽二事」，《筆記小說大觀》十二編十冊，臺北：新興書局，1981年，第5114～5115頁。
〔註36〕（清）五色石主人著：《八洞天》卷四，北京：書目文獻出版社，1985年，第77～78頁。

從各家要來衣服作為謝禮的慣俗，大概就不難理解為何會穿成「怪綠喬紅」的樣子。近代小說《改造產婆》中塑造的老朱婆也「常常像讀帳簿一樣，對人背誦他收到的謝禮，從頭上戴的絹花，手上用的帕子，以至於穿在身上的陰丹士林大襖」，都是她最經常提到的。〔註37〕

據史料載，清末之時產婆比較講究衣飾穿戴。1930 年《大公報》的一篇採訪這樣描述一位中年產婆：「她穿著洋緞的褲襖，紮著腿。頭上戴著一朵大紅花，鬢上插著一雙銀挖耳。大概她在到濟救院以前，臨時的裝扮了一番，在平時或者並沒有這樣講究。她的年紀大約有五十多歲，額上雖是起著很多的皺紋，但是容顏卻很滋潤。」〔註38〕從這段話可知這位產婆的生活還是不錯，因為尚有條件裝扮一番，並且容顏也很滋潤。老舍的《正紅旗下》中描寫一位經驗豐富頗受尊敬的產婆「他穿得很素淨大方，只在俏美的緞子『帽條兒』後面斜插著一朵明豔的紅娟石榴花。」〔註39〕產婆的衣飾、年齡和儀態或許標誌著社會經驗的累積程度。〔註40〕大概很難想像經驗豐富受人歡迎的產婆穿著寒酸。

除了衣飾之外，產婆還會得到其他一些實物報酬。諸如坐鐘，《改造產婆》裏的老朱婆最常提到的就是她家的坐鐘，小說這樣描述道：

> 送這架鐘的人是縣衙門的一位科長老爺，她認為這是一生之中最光榮的紀錄。其次，她又常常說到吃飯，自然是吃請，這可以表示她的社會地位。有一次張三爺請她，在十月裏居然端上月餅來，這件事，她至少宣傳了半個月。這可以看出來張三爺家有錢，中秋月餅吃了兩月，都沒吃完，但也可以看出張三爺對她這個老婆子的敬意。她說的時候，就這樣說：「那時候，你們到街上去問問，花錢都買不到的呀！」〔註41〕

〔註37〕馬麗：《改造產婆》，顧頡剛主編：《民眾週刊》，上海：上海民眾讀物社，1948年第 2 卷第 1 期，第 22 頁。

〔註38〕佚名：《專門接生的陳姥姥》，天津《大公報·社會花絮》1930 年 3 月 3 日，收入陳益民編：《民國名家隨筆叢書 陋俗與惡習》，天津：天津人民出版社，2011 年，第 43 頁。

〔註39〕老舍：《正紅旗下》，北京：人民文學出版社，1980 年，第 48 頁。

〔註40〕楊念群：《再造「病人」：中西醫衝突下的空間政治（1832～1985）》，北京：中國人民大學出版社，2006 年，第 132 頁。

〔註41〕馬麗：《改造產婆》，顧頡剛主編：《民眾週刊》1948 年第 2 卷第 1 期，第 22頁。

　　穩婆的報酬各式各樣，同時也不是一次性得到。一般每接生一次，會在接生、三朝、滿月分別得到相應的報酬。《金瓶梅》第六十七回記載，應伯爵向西門慶談及家裏添子，西門慶表示祝賀，應伯爵則說生子在富家是錦上添花的事情，對於捉襟見肘的窮戶就是屋漏偏逢連天雨：「房下見我抱怨，沒計奈何，把他一根銀挖兒與了老娘，發落去了。明日洗三，嚷的人家知道了，到滿月拿甚麼使？到那日我也不在家，信信拖拖，到那寺院裏且住幾日去罷。」〔註42〕可見生子當日要給產婆報酬，洗三和滿月的時候都少不了要給一些報酬。民國初年有記者採訪一位做產婆的陳姥姥，記者問到「每接生一次，要多少酬金？」這位陳姥姥答道：「這沒有一定，小戶人家給兩三塊，大戶人家給三四塊。到了三朝，親友的添盆錢，多的有三四塊，少的幾十個銅子。到滿月請客，請我去吃一頓酒。接一次生，所得的報酬，就是這樣。」〔註43〕

　　按照一般的情況，首先是在產婦順利分娩之後，產婆會收到花紅和喜錢。根據明清小說的記載，通常是二三兩銀子。例如《醒世姻緣傳》第二十一回春鶯生子後：「大家同徐老娘吃了些飯，晁夫人親與徐老娘遞了一杯喜酒，送了二兩喜銀、一匹紅段、一對銀花。」〔註44〕《金瓶梅》第三十回描寫李瓶兒生子以後，「月娘讓老娘後邊管待酒飯。臨去，西門慶與了他五兩一定銀子，許洗三朝來，還與他一匹段子。這蔡老娘千恩萬謝出門。」〔註45〕這小說中的數額我們只能作一參考，它或許是明代社會情況的反映，但也或許是受了之前時代小說的影響而承襲了下來。例如元代關漢卿著《救風塵》中趙盼兒生子後，「李媽媽給了蔡老娘三兩銀子」。〔註46〕而後世小說也基本在此數額上下。另外要注意的一點就是，《醒世姻緣傳》中的晁夫人家和《金瓶梅》中西門慶家都是富戶，西門慶給了產婆五兩喜銀，與此相較，應伯爵家只是給了產婆一個銀耳挖。

〔註42〕　（明）蘭陵笑笑生著：《金瓶梅詞話》下，北京：人民文學出版社，2000年，第863～864頁。

〔註43〕　佚名：《專門接生的陳姥姥》，天津《大公報‧社會花絮》1930年3月3日，收入陳益民編：《民國名家隨筆叢書　陋俗與惡習》，天津：天津人民出版社，2011年，第45頁。

〔註44〕　（明）西周生輯著：《醒世姻緣傳》（上），濟南：齊魯書社1980，第271頁。

〔註45〕　（明）蘭陵笑笑生著：《金瓶梅詞話》（上），北京：人民文學出版社，2000年，第349頁。

〔註46〕　（元）關漢卿著，朱利華、陳圓改編：《救風塵》，太原：山西古籍出版社，1998年，第48頁。

　　到了清末民初，接生給二兩銀子也算是多的了。清末小說《新鮮滋味》中王三得子後，「產婦倒也平安，周氏同街坊都給鐵王三道喜，王三謝了大家。收生婆道喜，王三一高興，給了二兩銀子。」〔註47〕上文提到的陳姥姥自述說「小戶人家給兩三塊，大戶人家給三四塊」，三十年代的三四塊銀元大致相當於二兩銀子。但是物價飛漲的年代，還要考慮實際購買力，所以同是二兩銀子，實際價值可能還是有些差別。

　　根據近代檔案、報刊等記載，二十世紀二十年代北京地區大概接生後給產婆報酬銀洋一元。〔註48〕也有銅元四十枚，或者銅元二十枚不等的情況。〔註49〕《北平風俗類徵》引《北平指南》中說到臨產時，請產婆來家接生「其費用亦須一元左右，富足之家，亦有與以數元者，無定例也。」〔註50〕二十年代初安徽績溪地方收生後的酬金大概也是洋一元。〔註51〕所以產婆的報酬因時因地因產家富裕程度不同，都會有所不同。而在產婆的行話中，產婆也會將產家按照富裕程度分出三六九等，「高枕頭」指有錢人家，「低枕頭」指溫飽人家，「草枕頭」指貧苦人家。〔註52〕另外，產婆的報酬也會因所收生嬰兒性別不同而不同。例如在浙江寧波，普通人家生男孩大概得兩塊大洋左右，女孩的話所得至少要減去五分之一，對此情況，產婆也心知肚明，所以從不計較。〔註53〕紹興地區，生男與生女所得報酬之比約為五比二。〔註54〕在成都，洗三日給喜錢，生男給一千或二千文，生女給數百或一千文，以產母生產時吃力與否為定。〔註55〕

〔註47〕（民國）損公：《新鮮滋味 鐵王三》，京話日報社排印，《筆記小說大觀》第九編第九冊，臺北：新興書局，1981年，第5681頁。

〔註48〕北京檔案館 J181-019-32279《京師警察廳衛生處為收生婆白姓即英金氏誤將張金氏子宮損傷身故的呈》。

〔註49〕北京檔案館 J181-033-01083《北平市警察局外左三區區署關於杜張氏未經官准私行產婆業務的案表》。

〔註50〕李家瑞編：《北平風俗類徵》上冊「職業」，北京：商務印書館，1937年，第180～181頁。

〔註51〕王荷卿：《吾鄉的生產風俗（安徽績溪）》，《婦女雜誌》，1925年第11卷第7期，第1184頁。

〔註52〕吳漢癡主編：《切口大詞典》，上海：上海文藝出版社，1989年，第10頁。

〔註53〕王光：《吾鄉的生產風俗（浙江鄞縣）》，《婦女雜誌》，1925年第11卷第7期，第1187頁。

〔註54〕許言午：《吾鄉的生產風俗（浙江紹興）》，《婦女雜誌》，1925年第11卷第7期，第1189頁。

〔註55〕（清）傅崇榘編：《成都通覽》上冊「成都之執業人及種類」，「穩婆」條，成

另外，北京地區還有產婆認門的風俗，認門這天產家也會給錢。《北平風俗類徵》引《北平指南》說：

> 舊式產婆，隨地皆有，凡住戶門上懸有小木牌，上書「吉祥收洗，」或「快馬輕車」字樣者皆是。請其收生者，通例約在產婦臨蓐前三四星期，謂之認門，認門時亦有費用，惟無一定，目下情形，中常之家，須給一元左右。〔註56〕

一份民國時期北京清河鎮的調查報告說：到了產前的一個月，便舉行第一個產育禮節——俗稱「催生」。所謂「催生」就是由孕婦母親或娘家其他女眷，將事前預備好的孕婦和嬰兒所需要的食物，衣布，草紙等，送到女兒家裏來。如非初次生產則免送小孩衣物。孕婦家裏那天也就預備麵食款待親友。要緊的是請個接生婆來「認門」，留飯外又得給「認門錢」。〔註57〕而明清資料中關於「認門」的說法則很少出現。

接下來，洗三的時候還會有謝禮和「添盆錢」。在嬰兒出生第三日（俗稱三朝）為嬰兒沐浴，又稱「洗三」，這一天要向給嬰兒接生的穩婆以及參加洗三的親眷禮錢和禮品。這種習俗可以上溯至唐代，洗兒禮的習俗在唐代文獻中有著大量記錄，這表明為小兒誕生進行沐浴的習俗活動在唐朝已經定型，並由民間自發不固定時日、沒有程式化的模式，轉變成為一種被朝廷認可接受並加於推衍的一種禮制。由於唐王朝的提倡和積極實踐，洗兒禮便成為在小兒誕生禮儀中，流行最為久遠、傳播最為廣泛，幾乎遍及全國的一種風俗。〔註58〕但是據唐宋史料記載，洗兒禮多是皇室和上層社會所舉行，至於是否在民間流行並沒有找到相關記載。所以說「洗三」儀式是否起於民間自發並沒有相關證明，可以明確的是皇室和宮廷流行為小兒沐浴以及分送「洗兒錢」的做法對民間產生了影響。從風俗的政治成因看，所謂風俗，即在上為風，在下為俗，上行下效形成風俗，皇帝及宮廷的表現影響著天下臣民的風氣。〔註59〕

都：巴蜀書社，1987 年，第 384 頁。

〔註56〕李家瑞編：《北平風俗類徵》上冊「職業」，北京：商務印書館 1937 年，第 180～181 頁。

〔註57〕黃迪：《清河村鎮社區——一個初步研究報告》，李文海主編：《民國時期社會調查叢編 二編 鄉村社會卷》，福州：福建教育出版社，2009 年，第 43 頁。

〔註58〕關於洗三風俗在唐宋時期的記載可參見鄭曉江主編：《中國生育文化大觀》，南昌：百花洲文藝出版社，1999 年，第 247～248 頁。

〔註59〕常建華：《論明代社會消費性風俗的變遷》，《南開學報》1994 年第 4 期，第 60 頁。

「洗三」之禮到明清直至近代已經成為民間的常態。〔註60〕只是從宮中到民間，內容有所改變。宋代洗兒儀式或於滿月舉行，穩婆盤腿坐在榻上，懷抱嬰兒，家人親族於床下圍觀，〔註61〕這也反映了此時穩婆在洗兒儀式中的重要性。而發展到明清，洗三之日「這天是穩婆得意時期」，因為往洗澡盆中的錢「扔得越多，將來小孩長大一定才大財更大，但是當時盆裏大家所扔的錢卻都入了穩婆的囊中了」。〔註62〕

《醒世姻緣傳》第二十一回就介紹的很詳細：

> 他那東昌的風俗：生子之家把那雞蛋用紅麴連殼煮了，桿了麵，親朋家都要分送。看孩子「洗三」的親眷們，也有銀子的，也有銅錢的，厚薄不等，都著在盆裏，叫是「添盆」。臨了都是老娘婆收得去的。那日晁夫人自己安在盆內的二兩一個錁子，三錢一隻金耳挖，棗栗蔥蒜；臨後又是五兩謝禮，兩匹絲綢，一連首帕，四條手巾。那日徐老娘帶添盆的銀錢約有十五六兩。〔註63〕

當然，這還有很多親眷故意躲開了看孩子洗三「添盆」的時間：「那些族中的婆娘恐怕去得早了，看著孩子「洗三」，要「添盆」的銀錢；所以都約會齊了，直過了晌午方才來到。」〔註64〕這個細節描寫將風俗儀式中的社會小民心態把握的很精妙，也頗具諷刺意味。

除了銀錢之外，產婆得到的酬勞中通常有耳挖（耳挖或金或銀，視產家富裕程度而定。晁夫人給了產婆三錢一隻的金耳挖，表示比較闊綽和大方。而上文中所舉應伯爵家生子的例子則給的是一個銀耳挖），布匹、手帕等物。至於為何會給金銀耳挖，尚不知為何。可能是因為明代金、銀、玉等耳挖很常見，因柄端較長，遂與簪結合，男女皆用來綰髮。清代耳挖簪的裝飾性更

〔註60〕 郭立誠：《中國生育禮俗考》，臺北：文史哲出版社，1979年，第126～127頁。

〔註61〕 （宋）洪邁：《夷堅志》卷三十七「屈老娘」，《筆記小說大觀》第二十一編第四冊，臺北：新興書局，1981年，第2509頁。

〔註62〕 勝利：《天津產兒的風俗》，天津《大公報·婦女與家庭》1929年11月28日，收入陳益民編：《民國名家隨筆叢書 陋俗與惡習》，天津：天津人民出版社，2011年，第38～39頁。

〔註63〕 （明）西周生輯著：《醒世姻緣傳》（上），濟南：齊魯書社，1980年，第273頁。

〔註64〕 （明）西周生輯著：《醒世姻緣傳》（上），濟南：齊魯書社，1980年，第274頁。

爲突出，很多已不具有挖耳的實用功能。〔註65〕而正因爲耳挖簪是種非常普遍和常見的日用頭飾，所以在給產婆的報酬中，耳挖也並不罕見。另一種解釋是金耳挖諧音「金耳娃」，有生子耳大福大富貴大之意。〔註66〕清末有記者採訪接生婆陳姥姥，她的頭飾中就有標誌性的耳挖：「頭上戴著一朵大紅花，鬢上插著一雙銀挖耳。」〔註67〕還有一種解釋，即耳挖是用來接生時挑臍帶之物。民國時尚有風俗，小孩生下，用一金或銀的挖耳挑之，以後這針，就歸穩婆所有。〔註68〕但是如何挑臍帶，我們尚不清楚。

其他「添盆」的對象還有「金銀錁子、首飾、現大洋、銅子兒、圍盆布、當香灰用的小米兒、雞蛋、喜果兒、撤下來的供尖兒——桂花缸爐、油糕……」，這些全都「一古腦兒」被產婆兜了去。〔註69〕

最後，滿月時候還會有報酬，通常是去喝一頓喜酒。〔註70〕

當然雖然接生一次，酬勞並不算少，但是接生的次數是不固定的。民國時記者採訪收生婆：「每月能接幾次生？一年四季，哪一季的生意最好？」產婆回答：「每月多則七八次，少則一二次，也有時候一次也沒有。三月九月，生產最多，臘月六月，生產最少。」〔註71〕而這種情況是否具有普遍性尚不得而知。但是在史料中也不乏產婆有以收生致富的記載，這些在當地具有名氣的產婆總是不乏生意，甚至不容易請動。

《右臺仙館筆記》卷八記載一位「白洋嫗婆」是浙江紹興地區技術最好的產婆。有貧家因產婦難產情況危急，拿出家裏並不值錢的硯想要以一千錢

〔註65〕韋正編著，汪清、季倩譯，郭群等攝影：《金銀器》，上海：上海古籍出版社，1999年，第35頁。

〔註66〕鄭曉江主編：《中國生育文化大觀》，南昌：百花洲文藝出版社，1999年，第254頁。

〔註67〕佚名：《專門接生的陳姥姥》，天津《大公報‧社會花絮》1930年3月3日，收入陳益民編：《民國名家隨筆叢書　陋俗與惡習》，天津：天津人民出版社，2011年，第43頁。

〔註68〕《此錯究竟怪誰》，《第一助產學校年刊》1931年第2卷。

〔註69〕常人春、高巍著：《北京民俗史話》，北京：現代出版社，2007年，第172頁。

〔註70〕佚名：《專門接生的陳姥姥》，天津《大公報‧社會花絮》1930年3月3日，收入陳益民編：《民國名家隨筆叢書　陋俗與惡習》，天津：天津人民出版社，2011年，第45頁。

〔註71〕佚名：《專門接生的陳姥姥》，天津《大公報‧社會花絮》1930年3月3日，收入陳益民編：《民國名家隨筆叢書　陋俗與惡習》，天津：天津人民出版社，2011年，第45頁。

的價格賣掉，就是爲了請這位「白洋媼婆」。這個故事也反映出技術好的產婆往往不易請，所需酬金很高。

> 會稽王湘舟濟泰，工爲制舉文，而困於場屋。性好施予。一日，有里人以硯來，求易錢一千。視其硯，凡石也，卻之。其人顏色慘沮，問其故，則其婦方產，勢甚危殆，欲以此硯易錢招白洋媼婆。白洋媼婆者，越中乳醫之最良者也。遂留其硯而予之錢，久之，念此婦未知已產未，使問之其家，則婦死矣，無以斂，其姑亦老且病，號咷欲自盡。王惻然，急取敝衣數襲，洋錢十枚，親送與之。至咸豐乙卯歲，元旦之夕，夢一婦人向之叩首，曰：「妾即往歲以產而亡者也。」手以一黃紙條示之，有朱書曰「臣十七」。寤而不解所謂，是歲應秋試，入闈中，所坐號適爲臣字十七。及題目出，文思泉湧，榜發中式。〔註72〕

《右臺仙館筆記》另一則故事則描寫湖北一位技術高超的產婆，可以準確判斷產婦的產時、胎兒性別，其並不收取重酬，然而仍舊以此起家。這位產婆的技術起初與其他產婆並無異，她的權威地位來自於神授。

> 湖北有某媼者，乳醫也，俗謂之收生婆，其始亦與他媼等。一日，偶於田間拾得死人手一，攜歸供奉之，嗣後其術益神。凡有召之者，或即時而往，或遲之又久而往。其至也，必適屆其婦產時，未嘗早至以待，亦未嘗有不及也。一入其門即知所生之爲男爲女，百不一爽。亦有呼之而不至者，則此婦必危矣。所至不索重酬，然竟以此起家。年八十餘而卒。其晚年不輕爲人收生，有難產者召之，猶時爲一往。〔註73〕

《續新齊諧》卷九有「楊老爺召穩婆收生」一則故事，記載了嘉興地方一位以收生致富的產婆名爲「阿鳳」，「阿鳳」可以化解一切難產問題，甚至連祠中神仙難產也請其去接生。

> 嘉興鄉鎮間祠楊老爺神，多靈驗。穩婆阿鳳者以收生致富。遠近生育之家，必延之至，始無難產。

〔註72〕（清）俞樾撰，徐明霞點校：《右臺仙館筆記》卷八，上海：上海古籍出版社，1986 年，第 199～200 頁。

〔註73〕（清）俞樾撰，徐明霞點校：《右臺仙館筆記》卷六，上海：上海古籍出版社，1986 年，第 144～145 頁。

忽雪夜有人叩門，問：「何來？」曰：「冷水灣楊府生公子，主人命來，宜急就船。」風襲裘同僕下船，果至冷水灣，第宅嚴麗。進門，主人臨軒而立，見鳳來，喜甚，命僕導入後堂。則產母方臥床而呼，眾媼婢執燈而立，皆慘然曰：「吾夫人產四日矣。」鳳診視之，蓋腸盤於胎，急不得下也。以法救之，胎應手而出。報主人，主人贈金元寶二錠。鳳納之，曰：「後三朝，吾當來。」時天大雪，而房中熱氣甚逼，鳳解衣從事。

及出門就船，始記有外衣未著。歸家天已明，視元寶則金紙疊成，而皮衣已送至家矣。由是鄉人爲老爺作三朝，行圍盤釵果之禮，迎各廟諸神來賀。〔註74〕

根據清代范祖述《杭俗遺風》記載，杭州地方生意好的產婆富可比大戶人家：

杭州之收生婆生意，莫好於大井巷之施老大房，環翠樓之施老二房。家中雇用長班，穿吃不異大家。抬往人家收生，穿綢著緞，金簪金鐲，生意忙冗，只來一轉，留下副手，又往別家去矣。〔註75〕

到了清末時候，杭州最著名的產婆排場仍然很闊綽，據民國洪如嵩說：「余生也晚，施婆之事，無不得而知。三十年來，杭州最著名者，爲城頭巷之陳婆婆。其舉動闊綽，不下於施。」〔註76〕可見產婆憑藉其收生技術可以累積聲望和財富，可以生意忙冗，甚至還雇用一些副手，如果不是危險情況便不用自己親自接生。

不過這種闊綽可比大戶人家的產婆並不多見。我們看到的大部分近代的材料都表明產婆生活很苦，一般婦女都不願意做產婆，但是在民間還是會有這樣的民謠：

好吃懶做活，一心要當老娘婆，三天一頓過水麵，五天一頓壓飴餎。十二天又吃發饅頭，滿月又吃香餑餑。〔註77〕

〔註74〕（清）袁枚著，沈習康校點：《新齊諧　續新齊諧》，北京：人民文學出版社，1996年，第741頁。

〔註75〕（清）范祖述著，（民國）洪如嵩補輯：《杭俗遺風》，王國平主編：《西湖文獻集成》第19冊《西湖風俗》，杭州：杭州出版社，2004年，第127～128頁。

〔註76〕（清）范祖述著，（民國）洪如嵩補輯：《杭俗遺風》，王國平主編：《西湖文獻集成》第19冊《西湖風俗》，杭州：杭州出版社，2004年，第128頁。

〔註77〕「老娘婆」，（建昌縣）演唱者：劉王氏，採錄者：齊福安，1986年採錄於湯神廟鄉松樹梁子村。中國民間文學集成全國編輯委員會《中國歌謠集成　遼寧

　　這是二十世紀八十年代的歌謠采風者在遼寧建昌縣湯神廟鄉松樹梁子村採錄的一首名爲「老娘婆」的民謠。即說在農村，接生比農活要輕鬆許多，從孩子出生到滿月還可以吃到麵條、壓餄餎、發麵饅頭、香餺餑等麵食，而這些麵食只有在喜慶節日才能吃到。所以，產婆通過她的接生技術，可以將她的生活在一定程度上有所改善。綜上所述，產婆依靠其經驗和技術，能夠獲得一定的經濟收入，而且收入並非低廉，甚至有一些產婆因其技術高超和經驗豐富而致富。清代京都竹枝詞有一首題目爲「婦女」，其中提到「六婆」這類人群：

　　　　纏腳梳頭雇六婆，賺錢還讓墮民多。珠花翠飾爲長業，全仗青
年話語和。〔註78〕

　　諸如纏腳、梳頭、買賣首飾這類生活瑣事，都離不開「六婆」這類群體。雖然她們屬於「墮民」這類群體，社會地位低下，但是在收入方面還是尚可的。

第三節　穩婆的知識與技藝

一、技藝傳承方式

　　民國十七年十一月政府爲培訓傳統穩婆，開設了產婆學習班，招收的三十名穩婆全部爲女性、文盲，平均年齡五十四歲。〔註 79〕可知傳統社會，穩婆識字率之低下，其知識與技藝來源似並不主要通過書本獲得。臺灣學者在考察臺灣的傳統穩婆來源時歸納了三個方面：本身有幾次生產經驗，熟悉助產技術者；家傳方式，代代以主子婆爲業者；從中醫或僧侶學習生產處置方法。上述三種穩婆來源中，第一種是親身體驗生產而無師自通者；第二種是家有祖傳家業，順理成章的繼承穩婆者；第三種是以師徒關係學習生產處置方法者。〔註80〕

　　　卷》編輯委員會編：《中國歌謠集成 遼寧卷》，北京：中國 ISBN 中心，2008年，第 454 頁。

〔註78〕（清）得碩亭《草珠一串 京都竹枝詞百有八首》「婦女」，雷夢水、潘超等編《中華竹枝詞》，北京：北京古籍出版社，1996 年，第 147 頁。

〔註79〕嚴仁英：《學習楊崇瑞的獻身精神》，嚴仁英主編《楊崇瑞博士——誕辰百年紀念》，北京醫科大學、中國協和醫科大學聯合出版社，1990 年，第 27～28 頁。

〔註80〕洪有錫、陳麗新：《先生媽、產婆與婦產科醫師》，臺北：前衛出版社，2002年，第 7 頁。

　　據筆者所搜集的材料來看，家傳方式是比較普遍的一種技藝傳承方式。例如陳鐸在《滑稽餘韻》中描寫穩婆時就稱這個行業「幾輩流傳」。〔註81〕再如清代前期江蘇泰州人徐述夔編纂的短篇小說集《八洞天》卷四《續在原——男分娩惡騙收生婦，鬼產兒幼繼本家宗》中，描寫到穩婆「陰娘娘」死後，她的兒媳婦從婆婆那裡傳授來這門技術，繼續從事這個行當，叫做「小陰娘娘」。〔註82〕

　　婆媳之間進行傳授也正是家傳方式的主要形式，並且通常名號也會從傳授者那裡傳承過來。例如上例的「小陰娘娘」承襲其婆婆名號「陰娘娘」。老舍的小說《正紅旗下》中同為接生婆的「老白姥姥」和「小白姥姥」也是婆媳二人。〔註83〕再如民國檔案中記載，有白姓產婆名為英金氏，年50歲，28歲跟其婆婆學習收生，其婆婆年80歲，32歲時跟英金氏外祖母白姓學習的接生，所以人都稱呼其為白姓，而不稱其本身的姓氏。〔註84〕

　　除婆媳相傳外，還有母女相傳。例如清末一位接生婆陳姥姥便說「以前我的母親在鄉下做接生婆，所以我懂得一點。到天津以後，常有鄉親鄰近知道我懂這法術，常來請我，後來漸漸的傳出去，於是租界上的大公館，也不時有來請我去的。」〔註85〕另據二十世紀三十年代無錫設立接生婆訓練班的時候所做統計，「由『做散工』，『倒缸腳』，無師傳授，毛遂自薦出身者，居十之二。當鄰里生產，由幫忙撮腰，嘗試出身者，亦十之二。因生育滋繁，親屬指鹿為馬，盲認其為有葆產智識而起者，亦十之二。由婆太太、老舅婆帶領入門，自以為正途出身者，居十之四。」〔註86〕可見，其中家傳方式（婆太太、老舅婆帶領入門）占的比重最大（占十分之四）。其他方式則主要是在接生實踐中逐漸積累經驗摸索而成，並且其技藝取得了周圍親戚鄰里的信

〔註81〕　（明）陳鐸：《滑稽餘韻》，謝伯陽編：《全明散曲》第1卷，濟南：齊魯書社，1994年，第547頁。

〔註82〕　（清）五色石主人著：《八洞天》卷四，北京：書目文獻出版社，1985年，第77頁。

〔註83〕　老舍：《正紅旗下》，人民文學出版社，1980年，第48頁。

〔註84〕　北京檔案館 J181-019-32279《京師警察廳衛生處為收生婆白姓即英金氏誤將張金氏子宮損傷身故的呈》。

〔註85〕　佚名：《專門接生的陳姥姥》，天津《大公報·社會花絮》1930年3月3日，收入陳益民編：《民國名家隨筆叢書　陋俗與惡習》，天津：天津人民出版社，2011年，第43頁。

〔註86〕　王世偉：《十九年冬無錫市政籌備處附設接生婆訓練班報告》，《無錫市政》第六號 1930年3月，第49頁。

任，才能將這門行當從事下去。

二、接生技藝

產婆常常有機會接觸懷孕的身體，因此比男性醫生擁有更多的臨床實踐和臨床觀察。對於產婆擁有的接生技藝以及有關婦女身體的知識，一些醫生和文人給予了充分肯定。

《新齊諧》卷十一「呂兆蠶」的故事說，呂公兆蠶談及他的前生：一日，「我在廄中聞陳氏妻生產，三日胎不得下，其成某曰：『此難產之胎，必得某穩婆方能下之，可惜住某村，隔此三十里，一時難致，奈何？』又一戚曰：『遣奴騎長蠶馬去，立請可來。』言畢，果一蒼頭奴來騎我。」〔註87〕雖故事屬虛構，但也反映了當時社會生活之中，擁有高超技藝的穩婆往往爲難產之家所渴求。《揚州畫舫錄》卷九也記載了清代一位揚州地方的王氏產婆，年六十歲，「諳婦人生產之理」。〔註88〕

晚清王清任《醫林改錯》下卷「懷胎說」描述了胎兒的形態發育過程，指出中醫理論中的一些錯誤，並且對產婆的知識給予充分尊重和肯定，認爲產婆對胎兒在不同月份所生長的不同形態是最瞭解的，而醫生疏離臨床，有很多錯誤的想像，應該訪問收生婆以得到明確的知識，而且批評醫生對自己知識的盲目自信：「既不明白，何不歸而謀諸婦，訪問收生婆？訪問的確再下筆，斷不致遺笑後人。」〔註89〕

穩婆除收生以外，可能還會治療一些胎前產後的婦科疾病，同時也包括出售一些婦女用藥。元代熊夢祥《析津志輯佚》「風俗」即載：「有穩婆收生之家，門首以大紅紙糊篾筐大鞋一雙爲記，專治婦人胎前產後以應病症，並有通血之藥。」〔註90〕

對穩婆具體擁有怎樣的知識和技術，我們將通過產前、接生、產後處理

〔註87〕 （清）袁枚著，沈習康校點：《新齊諧 續新齊諧》，北京：人民文學出版社，1996 年，第 244 頁。

〔註88〕 （清）李斗著，周光培點校：《揚州畫舫錄》卷九，揚州：江蘇廣陵古籍刻印社，1984 年，第 201 頁。

〔註89〕 （清）王清任著，李天德、張學文整理：《醫林改錯》，北京：人民衛生出版社，2005 年，第 49 頁。

〔註90〕 （元）熊夢祥著，北京圖書館善本組輯：《析津志輯佚》，北京：北京古籍出版社，1983 年，第 208 頁。

等程序來闡述。

（一）判斷是否懷孕

在古代文學作品中經常有這樣的描寫，即產婆可以通過診脈的方法判斷是否懷孕。例如元雜劇《散家財天賜老生兒》第一折中描寫鄉里富商劉叢善的侍婢小梅懷孕，劉叢善因爲想到自己曾經經商做下許多虧心事，現在老年得子，不禁感慨萬千。爲了證實小梅懷孕的消息，急忙去請穩婆來「憑脈」，穩婆一憑完脈，便道：「老的，你索與我換上蓋咱。」老夫便道：「你與我說了，我與你。」他便道：「老兒，你賀喜者！」還說必定是個「廝兒胎」。〔註91〕

又如《醒世姻緣傳》第二十回記載「春鶯跟了老娘婆進去，憑他揣摩了一頓，又替他診了兩手的脈出來，大尹叫春鶯回到後面去。老娘婆道：『極旺的胎氣，這差不多是半裝的肚子了。替他診了脈，是個男胎。』」〔註92〕

這些文學作品中的描寫都說產婆通過診脈來判斷婦女是否懷孕，甚至能夠判定胎兒性別（通常判斷說是男胎）。而產婆是否能夠僅僅憑藉把脈就可判定是否會懷孕以及胎兒性別，尚沒有足夠的史料可以證明。〔註93〕

（二）判斷臨產期

判斷是否懷孕只是第一步，產婆通常還需判斷臨產期。宋代筆記《後山談叢》中記載宋代一位八十多歲的陳氏收生婆通過診脈可以準確判斷產婦生產的時間，診脈技術出神入化：「月則知日，日則知時。」曾有兩家將要分娩，陳氏爲右家產婦切脈，說是當午生；爲左家產婦切脈，說是當夜生，又切了一回脈，說是初更兩點。結果都如陳氏所言。〔註94〕事實果如其所言通過診脈就可以準確判斷臨產期嗎？我們可以通過近代的社會調查做一參考。

根據民國時期北京清河縣的調查報告，在產前一個月左右有「催生」的習俗，同時請接生婆來「認門」，這一天接生婆要「爲孕婦自中指憑脈，倘脈

〔註91〕（元）武漢臣：《散家財天賜老生兒》，王季思主編：《全元戲曲第 2 卷》，北京：人民文學出版社，1990 年，第 615 頁。

〔註92〕（明）西周生輯著：《醒世姻緣傳》（上），濟南：齊魯書社，1980 年，第 264～265 頁。

〔註93〕歷來中醫對於妊娠的診斷，切脈是一種重要的方法，且脈象的表現也有定式。參見馬大正：《唐代婦產科學概況》，《中華醫史雜誌》1986 年第 3 期，第 249 頁。

〔註94〕（宋）陳師道：《後山談叢》卷二，《筆記小說大觀》第四編第三冊，臺北：新興書局，1981 年，第 1684 頁。

跳動在指尖，則距臨產期近，否，則尙遠。」〔註95〕臨產時，接生婆到產家還會進一步判斷具體的生產時間，第一步先試脈，與「認門」時的方法相同，即爲孕婦進行中指憑脈，若生產時候尙遠，接生婆則不在產家等待。浙江鄞縣地方也有記載說臨產之時，產婆要爲產婦診脈，診察生產時候。〔註96〕

可見實際生活中，產婆確實也會通過診脈來判斷具體生產時機。而上述調查中的診脈方法爲「中指憑脈」，這在歷代醫書中也是有章可循。中醫一般稱其爲「離經脈」，即離於經常之脈，是一種傳統的診脈驗產法，由晉代王叔和《脈經》提出：「婦人欲生，其脈離經，夜半覺，日中則生也」。〔註97〕其後歷代醫家多有討論，明代薛己《女科撮要》中給出了明確的操作方法：「欲產之時，覺腹內轉動，即當正身仰臥。待兒轉身向下時作痛，試捏產母手中指中節，或本節跳動，方與臨盆，即產矣。」〔註98〕清代王燕昌《醫存》也說「須知兩中指頂節之兩旁，非正產時則無脈，不可臨盆也，若此處脈跳，腹疼一陣緊一陣，二目亂出金花，乃正產時也，速臨盆。」〔註99〕《胎產心法》中說「至欲產時，脈先離經，試捏住產婦手中指中節，或本節跳動，方是臨盆時候。」〔註100〕由此可見，產婆使用診脈技術來判斷臨產時刻與醫書中記載方法相同。此時，產婆的知識與醫生的知識具有一致性。

不僅如此，這種方法甚至還得到近代中醫的實驗證明，通過脈象斷定產期確實具有一定規律性。尤昭玲《婦科離經脈與正常產程關係的初步研究》一文，是在整理中醫文獻基礎之上，採用傳統手法診脈與儀器識別相結合，對 35 例非孕，105 例不同妊娠月份的健康婦女，以及 210 例次正常產婦進行了比較系統的臨床觀測，結果發現非孕及孕五月之前，絕大多數婦女不能在中指中節的第一診區觸及脈動（實驗按照薛氏中指測法，以左中指爲檢測部

〔註95〕 《關於清河鎮鄉村產育種種及其迷信風俗之調查》，《第一助產學校年刊》1934
　　　　年第 5 卷，第 45 頁。
〔註96〕 王光：《吾鄉的生產風俗（浙江鄞縣）》，《婦女雜誌》，1925 年第 11 卷第 7 期，
　　　　第 1187 頁。
〔註97〕 （西晉）王叔和著，嚴石林、李正華主編：《脈經》卷九，「平妊娠分別男女
　　　　將產諸症第一」，成都：四川科學技術出版社，2008 年，第 667 頁。
〔註98〕 （明）薛己撰，張慧芳、伊廣謙校注：《薛氏醫案·女科撮要》卷下「保產」，
　　　　北京：中國中醫藥出版社，1997 年，第 946 頁。
〔註99〕 （清）王燕昌撰，王新華編輯：《王氏醫存》卷十二「婦人宜平日熟悉胎產並
　　　　正產脈證」，南京：江蘇科學技術出版社，1983 年，第 130 頁。
〔註100〕 （清）閻純璽撰：田代華，郭君雙點校：《胎產心法》卷中「臨產須知十四則」，
　　　　北京：人民衛生出版社，1988 年，第 307 頁。

位），即使隨妊娠月份增加，也只能在中指本節捫及脈動。臨產後在宮口擴張不同時期可相應在中指指端一定的診區出現脈動，並隨宮口擴張從中指本節向指尖移動。這一規律證實了離經脈的診斷特徵可以對婦人臨產和產程進行判斷。作者還體會到，足月臨產婦與健康非孕婦和妊娠中孕婦相比，有明顯的脈湊指的指感，鼓動強而有力，來去充盈圓滑。〔註101〕

接生婆試脈後還會試水，方法是以手指蘸水探入陰道，所觸之物如圓形而且硬，則為胎兒頭。因此探至羊水裏時，如果觸到硬物，則以指尖將胞衣劃破，所觸之物軟，則稍待。〔註102〕

這一套程序在小說中也有相關描述。例如清末小說《廣陵潮》第六回中寫道產婆試脈和試水的過程：

> 王老老進房，先把三姑娘中指試了一會喜脈，叫三姑娘伏在她肩膀上，脈試過了，說時候還早呢。又命人提一桶熱水來，將床底下腳盆拖出，擱上一塊漆紅板子，傾了半桶熱水在裏面。又笑向晉芳道：「少爺請在外暫避一避，我替少奶奶試試水，看在甚麼時候，添一小少爺。」〔註103〕

（三）接生

根據民國時期對北京清河鎮的產育風俗調查，如果遇到難產或者生產遲慢，解決辦法如下：首先是無論羊水是否已破，陣痛如何，總令產婦起立行動，以為如此辦法生產可快。如以上各法無效時，由產婦丈夫，或接生婆，將產婦提起，向下用力蹲，大多胎兒產下，血流如注，產婦昏迷。或兒頭已露，延遲不下，接生婆用指甲將會陰劃破。〔註104〕這裡產婆的處理方法似乎被描述得有些粗陋。對於難產的處理，一位產婆的自述還可以做些補充說明：

> 難產也不時遇到。遇到的時候，我們有一定的秘密的藥方。看怎樣難產使用哪一種藥方。我自己不識字，不過我們把那藥方都好

〔註101〕尤昭玲：《婦科離經脈與正常產程關係的初步研究》，《天津中醫藥》1986年第1期，第25～28頁。

〔註102〕《關於清河鎮鄉村產育種種及其迷信風俗之調查》，《第一助產學校年刊》1934年第5卷，第46頁。

〔註103〕李涵秋著：《廣陵潮》上，長沙市：湖南文藝出版社，1998年，第44頁。

〔註104〕《關於清河鎮鄉村產育種種及其迷信風俗之調查》，《第一助產學校年刊》1934年第5卷，第46頁。

好的保存起來，哪一張藥方醫治哪一種難產，我自己都記得清楚。其餘還有不用藥方，只用很簡單的手術的。譬如產婦暈血，只須用鐵稱錘放在醋裏燒熱以後，送到產婦的鼻子旁邊，薰——忽兒，便可蘇醒過來。遇到連環生（嬰兒兩腳先下，叫做連環生），只須用手幫助著把兩腳稍託一下，使嬰兒的手向上方抱著頭，便可安然地生產下來。遇到坐蒲生（嬰兒的臀部先下，叫做坐蒲生），說也奇怪，不用什麼手法，佛祖爺自然會保祐著生下來。假如生不下來，只好請他們把產婦送到醫院裏去，我們不比他們有藥水，有針，所以除了靠著佛祖的力量，沒有其他再好的法術。若遇左手生（嬰兒的一雙手先下來，據她說，先出來的那隻手多數是左手，所以叫做左手生），只須拿一點鹽放在那小手心上，那隻手便可縮上去，然後可以照常的產生下來。左手生的原因，是因為母親在懷孕的時候，曾經一隻腳站在門檻裏，一隻腳站在門檻外取過東西，而跨門檻的時候，常常用左腳，所以嬰兒一出胎，便先伸出一隻左手來索取點東西。
〔註105〕

這段採訪為我們展示出近代民間產婆的一些接生技術：針對不同難產的藥方，簡單的手術（例如將倒產的嬰兒兩腳上託）、薰醋治療產婦血暈、橫生時往嬰兒手上抹鹽，乃至依靠神明的力量等等。產婆在肯定這些方法有效性的同時，也承認也有生不下來的情況，那就「只好請他們把產婦送到醫院裏去，我們不比他們有藥水，有針，所以除了靠著佛祖的力量，沒有其他再好的法術。」產婆也並不完全知道這些方法的道理何在。例如記者追問：「嬰兒伸出手來要東西，為何不能隨便給他一樣東西，何以一定要把鹽給他呢？」姥姥答：「那誰知道？我們不過按照著傳下來的法子去做，用別的東西，我們也沒有試過」。正如陳姥姥所言，塗鹽的方法是從古流傳下來的，唐代醫書中已經有記載（將在第三章論述），只是不知此法是否為醫者所創。大概由於醫書中不斷因循記載這種塗鹽的方法，後世已經將橫生俗稱為「討鹽生」。例如《達生編》載，若小兒腳先出，「贈之美名曰腳踏蓮花生」，若手先出，「名之

〔註105〕 佚名：《專門接生的陳姥姥》，天津《大公報‧社會花絮》1930年3月3日，收入陳益民編：《民國名家隨筆叢書 陋俗與惡習》，天津：天津人民出版社，2011年，第43～44頁。

曰討鹽生」。〔註106〕《婦科玉尺》卷三載「橫生俗為覓鹽生」。〔註107〕而塗鹽的道理醫者也作出過說明，《婦科玉尺》卷三中說「夫鹽主收斂緊縮，且螫人痛，兒手得鹽且痛且縮，自然轉身生下」。〔註108〕

胎兒產下後，胎衣如果久不下，產婆通常採用如下的辦法來解決：令產婦口眼緊閉向下努力；或令產婦單腿伏跪炕上，生男跪左腿，生女則跪右腿，家人祝告說「快給小孩送」；或將產婦自己頭髮放入口中內使作嘔，驟然用力，胎衣乃產下。往往胎衣久不下，接生婆則以手探取。〔註109〕這是近代民間調查的一些方法。而醫者也會指導穩婆一些具體的操作方法。例如清代醫者程鵬程稱「瓦油盞烘熱，仰放產婦臍上，令一人以腳抵住油盞，其胞即下。用石灰一升，置淨盆中，以滾水潑之，扶產婦蹲其上，薰之立下。取其夫之褲倒轉，將褲腰向下，褲腳向上，束於腹上，其胞自下。」〔註110〕程國彭則言「宜於剪臍時用物繫定，再用歸芎湯一服，即下。」〔註111〕

遇到橫生倒產的問題，在剖腹產技術還不成熟的情況下，產婆只得先將胎兒肢解弄出，以保住產婦性命。而產婆也因此多被詬病。

（四）產後處理

我們試圖通過搜集小說中的一些資料來還原實際場景。《醒世姻緣傳》中描寫產婆為春鶯接生以後：「斷了臍帶，埋了衣胞，打發春鶯吃了定心湯，安排到炕上靠著枕頭坐的。」〔註112〕再如《金瓶梅》第三十回：「這蔡老娘收拾孩兒，咬去臍帶，埋畢衣胞，熬了些定心湯，打發李瓶兒吃了，安頓孩兒停

〔註106〕（清）亟齋居士：《達生編》卷上「臨產」，《續修四庫全書・子部・醫家類》1008 冊，上海：上海古籍出版社，2002 年，第 103 頁。

〔註107〕（清）沈金鰲著，張慧芳，王亞芬點校：《婦科玉尺》卷三，北京：中醫古籍出版社，1996 年，第 89 頁。

〔註108〕（清）沈金鰲著，張慧芳，王亞芬點校：《婦科玉尺》卷三，北京：中醫古籍出版社，1996 年，第 89 頁。

〔註109〕《關於清河鎮鄉村產育種種及其迷信風俗之調查》，《第一助產學校年刊》1934 年第 5 卷，第 46 頁。

〔註110〕（清）程鵬程原著：《急救廣生集》，北京：人民軍醫出版社，2009 年，第 137 頁。

〔註111〕（清）程國彭撰：《醫學心悟》第五卷「胞衣不下」，上海：科學技術文獻出版社，1996 年，第 203～204 頁。

〔註112〕（明）西周生輯著：《醒世姻緣傳》上，濟南：齊魯書社，1980 年，第 270～271 頁。

當。」〔註113〕第七十九回「蔡老娘收裹孩兒，剪去臍帶，煎定心湯與月娘吃了，扶月娘暖炕上坐的。」〔註114〕這幾處描寫都相當一致，基本都是先收裹孩子，斷臍帶（剪或者咬），埋衣胞，給產婦喝定心湯，扶產婦休息。而元代小說《救風塵》也有一段記述：

> 閒話少説，只道這趙盼兒十月懷胎，一朝分娩。一天盼兒正坐在門前做針線，忽然一陣肚痛，羊水就破了，急忙喊了李媽媽。李媽媽一面拿馬桶伺候，一面叫宋引章去叫接產婆蔡老娘，盼兒疼得一陣緊似一陣，等到蔡老娘到來，頓時又是按，又是壓，不一會兒就接下個男孩兒來。蔡老娘收裹孩兒，剪去臍帶，煎碗定心湯給盼兒吃了，又扶盼兒在暖炕上躺下。〔註115〕

我們可以看到，明清小說對接生過程的描寫與元代小說非常一致，這可能是寫作上的承襲。另外，對於接生過程過於簡單化程式化的描寫，我們可以認為男性作家對產房中的內容並不知曉，因此對於產婆怎樣接生也並無細節可以描述。〔註116〕清末小說《新鮮滋味》中說的好：

> 那天正是六月初六（洗象的日子）蔣氏忽覺腹痛，周氏也過來啦，街坊又有兩位堂客也過來啦。又請了兩位收生婆來，鐵王三出來進去跟熱地螞蟻一個樣，又不好進裏頭屋，所以產房的內容，他也不知道，可是我也不能敘，只好做個暗場罷，攏共不到半小時，居然就脫了稿啦（這是我作小說）。〔註117〕

〔註113〕（明）蘭陵笑笑生著：《金瓶梅詞話》上，北京：人民文學出版社，2000年，第349頁。

〔註114〕（明）蘭陵笑笑生著：《金瓶梅詞話》下，北京：人民文學出版社，2000年，第1116頁。

〔註115〕（元）關漢卿著，朱利華、陳圓改編：《救風塵》，太原：山西古籍出版社，1998年，第48頁。

〔註116〕性別隔離所帶來的影響是雙向的。一方面，分娩的女性因為「污穢」作為受動者被隔離。另一方面，男性也因為不能探視產房等習俗而成為隔離的受動者。因此男性是性別隔離的施動者同時也是受動者。而按照Anne Llewellyn Barstow解釋，產婆的污名化是因為所有的男人（包括父親）都被擋在產房之外，因此他們只能憑空猜想一些莫名其妙的事。這樣，男性作為受動者更加深了產婆的污名化。參見蔣竹山：《從產婆到男性助產士：評介三本近代歐洲助產士與婦科醫學的專著》，《近代中國婦女史研究》1999年第7期（臺北），第226頁。

〔註117〕（民國）損公：《新鮮滋味 鐵王三》，京話日報社排印，《筆記小說大觀》第九編第九冊，臺北：新興書局，1981年，第5679～5680頁。

因此女性在生育過程中的主體角色不得不被忽略而且缺失了。我們不知道女性在生產過程中以及生產前後的身體感覺或者心理情況，小說通常代之以男性的反應。所以，直到近代女性文學的發展，我們才可以見到女性作家對於生育事件更為細緻和更賦予意味的寫作。

上述幾處描寫的斷臍方法或者是咬或者是剪，在十六世紀中的幼科醫書《幼科發揮》中，萬全記載了當時盛行的三種斷臍方法：隔衣咬斷、火燒、剪斷三種。他的討論顯示，隔衣咬斷法，在當時諸般斷臍方式中，代表比較傳統的一種，尊崇者也很多。但是自十六世紀初起，燒灼斷臍法以及剪斷火烙的方法在社會上以及醫界評價日高，有後來居上之勢。〔註118〕

此外，上面幾處小說中都提到定心湯，根據宋代陳言《三因極一病症方論》卷八記載，定心湯「治心勞虛寒，驚悸，恍惚多忘，夢寐驚魘，神志不定」。配方是：茯苓（四兩）、桂心、甘草（炙）、白芍藥、乾薑（炮）、遠志（去心炒）、人參各二兩，上剉散，每服四錢，水盞半，棗兩枚，煎七分，去滓，食前溫服。〔註119〕另外根據張錫純《醫學衷中參西錄》，定心湯配方為：龍眼肉一兩、酸棗仁炒搗五錢、萸肉去淨核五錢、柏子仁炒搗四錢、生龍骨搗細四錢、生牡蠣搗細四錢、生明乳香一錢、生明沒藥一錢，主治「心虛怔忡」。〔註120〕這兩處記載並不一致，但是基本可以認為產後喝定心湯是有讓產婦安神的效用。綏遠地方也有產後喝「定心米湯」的風俗，用來治療產婦頭暈。〔註121〕

在近代所錄的產婆口供中我們還可以瞭解一些比較實際的情況。例如民國十年一位白姓產婆說她為一產婦接生，產婦因不願要女孩，所以得知生女孩後有「血迷」的毛病（即醫書中所載產後血暈），她就用一碗產婦的血水和著白糖給產婦喝下去，產婦即安定。〔註122〕

〔註118〕熊秉真：《幼幼：傳統中國的襁褓之道》，臺北：聯經出版社，1995年，第67～68頁。

〔註119〕（宋）陳言著：《三因極一病證方論》卷八，北京：人民衛生出版社，2007年，第151頁。

〔註120〕（清）張錫純著：《醫學衷中參西錄集要》，瀋陽：遼寧科學技術出版社，2007年，第60頁。

〔註121〕齊樂山：《吾鄉的生產風俗（綏遠新城）》，《婦女雜誌》，1925年第11卷第7期，第1200頁。

〔註122〕北京檔案館 J181-019-32279《京師警察廳衛生處為收生婆白姓即英金氏誤將張金氏子宮損傷身故的呈》。

　　穩婆除照顧產後產婦安定以外，還要對新生兒進行照護。《農田餘話》中記載宋代臨安有一位穩婆，「與人守產生兒。不患痘瘡，且十九，初產見未啼前，能去其口中穢物故也。」〔註123〕熊秉眞在其研究中指出，「拭口」或淨口的習俗，中古以來即盛行不衰。近世醫者對此一舉動背後的理由，意見不一，但幼科醫生及民間家庭對其必要性均深信不疑。一再強調必須搶在新生兒啼聲未發之前拭口，以免嬰兒口中所含污物於啼哭喘息之間被吞咽入腹。〔註124〕

　　拭口完畢，初生嬰兒啼聲亦發，一般將護之法的下一步是爲新生兒做身體清潔，即「初浴」，可以湯浴，也可以乾拭。比較傳統的辦法是預先備好溫水，先浴之，然後斷臍。近世幼醫多顧慮新生兒保暖，怕濕洗易著風寒，民間後從而多行「三朝洗兒」，待第三天再備沸湯浴兒，稱爲「洗三」。拭口後初步淨身的工作，即以綿帛乾拭代替。只要「周圍穢血，皆令盡淨」，不必下水。〔註125〕

　　綜上所述，穩婆擁有與婦女產育相關的經驗和技術。也可知，以往研究對於醫生群體與穩婆等民間治療者之間的界線或許有誇大之嫌。白馥蘭認爲，明清時期各類醫師數量激增，此外還有大量以其他形式行醫的競爭者，諸如穩婆、民間巫醫、正骨師、僧人、採藥人等等。然而，僧人、算命先生、女藥販子、穩婆這類人群所提供的宇宙觀和療法與有知識的醫師是完全不同類的。而對於儒醫與世醫之間的分歧，已經有研究者認爲二者之間的差別被誇大了，其實劃分醫師所屬類別的界線極不清晰。〔註126〕而筆者認爲，就穩婆群體來看，或許這個群體缺乏對基本人體哲學和醫學原理的掌握，但是就其治療方法來看，與醫學文獻記載並無太大區別，其很多技術，包括藥方、針刺、抹鹽、塗油、一些手法、診斷臨產期脈法，都是醫學文獻記載相同，不但不與有知識的醫師「不同類」，而且可以說很大程度上是同類的。

〔註123〕（明）長谷眞逸：《農田餘話》，北京：中華書局，1991年，第20頁。

〔註124〕熊秉眞：《幼幼：傳統中國的襁褓之道》，臺北：聯經出版社，1995年，第60頁。

〔註125〕熊秉眞：《幼幼：傳統中國的襁褓之道》，臺北：聯經出版社，1995年，第61頁。

〔註126〕（美）白馥蘭，江湄、鄧京力譯：《技術與性別——晚期帝制中國的權力經緯》，南京：江蘇人民出版社，2006年，第241頁。

第四節　穩婆的其他職能

穩婆擁有與婦女產育相關的經驗和技藝，也因此在官府擔任一些公共事務。據《歐陽修全集‧奏事錄》記載，嘉祐八年，仁宗寵幸宮婢韓蟲兒，事後自云有孕。不久仁宗駕崩，皆傳韓蟲兒懷有仁宗遺腹子，可足月不生，太后便進行調查，召醫官產科十餘人、穩婆三人對其檢查。原來韓蟲兒是詐稱有孕，最終被杖打二十，送入承天寺。這一記載表明，宋代穩婆有一部分已經開始在宮廷當差，並負責檢查宮內女子身體狀況。〔註127〕

據《罪惟錄》志卷二十七載，至明代，接生婆在宮廷當差的職能有了進一步的擴展。民間穩婆有一部分被官方編名在冊，以待內廷召用，負責檢查入宮女子和奶口等。入宮女子的相貌美醜、是否處女、身體狀況和奶媽的乳汁質量好壞、宮內侍女的病症都是由穩婆來負責檢查，這就使得部分穩婆職權有所擴大、地位有所提高。〔註128〕

明末至清，穩婆還負責檢驗女屍及女當事人。穩婆在《六部成語注解‧刑部》中的解釋即為「驗屍之女役」。〔註129〕清代小說《彭公案》八十四回《採花蜂大鬧上蔡縣蘇永祿巡捕惡淫賊》說，尼姑廟裏鬧賊，死了一女一尼，知縣老爺便帶了三班人役和刑房穩婆，到廟內驗屍。穩婆驗完，來至老爺公案前回話說：「此乃被刀殺死，一個女子，一個老尼，皆是刀傷致命之處。」〔註130〕

《濟公全傳》一百八十二回《吳氏遇害奉諭捉賊　濟公耍笑審問崔玉》也載：

> 黃義同街坊鄰人進到屋中一看，見吳氏在牆上釘子崩著，手心裏釘著大釘子，腿上釘著大釘子，肚子開了膛，腸子肚子流了一地，吳氏懷胎六個月，把嬰胎叫人取了去。黃義一看，趕緊到江陰縣衙門喊了冤。老爺姓高，立刻升堂，把黃義帶上堂來一問，黃義道：「回稟老爺，我哥哥黃仁，奉老爺差派出去辦案，託我照料我嫂嫂吳氏。昨天我給送去兩弔錢，今天我嫂嫂被人釘在牆上，開了膛，不知被何人害死，求老爺給捉拿兇手。」知縣下去驗了屍，穩婆說：「是被人

〔註127〕張德英：《穩婆》，《文史知識》2003年第3期，第88～89頁。

〔註128〕張德英：《穩婆》，《文史知識》2003年第3期，第89頁。

〔註129〕（日）內藤乾吉：《六部成語注解》，杭州：浙江古籍出版社，1987年，第128頁。

〔註130〕（清）貪夢道人著，秦克、鞏軍校點：《彭公案》，上海：上海古籍出版社，2005年，第321頁。

盜去嬰胎紫河車。」老爺這件事爲了難，沒有地方拿兇手去。〔註131〕

穩婆除了驗屍以外，還負責驗證當事人能否生育、是否處女等身體狀況。明末李清著《折獄新語》卷一《婚姻 冤命事》載，汪三才娶了妻子大奴，婚後發現大奴是「石女」，他「悔恨無及，即將大奴送還。」但是，大奴的義兄陳汝能卻以汪三才誹謗大奴而告至官府。官府受理此案後，馬上「召兩穩婆驗之，信然」。〔註132〕

《醒世姻緣傳》第七十二回《狄員外自造生墳 薛素姐夥遊遠廟》載，賣棺材程思仁的媳婦孫氏將其淫蕩女兒程大姐嫁於魏三封，結婚當天夜裏魏發現程大姐已非處女之身，便將其送還回家，孫氏大罵道：「賊枉口拔舌的小強人！你自恃是個武舉，嫌俺木匠玷辱了你，又爭沒有賠嫁！你誣枉清白女兒，我天明合你當官講話，使穩婆驗看分明！」〔註133〕

另外，穩婆在官府也做一些與檢驗身體無關的雜役。《喻世明言》卷九載：

> 那小娥年方二九，生得臉似堆花，體如琢玉，又且通於音律，凡簫管琵琶之類，無所不工。晉州刺史奉承裴晉公，要在所屬地方選取美貌歌姬一隊進奉：已有了五人，還少一個出色掌班的：聞得黃小娥之名，又道太學之女，不可輕得，乃捐錢三十萬，囑託萬泉縣令求之。那縣令又奉承刺史，遣人到黃太學家致意。黃太學回道：「已經受聘，不敢從命。」縣令再三強求，黃太學只是不允。時值清明，黃太學舉家掃墓，獨留小娥在家。縣令打聽的實，乃親到黃家，搜出小娥，用肩輿抬去。著兩個穩婆相伴，立刻送到晉州刺史處交割。硬將三十萬錢，撇在他家，以爲身價。〔註134〕

這裡，穩婆類似是負責陪同被押送女性的衙役。清末官吏陳恒慶在《諫書稀庵筆記》也載，江寧一少婦名爲「桂枝」，進城告狀，稱其與丈夫一起進京謀生，丈夫死於近郊，她只好隻身入京，住宿店中。有老妓和中年妓女引誘其爲妓。陳恒慶訊問她原籍還有沒有親族，桂枝說有，陳便命穩婆相伴，

〔註131〕 （清）郭小亭撰：《濟公全傳》，天津：天津古籍出版社，2006年，第486頁。

〔註132〕 （明）李清著，陸有珣等注釋：《〈折獄新語〉注釋》卷一，長春：吉林人民出版社，1987年，第8頁。

〔註133〕 （明）西周生輯著：《醒世姻緣傳》下，濟南：齊魯書社，1980年，第937頁。

〔註134〕 （明）馮夢龍著：《喻世明言 插圖足本》，長春：時代文藝出版社，2000年，第106～107頁。

送其回原籍。〔註 135〕

　　另《清稗類鈔》中載「王祥雲殺徐二案」，衙役「抵署，係祥雲，花未在牒，役姑寄之穩婆家。」〔註 136〕花月英並未在拘牒之中，衙役就暫且將之寄放在穩婆家裏。這也表明穩婆兼負看守有訴訟在身女性之職。

　　晚清之時，任廣西提督的馮子材曾因吏部胥吏索賄一事大怒，特參吏部尚書，此事當時頗爲震動。〔註 137〕當時奉旨拿辦吏部書辦者爲何德剛，何德剛曾在吏部充任司務廳掌印，司務廳是掌管全部胥吏的機構。據其在《春明夢錄》卷下記此事說，因胥吏索賄，決不會寫眞名，只得其住址「炭兒胡同」，因此去訪北城坊官，坊官知曉索賄胥吏的住所，何德剛告其曰：「此欽犯也，須帶一穩婆往。若本人脫逃，可帶其家屬來。」坊官前往胥吏家圍門搜拿，該吏卻正好在家，潛匿於內室不敢出，最終由穩婆進入室內在床下抓到。〔註 138〕何德剛囑咐須帶一穩婆，想必可能是因爲穩婆經常進入人家內接生，對家庭內部房屋結構等較爲熟悉，此僅爲猜測。但我們可知至晚清，穩婆仍然充任官府雜役之職。

第五節　餘論：穩婆行業的特點

　　從上文可知，穩婆的主要職能主要圍繞婦女生育展開，藉由接生而介入家庭內部。陳鐸《滑稽餘韻》中說穩婆「手高慣走深宅院」〔註 139〕。另外在以趙氏孤兒爲題材的戲曲《八義記》中，穩婆出場即說：「老婦收生幾年，每出入府衙庭院。」〔註 140〕能夠經常出入私人宅院，似乎成爲穩婆的一種行爲特徵。

〔註 135〕（清）陳慶桂：《諫書稀庵筆記》（不分卷），上海：小說叢報社，1922 年，第 53～54 頁。

〔註 136〕（清）徐珂：《清稗類鈔》第三冊「訴訟類」，北京：中華書局，1984 年，上海古籍書店影印，1983 年，第 1151 頁。

〔註 137〕李春光纂：《清代名人軼事輯覽》，北京：中國社會科學出版社，2004 年，第 2797 頁。

〔註 138〕（清）何剛德：《春明夢錄》下，上海：上海古籍書店影印，1983 年，第 35 頁。

〔註 139〕（明）陳鐸：《滑稽餘韻》，謝伯陽編：《全明散曲》第 1 卷，濟南：齊魯書社，1994 年，第 547 頁。

〔註 140〕章培恒主編：《四庫家藏 六十種曲（二）》，濟南：山東畫報出版社，2004 年，第 294 頁。

穩婆因其行為特點而成為私領域的知情者，一旦家庭成員因嫌隙起爭端，上訴公堂，穩婆就成為重要的證人。

穩婆參與判案的例子有很多。第一種情況是類似今天的親子判斷，這類案件居多的原因是涉及到分家產。在孩子出生的現場，只有負責接生的產婆是家庭外成員，同時也是最清楚事實的「外人」。一個比較著名的例子是元雜劇《包待制智賺灰欄記》。這裡的產婆受了賄賂，作了偽證。當趙令史問負責收生的劉四嬸：「這個孩兒是誰養的？」劉四嬸回答：「我老娘收生，一日至少也收七個八個，這等年深歲久的事，那裡記得？」趙令史又問：「這孩兒只得五歲，也不為久遠，你只說實是誰養的？」劉四嬸只得回答道：「待我想來。那一日產房裏，關得黑洞洞的，也不看見人的嘴臉，但是我手裏摸去，那產門像是大娘子的。」使得孩子的生身母親只能哭訴道：「老娘也，那收生時我將你悄促促的喚到臥房，你將我慢騰騰的扶上褥草。老娘也，那剃頭時堂前香燭是誰燒？你兩個都不為年紀老，怎麼的便這般沒顛沒倒，對官司不分個真假辨個清濁？」〔註141〕

在《醒世姻緣傳》裏也有穩婆當堂做證的情況。例如其第二十回描寫晁鄉宦死後，晁夫人兒子也死了，其家無後，族人便起心爭家產。但是晁鄉宦留下的小妾春鶯正有身孕，因此圍繞這個遺腹子衍生出了一系列波瀾。起先縣官為了證明晁鄉宦有後，叫來收生婆徐氏當著眾族裏的媳婦們給春鶯驗身，徐氏診脈之後說是男胎。縣官這樣做的目的正是防止族人日後無事生非，傳佈謠言。並且縣官指定這個徐氏收生，並且還要報縣官知道。〔註142〕

等到孩子出生長到八歲上下，突然有一天街上的貧戶魏三說這孩子是他親生的，是收生婆偷換了胎，晁夫人只好將之告了官。這時收生婆徐氏就成為重要的證人。但是當時在任的谷縣官並非之前主持給春鶯驗身的徐縣官，谷縣官徇私枉法，將徐產婆的證詞置若罔聞。

> 谷縣公又叫徐氏問道：「這晁梁果然是你抱了去的麼？」徐氏
> 道：「我若起先曾看見這魏三，就滴瞎了雙眼！若曾到他家，就歪折
> 了雙腿！這是晁鄉宦妾沈氏所生，因合族人爭產，前任徐大爺親到

〔註141〕（元）李行甫：《包待制智賺灰欄記》，張月中、王鋼主編：《全元曲》下，鄭州：中州古籍出版社，1996年，第951頁。

〔註142〕（明）西周生輯著：《醒世姻緣傳》（上），濟南：齊魯書社，1980年，第264～265頁。

他家，叫了我來診脈，果眞有胎，就著我等候收生；還說生的是男是女，還報徐大爺知道。等至十二月十六日子時落草，見是個小廝，清早就往縣裏來報，徐大爺往學裏上楪去了，等得徐大爺回來，因此徐大爺替起的名字是晁梁，還送了二兩折粥米銀子，何嘗是他的兒子！」

谷大尹說：「這是你們做的腳子哄那徐大爺。─這也是常事，我那邊就極多。──只是你不該剛才發那兩個咒，該拶一拶了。」〔註143〕（第四十六回）

谷縣官判定春鶯假裝懷孕，用銀三兩買魏三之子，分娩之時由收生婆徐氏抱去。後來還是升任當地學政的徐宗師又斷了一回案，收生婆徐氏成爲頭一個出場的證人。

徐宗師放炮開門，喚進聽審人去，頭一人就叫徐氏，問說：「我記得當初曾叫你同了他族裏的許多婦人驗明說是有孕；你還說是已有半肚，是個男胎。這話都是你說的，怎麼如今又有這事？」徐氏說：「從那一年臘月初一日晁奶奶就叫了我去守著，白日黑夜就沒放出我來，怕我去的遠了，尋我不見每日等著，不見動靜。直到十五日飯時，才覺的肚子疼。晁奶奶還叫了個女先等著起八字，等到十五日的二更天還沒生。晁奶奶打盹，我說只怕還早，叫我拉著個枕頭來，我說：『奶奶，你且在這熱炕上睡睡，待俺等著罷。』天打三更，晁奶奶睡夢中說話，就醒了，說：『梁和尚那裡去了？』俺說：『沒有甚麼梁和尚。』晁奶奶說：『我親見梁和尚進我房來與我磕頭。他說：「奶奶沒人服侍，我特來伺候奶奶。」我說：「你是個出家人，怎麼好進我臥房？」他徑往裏間去了。』晁奶奶正說著，裏間裏就孩子哭。我接過來看是個兒子，我說：『奶奶大喜，是個小相公！』女先刻了八字，正正的子時。十六日清早，晁奶奶就叫我來報與老爺知道，老爺起的名字是『晁梁』。晁奶奶說：『我夢見梁和尚，正算計要叫他是「晁梁」，怎麼大爺可可的起了這個名字！』」〔註144〕（第四十七回）

〔註143〕（明）西周生輯著：《醒世姻緣傳》（中），濟南：齊魯書社，1980年，第604～605頁。

〔註144〕（明）西周生輯著：《醒世姻緣傳》（中），濟南：齊魯書社，1980年，第614～615頁。

　　汪輝祖《病榻夢痕錄》中也記錄了一個「穩婆爲證」例子。事說一縣民名爲謝子純，弟弟的孀婦劉氏有遺腹子三歲，謝子純覬覦劉氏財產，因此賄賂劉氏的女傭及其相好，讓他們指劉氏遺腹子爲他們孩子。此案直至上告到府，時過四年仍無法了結，最終密訪穩婆才使案件眞相大白。〔註 145〕

　　而南宋筆記《棠陰比事原編》中的一個案件與上述案件類似：揚州土豪李甲之兄死，李甲想佔有其兄財產，誣衊其兄的兒子爲異性。嫂雖不斷上訴，但無奈李甲賄賂官吏使冤情不得辯白。參政韓億檢視案牘後發現其中沒有收生婆的證詞，因此請來收生婆作證，最終眞相大白。〔註 146〕

　　如上所述，穩婆因爲接生事務而頻繁出入家庭內部，使得其成爲一些家庭秘密的知情者。而穩婆也似乎形成一種行規，即一般情況下會嚴格爲產家保密。例如明弘治年間曾有產家生了怪胎，穩婆雖將此事告訴了別人，但「秘其家姓不肯通」。〔註 147〕近代小說《改造產婆》中也說：

> 不過關於接生的故事，她（老朱婆）並不常說，這好像是她
> 給自己立下的戒條。據她自己的說明是這樣，「人家閨閣裏的事，
> 我怎麼好亂講？幹這種行當，要的是嘴巴嚴，要不人們誰敢請你？」
> 〔註 148〕

　　可見，穩婆行業自有一種規矩，即替產家保守秘密，這也是其能夠繼續從業的要求。

　　另外如第四節所述，穩婆因熟悉婦女生理，也成爲官府驗屍或驗看當事人的衙役，同時擔任一些諸如看管女當事人、入戶捉拿犯人的雜役，也就是穩婆也擔任一些公共事務。如此，穩婆如「三姑六婆」中其他人物類型一樣，成爲跨越內/外藩籬，出入公/私領域的人物。〔註 149〕

〔註 145〕事見（清）汪輝祖：《病榻夢痕錄》卷下。此據（清）胡文炳輯：《折獄高抬貴手補》卷一《犯義》，陳重業主編：《折獄高抬貴手補譯注》，北京：北京大學出版社，2006 年，第 110 頁。

〔註 146〕（宋）桂萬榮：《棠陰比事原編》（不分卷），「韓參乳醫」，《筆記小說大觀》第六編第四冊，臺北：新興書局，1981 年，第 1926 頁。

〔註 147〕（明）陸粲：《庚巳編》卷一「人屙」，《筆記小說大觀》第十六編第五冊，臺北新興書局，1981，第 2617 頁。

〔註 148〕馬麗：《改造產婆》，顧頡剛主編：《民眾週刊》1948 年第 2 卷第 1 期，第 22 頁。

〔註 149〕衣若蘭：《三姑六婆——明代婦女與社會的探索》，臺北：稻香出版社，2002 年，第 179～180 頁。

第三章　穩婆在傳統醫書中的形象

　　穩婆爲分娩助手，歷來不可或缺。其工作內容涉及醫療領域，與醫家也有重合之處。醫家對其有哪些評價？穩婆又會在醫書之中呈現何種形象呢？本文試圖從醫家對難產的認識和處理方法的考察入手，分析在醫學理論背景之下，醫家對穩婆的評價出於何種動機與原由。

第一節　古代醫家對難產的認識與應對

一、對難產的認識

　　古代醫家認爲產前胎兒在子宮的位置爲頭上腳下位，臨產之時才轉身向下，因而腹痛難忍，產婦應當等待轉胎完畢才能用力生下，用力過早會導致橫生倒產。早在隋代，《諸病源候論》就提出「橫產候」、「逆產候」。橫產、逆產皆因「初覺腹痛，產時未至，驚動傷早，兒轉未竟，便用力產之」。〔註1〕除此，隋唐醫家並沒有大規模普及此說法，直到宋代，醫家開始集中引述這一理論。正如白馥蘭所說，宋代是生育醫學專門化建立的時代，但是並不代表根本性的理論革新。而且從整體來說，古代醫家對於生育過程的理解、對於生育疾病的基本態度沒有發生重大改變。〔註2〕

〔註1〕　（隋）巢元方撰，黃作陣點校：《諸病源候論》卷四十三，瀋陽：遼寧科學技術出版社，1997年，第200頁。

〔註2〕　（美）白馥蘭，江湄、鄧京力譯：《技術與性別——晚期帝制中國的權力經緯》，南京：江蘇人民出版社，2006年，第235、236頁。

　　唐代醫書《經效產寶》「續編」加入了唐代時賢的「產後十八論方」,問「產難者如何?」答「蓋其胎以或成形,爲食實物後,十月足日,食有餘,遂有成塊,呼爲兒枕,欲生時塊破,遂血裹其子,故難產。」〔註3〕將難產原因歸結爲產婦身體之內,有「兒枕」說。北宋醫家郭稽中「產難方論」中也是相同的解釋。而南宋初陳言則對此評論道:「產難不只胎側有兒枕破,與敗血裹凝傷其胎息,因緣自有難易。其如橫逆,多因坐草太早,努力過多,兒轉未逮;或已破水,其血必乾,致胎難轉」。〔註4〕這已經將產難原因歸結到「外因」,即人爲的因素。

　　宋《十產論》認爲橫產由於「未當用力而產母用力之過也」,倒產由於「其母胎氣不足,關鍵不牢,用力太早,致令兒子不能回轉順生」,偏產由於「兒子回轉,其身未順,生路未正,卻被產母用力一逼」,皆因胎兒沒有完全轉身,產母用力過早。〔註5〕《三因極一病證方論》也說:「橫逆多因坐草太早,努力過多,兒轉未逮,或已破水,其血必乾,致胎難轉。」〔註6〕《衛生家寶產科備要》告誡產婦要選擇正確的生產時機:「初覺腹痛,且宜任意坐臥,勉強飲食,恐致臨產氣力虛羸。若腹痛漸甚,唯且熟忍……又傍人不得逼迫。且須令人扶策,徐徐而行。若行步稍難,即憑物而立,須臾扶策再行,直至腹痛連腰相引,作陣痛頻時,即服催生丹一服,更且勉強扶行。陣痛轉甚,難以行立,認是產時將至,即服催生符畢,然後安詳上草。」這時便可上草,上草後也不能急於生產,「上草之時,切勿傷早。若太早,則子在腹中,難以轉側,又鬚子細體候,直待兒逼欲生,然後令抱腰也。抱腰之人,不得傾斜,則兒得順其理,自然易產也。」〔註7〕

〔註3〕　（唐）咎殷著:《經效產寶》「續編」,北京:人民衛生出版社,1955 年,第37 頁。

〔註4〕　（宋）陳自明著,田代華點校:《婦人大全良方》卷十七「郭稽中產難方論」,天津:天津科學技術出版社,2003 年,第333 頁。

〔註5〕　（宋）陳自明著,田代華點校:《婦人大全良方》卷十七,天津:天津科學技術出版社,2003 年,第324 頁。

〔註6〕　（宋）陳言著:《三因極一病證方論》卷十七,北京:人民衛生出版社,2007 年,第348 頁。

〔註7〕　（宋）朱端章,楊金萍點校:《衛生家寶產科備要》卷一「產前將護法」,上海:上海科學技術出版社,2003 年,第4 頁。「上草」的說法大概源於漢唐之間已有的生產習俗「下地坐草」,見李貞德:《漢唐之間醫書中的生產之道》,原載《中央研究院歷史語言研究所集刊》第 67 本第 3 分（1996 年）,收入李建民主編:《生命與醫療》,北京:中國大百科全書出版社,2005 年,第 66～70 頁。

　　此後醫家對於臨產轉胎的理論一直延用，都認爲用力太早太過會影響胎兒轉動，從而導致難產。例如元《丹溪先生胎產秘書》載「凡生育之難者，皆因坐草太早，用力太過，遂有橫生倒產之厄。」〔註8〕明《萬氏女科》載「產婦胞漿未破之先，不當用力，而用力太過，及胞漿既破之後，應用力而力已困乏。加以憂恐之甚，起臥之勞，氣閉血阻，漿乾水枯，所以產難。」〔註9〕清《醫學源流論》認爲生產之法「在乎產婦，不可令早用力。蓋胎必轉而後下，早用力，則胎先下墜，斷難舒轉，於是橫生倒產之害生」。〔註10〕《胎產心法》「臨產須知」載「聽腹中慢慢轉身，雖遲無害。且宜稍寬裙帶，以便兒在腹中轉舒有餘地也。若不禁痛苦，或傴僂屈曲，斜倚側靠，胎中不免爲之擁擠，迷其出路。」而難產「皆由孕婦氣血虧虛，或坐草、探水、用力太早所致。」〔註11〕《婦科玉尺》載：「安心定氣，任其自然，勉強忍痛，要著要坐則坐，要行則行，要睡則睡。莫聽穩婆逼迫，用力太早。自己亦勿求速。旁人亦勿多言，驚慌恐懼以亂其心。時至自然分娩。」〔註12〕

　　醫家強調不可過早用力，一定要忍痛，等待正確的生產時機，並且將這個過程形容爲「瓜熟蒂落」，是一種自然之理，因此產婦要順其自然，不可催逼。生產務必要順應自然的告誡在多部醫書中有記載。

　　宋《女科百問》載：「古人云：瓜熟蒂落，粟熟自出，自然之理。凡有橫逆，皆由母不能忍痛也。」〔註13〕明《景嶽全書》載：「產婦臨盆，必須聽其自然，弗宜催逼，安其神志，勿使驚慌，直待花熟蒂圓，自當落矣。」〔註14〕明代醫家吳崑在《醫方考》中指出：「生，不必催也。催之，則宋人之揠苗耳。

〔註8〕　（元）朱震亨：《丹溪先生胎產秘書》卷中「備臨盆・臨產須知」，《續修四庫全書・子部・醫家類》1007 冊，上海：上海古籍出版社，2002 年，第 229 頁。

〔註9〕　（明）萬全：《萬氏女科》卷一「臨產・論難產」，《續修四庫全書・子部・醫家類》1007 冊，上海：上海古籍出版社，2002 年，第 290 頁。

〔註10〕　（清）徐大椿：《醫學源流論》卷上「胎產論」，曹炳章原輯，樊正倫校：《中國醫學大成》第 45 冊，上海：上海科學技術出版社，1990 年，第 28 頁。

〔註11〕　（清）閻純璽撰：田代華，郭君雙點校：《胎產心法》卷中「臨產須知十四則」，北京：人民衛生出版社，1988 年，第 308～311 頁。

〔註12〕　（清）沈金鰲著，張慧芳，王亞芬點校：《婦科玉尺》卷三，北京：中醫古籍出版社，1996 年，第 87 頁。

〔註13〕　（宋）宋仲甫：《女科百問》卷下，裘慶元輯：《珍本醫書集成》第 2 冊，北京：中國中醫藥出版社，1999 年，第 1097 頁。

〔註14〕　（明）張介賓：《景嶽全書》卷三十九「產育類・穩婆」，北京：中國中醫藥出版社，1994 年，第 454 頁。

非惟無益，而又害之矣。」〔註15〕清代《達生編》更是認爲「小兒自會鑽出，何須著急……及到產門，不能得出，或亦有之。宜稍用力一陣助之，則脫然而下，蓋此時瓜熟蒂落，氣血兩分，渾身骨節一時俱開，水到渠成，不假勉強，及至生下，即產母亦不知其所以然矣。」〔註16〕《胎產心法》也說：「此乃瓜熟蒂落之理，切不可預使氣力，令精神失倦，臨期反致疲困」。〔註17〕

時至清代，醫學對於生育之事在宇宙論上越來越趨於消極。將生產乃自然之理的思想發揮到極致，極端強調順應自然，從而試圖排除一切人力幫助。例如《醫學心悟》說：「人生人，係天生人，有自然之造化，不用人爲造作，但順其性而已」。〔註18〕《醫學源流論》說「至於產育之事，乃天地化育之常，本無危險之理。險者千不得一，世之遭厄難者，乃人事之未工也。」〔註19〕將難產的原因完全推至「人事之未工」，那麼，醫家所謂「人事」又是指什麼呢？

《達生編》說「胎產非患也，而難產則爲人患。人患不殄，則歸之於天，天何尤乎？亦唯求人事而已。」〔註20〕又說「天地之大德曰生……生也者，天地自然之理……不待勉強，而無難者也。然今之世，往往以難產聞者，得無以人事之失而損其天耶？」〔註21〕對於「以人事之失而損其天」，《續廣達生編》解釋說：「胎產即天地自然之理，天地本無難產之事，凡難產而致死者，總由保產之書不詳，刀圭之用多誤，所謂以人事之失而損其天也。」〔註22〕《廣達生編》也說：「胎產一事，本人生固有之常，自有瓜熟蒂落之候，而當

〔註15〕（明）吳崐：《醫方考》卷六「婦人門」，曹炳章原輯，樊正倫校：《中國醫學大成》第49冊，上海：上海科學技術出版社，1990年，第53頁。

〔註16〕（清）亙齋居士：《達生編》卷上「臨產」，《續修四庫全書‧子部‧醫家類》1008冊，上海：上海古籍出版社，2002年，第102頁。

〔註17〕（清）閻純璽撰，田代華，郭君雙點校：《胎產心法》卷中「臨產須知十四則」，北京：人民衛生出版社，1988年，第308頁。

〔註18〕（清）程國彭著：《醫學心悟》第五卷「臨產將護法」，上海：科學技術文獻出版社，1996年，第199頁。

〔註19〕（清）徐大椿：《醫學源流論》卷上「胎產論」，曹炳章原輯，樊正倫校：《中國醫學大成》第45冊，上海：上海科學技術出版社，1990年，第28頁。

〔註20〕（清）亙齋居士：《達生編》「小引」，《續修四庫全書‧子部‧醫家類》1008冊，上海：上海古籍出版社，2002年，第99頁。

〔註21〕（清）亙齋居士：《達生編》卷上「原生」，《續修四庫全書‧子部‧醫家類》1008冊，上海：上海古籍出版社，2002年，第101頁。

〔註22〕（清）周登庸纂輯：《續廣達生編》「小引」，清光緒二年刻本。

其事者，每多震撼、驚疑，不循其性之自然，動作戕生可勝言哉？」〔註23〕

自此，我們可以理解醫家所聲言的「人患」或者「人事之未工」，實指「刀圭之用多誤」、「動作戕生」，也就是指產婆的助產工作對婦嬰造成了傷害。而除了穩婆以助產手法應對難產以外，醫者也會介入難產治療的領域，醫者對待其他應對方法又是何種態度？醫者對待穩婆的態度與分娩醫學理論又是何種關係？下文將具體分析應對難產的幾種辦法，來從整體醫學理論評價醫者對穩婆助產手法的態度。

二、對難產的應對

（一）生產禁忌

《產經》在《隋書‧經籍志》中被歸入「子部‧五行類」中，這說明產育之事在隋唐以前儀式性的色彩很濃，或者說關注產育之事的醫者還處在上古巫醫角色轉化的階段〔註24〕。《千金要方‧婦人方》「產難」一節首先談到臨產的禁忌：「不得令死喪污穢家人來視之，則生難。若已產者則傷兒也。」同時「婦人產乳忌反支月」，〔註25〕如果遇到此月，就要在牛皮上或者灰上生產，不能讓血水碰到其他物體，洗衣水也要用器皿盛著，過了這個月可恢復正常。又說「凡生產不依產圖，若有犯觸於後，母子皆死，若不至死，即母子俱病，庶事皆不稱心，若能依圖，無所犯觸，母即無病子，亦易養」。〔註26〕產圖主要是以臨產月份、方位和待產姿勢三者的搭配，避諸神所在，尋找吉地分娩的一種安排。〔註27〕孫思邈未列出產圖，說明產圖在當時應該是比

〔註23〕　（清）周毓齡增撰：《廣達生編》「達生編大意」，清光緒二年刻本。

〔註24〕　有學者主張以醫者族群歸屬來看，傳統中國醫學可以劃分為上古巫醫、中古道醫、近世儒醫等三個階段。李貞德：《唐代的性別與醫療》，鄧小南主編：《唐宋性別與社會》，上海：上海辭書出版社，2003年，第428頁。

〔註25〕　「反支」，是自先秦以來即有的禁忌之日。參見李貞德：《漢唐之間醫書中的生產之道》，原載《中央研究院歷史語言研究所集刊》1996年第67本第3分，收入李建民主編：《生命與醫療》，北京：中國大百科全書出版社，2005年，第69頁。

〔註26〕　孫思邈撰，魯兆麟主校：《備急千金要方》卷三，瀋陽：遼寧科學技術出版社，1997年，第27頁。

〔註27〕　相關的瞭解可以參見方燕：《巫文化視域下的宋代女性——立足於女性生育、疾病的考察》，北京：中華書局，2008年，第104～105頁，以及李貞德：《漢唐之間醫書中的生產之道》附錄的產圖，原載《中央研究院歷史語言研究所集刊》1996年第67本第3分，收入李建民主編：《生命與醫療》，北京：中國

較普遍易得的。生產依產圖行事，先秦以來就已如此，但產圖並不統一，產圖內容在漢唐之間有一整合的過程。德貞常著《產經》便做了一次整合的努力，使產圖簡明易懂。〔註28〕

而李貞德認為婦產科的發展在隋代有了理論性的突破，醫者對難產也提出了觸忌犯神之外的解釋。〔註29〕例如隋代巢元方在《諸病源候論‧婦人難產病諸侯》中系統歸納了難產的原因，說道：「產難者，或先因漏胎去血髒燥；或子髒宿挾疹病；或觸禁忌；或始覺腹痛，產時未到，便即驚動，穢露早下，致子道乾澀，產婦力疲，皆令難也。」〔註30〕這可以分為身體自身的原因：妊娠出血或者子宮疾病。也包括外部原因：觸犯禁忌或者驚動太早致使羊水早下，導致產道乾澀、產婦疲勞。

對於橫產和逆產，巢元方認為原因是：「初覺腹痛，產時未至，驚動傷早，兒轉未竟，便用力產之」，或者「觸犯禁忌所為，將產坐臥產處須順四時方面，並避五行禁忌，若觸犯多致災禍也。」〔註31〕一是因為兒身還未轉到位便用力、用力太早，二是因為觸犯了禁忌。觸犯禁忌在巢元方看來雖然仍是導致難產的原因之一，但是已經提出「兒轉未竟」的原因，而這在《千金要方》、《外臺秘要》等書中又得到進一步的承襲和發揮。

《千金要方》在列舉各種生產禁忌之外，提到「凡欲產時特忌多人瞻視，惟得三二人在傍，待總產訖乃可告語諸人也。若人眾看視，無不難產。」並且強調「產婦第一不得匆匆忙怕，傍人極須穩審，皆不得預緩預急，及憂悒，憂悒則難產。」〔註32〕這已經重視到生產環境以及產婦心理因素的重要性。

與孫思邈同時代的崔知悌也記下他對於難產原因的一段思索，他想到畜

大百科全書出版社，2005年，第150～158頁。

〔註28〕李貞德：《唐代的性別與醫療》，收入鄧小南主編《唐宋性別與社會》，上海：上海辭書出版社，2003年，第63～65頁。

〔註29〕李貞德：《漢唐之間醫書中的生產之道》，原載《中央研究院歷史語言研究所集刊》第67本第3分（1996年），收入李建民主編：《生命與醫療》，北京：中國大百科全書出版社，2005年，第73頁。

〔註30〕（隋）巢元方撰，黃作陣點校：《諸病源候論》卷四十三，瀋陽：遼寧科學技術出版社，1997年，第200頁。

〔註31〕（隋）巢元方撰，黃作陣點校：《諸病源候論》卷四十三，瀋陽：遼寧科學技術出版社，1997年，第200頁。

〔註32〕（唐）孫思邈撰，魯兆麟主校：《備急千金要方》，瀋陽：遼寧科學技術出版社，1997年，第27頁。

牲、淫女、賤婢生產從未聞有產死者，原因是「無人逼佐，得盡其分理」〔註33〕，而產死者多是富貴之家，原因是產婦剛一覺痛便相互報告，旁人擾攘，使得產婦恐慌，恐慌更覺身痛，旁人「努力強推」，對產婦造成傷害。〔註34〕崔氏當時正在閱覽欒公《調氣方》，因此他認爲旁人的擾攘使得產婦氣亂不調，因此他讓產婦一人進入產房，並告訴產婦事物「各有分理，順之則全，逆之則死」，所以要「安心氣，無怖強」，而產婦產後自述其忍痛過程的經驗是「小小痛來便放體長吐氣，痛即止，蓋任分和氣之效也」。崔氏通過這次成功的助產經驗得出「產法，唯須熟忍，不得逼迫，要須兒痛欲出，然後抱腰，傍人不得驚擾，浪作形勢」的結論。既然產法如此，「然則日遊反支之類，復何豫（預）哉？」，崔氏的態度是聊備一格，只因「婦人怯弱，臨產驚遽，若不導以諸法，多恐志氣不安」。〔註35〕他並不認爲禁忌儀式有何實際的助產作用，最重要的是調節好產婦的「氣」，因此強調產婦的從容態度以及周遭環境的安詳，做到這些之後，「無用師巫妄述己能」。

如果說產育之事在上古時代更多地屬於儀式系統，人們重視避神忌穢來保證生產的順利，那麼隋唐之際已經有醫家開始努力探索造成難產的其他原因，並且歸結到產婦自身的心理、生理因素，同時也注意到生產環境中「旁人」的舉動會對產婦造成的影響。隋唐之際醫家的探索是中醫產科史上極爲重要的開端，對生產環境以及產婦心理的重視被後代醫家不斷因襲。

然而，所需說明的是，生產禁忌也有它獨自的發展軌跡，唐以後醫書也屢有記載，但是醫家又有取捨。例如宋代陳自明認爲「胎教、產圖之書，不可謂之迂而不加信，然亦不可狃泥之」。〔註36〕這反映出時人對待生產禁忌已具有兩種明顯的態度：認爲其腐舊而不信任，或者是一味盲從。對此，陳自明主張在兩種極端做法中取一種中間態度。但陳自明又說：「或信卜筮，或說鬼祟，多方誤恐，至令產母心驚神恐，憂惱怖懼」。〔註37〕對於這種矛盾，我

〔註33〕分理：皮膚的腠理，在這可理解爲自然規律。

〔註34〕（唐）王燾撰，高文鑄校注：《外臺秘要方》卷三十三，北京：華夏出版社，1993 年，第 662 頁。

〔註35〕（唐）王燾撰，高文鑄校注：《外臺秘要方》卷三十三，北京：華夏出版社，1993 年，第 662 頁。

〔註36〕（宋）陳自明著，田代華點校：《婦人大全良方》卷十「論胎教」，天津：天津科學技術出版社，2003 年，第 216 頁。

〔註37〕（宋）陳自明著，田代華點校：《婦人大全良方》卷十七「產難論」，天津：天津科學技術出版社，2003 年，第 321 頁。

們可以理解爲在當時，胎教、產圖等生產禁忌並不被醫家看做「卜筮」、「鬼祟」之疇。直至民國時代，民間仍舊講究此禁忌。〔註38〕但是筆者認爲，產圖等禁忌儀式已經民俗化，逐漸脫離醫學的領域。正如白馥蘭在討論醫者正統化過程時所說：巫術的、薩滿教的，以及各種宗教的治療方法在中國從未消失過，但是知識的分支——「醫學」卻日益變得世俗化、調和化、理性化。〔註39〕

明清產科醫書，大致可以分爲兩類：一種是博雜，以完備爲目的的，一種是專精，記錄個人心得的。第二種專注於醫學治療方法本身，而將禁忌系統排除於外。第一種則包括各種禁忌。比如《續四庫總目》評價《胎產心法》「所集方論，以多爲貴」，但是「諸等禁忌，皆俗說相沿，迂遠不切」。又評價《增廣大生要旨》「灝所增補者如《產科心法》尚出於專門之醫，至探及天師符籙，稱爲有效，則涉於迷信，無裨醫事……唐宋人闡述中醫間有類此者，推之時日、方向、吉凶、宜忌，皆術數之說。雖由古義，俗見相承，存而不論可耳。」《續四庫總目》雖是民國所撰，但大致也可以從中看出醫學發展的方向。

（二）催生方藥

服湯藥促進順產的觀念自先秦以來就有。漢代以來的醫書多有記錄。針對難產，也有諸多的催生藥方。李貞德歸納過唐代及以前醫書中療治難產的藥方，成份大多包括葵子、當歸、牛膝、蒲黃、甘草、瞿麥、芎藭等。或以酒煮，或以豬膏兼成、以酒服用。〔註40〕這些藥物有一些是有調血祛瘀的功效，有一些是取其性滑之義。

宋代醫家張杲在《醫說》卷九「產難」一節中對各種催生藥及其功效進

〔註38〕 20 世紀 30 年代有北京清河鎮及其附近村莊調查生產習俗資料，「產前孕婦懷孕期滿或覺腹痛腰酸流水或見紅時，尚不急於請接生婆，據說驚動人太早反而遲產，預先自曆書上尋找太歲方位，生產時產婦不可面向太歲，必須迴避，據說衝犯小太歲六年不生育，衝犯大太歲十二年不生育」，見《關於清河鎮鄉村產育種種及其迷信風俗之調查》，《第一助產學校年刊》1934 年第 5 卷，第 46 頁。

〔註39〕 （美）白馥蘭著，江湄、鄧京力譯：《技術與性別——晚期帝制中國的權力經緯》，南京：江蘇人民出版社，2006 年，第 239 頁。

〔註40〕 李貞德：《漢唐之間醫書中的生產之道》，原載《中央研究院歷史語言研究所集刊》第 67 本第 3 分（1996 年），收入李建民主編：《生命與醫療》，北京：中國大百科全書出版社，2005 年，第 73 頁。

行了歸納：「凡治產難之法有四：一腎爲慳藏，其氣以慳祕爲事，如催生之方，多用滑利迅疾之藥，如兔腦、筆頭灰、弩牙、蛇皮之類。有水血先下，子道乾澀，令兒不能下者，如豬脂蜜酒、蔥白、葵子、牛乳、榆白皮、滑石之類。有稽停勞動之久，風冷乘勞虛客於胞胎，使氣血凝滯，澀而不下，如桂、牛膝酒、蔥之類，五積散加順元散，煎服尤妙。有觸犯禁忌者，如符法、臘月兔腦、朱砂、乳香之類」。〔註41〕

對於這些催生方藥，後世醫家在承襲的同時也在不斷反思。明代吳崐在《醫方考》中指出：「生，不必催也。催之，則宋人之揠苗耳。非惟無益，而又害之矣。古方有用兔腦者，有用豬脂者，有用油蜜、蔥白者，有用葵子者，有用牛乳、榆皮、滑石者，有用金鳳子者，有用柞枝者，取其滑澤之義耳，猶近理也。又有用駑牙灰者，有用蛇退（蛻）灰者，有用筆頭灰者，有用百草霜者，有用伏龍肝者，有用鑿頭灰者，有用蓖麻子貼於足心者，有握石燕者。雖曰各有深意，但燒灰而服者，徒劫燥其津液，手握足貼者，用之弗驗耳。噫！平時失於將理（休養調理），至於臨產艱難，頻以雜藥催之，皆惑也。」〔註42〕吳崐認爲難產在於平時不注意休養調理，而若調理好了，生產是不必用這些催生藥的。

清代《達生編》自序專爲難產而設，主張生產要任其自然，也不主張服用催生藥：「從前奇方，莫過鼠腎、兔腦丸，今時盛行，莫過回生丹」，「鼠、兔二丸，大耗氣而兼損血，回生丹大破血而兼損氣。蓋鼠、兔例用香竄之藥，產時百脈解散，氣血虧虛，服此散氣藥，兒已出而香未消，其損多矣，且令毛竅開張，招風入內，禍不可言，回生丹以大黃紅花爲君，其餘亦多消導之品，血已耗而又大破之，多致產後發熱等病，遺患無窮。……按此數方，古今稱爲神靈奇寶者，尙然如此，其他可知。」〔註43〕如果需服藥，《達生編》只推薦「加味芎歸湯」和「佛手散」，認爲「產時全要血足，血一足如舟之得

〔註41〕　（宋）張杲撰，王旭光、張宏校注：《醫說》卷九，北京：中國中醫藥出版社，2009年，第340頁。另外，對於宋代各種催生方藥，方燕作過詳盡的考察。參見方燕：《巫文化視域下的宋代女性——立足於女性生育、疾病的考察》，北京：中華書局，2008年，第114～133頁。

〔註42〕　（明）吳崐：《醫方考》卷六「婦人門」，曹炳章原輯，樊正倫校：《中國醫學大成》第49冊，上海：上海科學技術出版社，1990年，第53頁。

〔註43〕　（清）亟齋居士：《達生編》卷上「臨產」，《續修四庫全書·子部·醫家類》1008冊，上海：上海古籍出版社，2002年，第104～105頁。

水」,「二方皆大用芎歸,使宿血頓去,新血驟生」。〔註44〕《達生編》主張「睡為上策」,自然會生,因此不必吃藥,更不必吃「奇怪之藥」。

明清醫家針對產婦的體質狀況,氣血虛實,會有不同的藥方建議。上述醫家的批評並不是根本上反對吃藥,只是主張產育之事應順其自然,重視自身調養,告誡產家不要過分的依賴「催生」方藥。

(三)外部手法

唐《經效產寶》說「夫產難者,內宜用藥,外宜用法,蓋多門救療,以取其安也。」〔註45〕對於橫生逆生等胎位不正的難產,除了方藥之外,還有針刺、塗鹽等外部方法。

劉宋陳延之《小品方》載遇到橫產、手足先出,「可持粗針刺兒手足,入二分許,兒得痛,驚轉即縮,自當回順。」遇到逆產,「鹽塗兒足底,又可急搔抓之,並以鹽摩產婦腹上,即產」,或者「鹽和粉塗兒兩足下,即順矣」。〔註46〕

針刺以及塗鹽的方法在《千金》、《集驗》、《備急》《文仲》、崔知悌都有記載。例如《千金要方·逆生》載:「凡產難或兒橫生、側生、或手足先出,可以針錐刺兒手足,入一二分許,兒得痛,驚轉即縮,自當回順也」。另外張杲《醫說》「孕婦逆生」條引劉穎叔《異苑》:「用小絹針於小兒腳心刺三七刺,急用鹽少許塗刺處,即時順生,子母俱活也。」〔註47〕可見,針刺和塗鹽是唐代之前是比較普遍使用的方法。

南宋初年的醫家陳無擇也認為:「若先露腳,謂之逆,先露手,謂之橫,法當以針刺之,便自縮入……或以鹽塗兒腳底抓搔之」。〔註48〕這也是因循了古方,至於針刺是否有效,有一些醫案可以作為輔助瞭解。

〔註44〕 (清)亟齋居士:《達生編》卷上「臨產」,《續修四庫全書·子部·醫家類》1008冊,第105頁。「芎歸湯」和「佛手散」二者都以當歸、川芎為主,「佛手散」是中醫產科的著名方劑,對於其出處,學界認識不一,馬大正曾撰《佛手散小考》,認為於《外臺秘要》之前就已有此方。參見馬大正:《佛手散小考》,《浙江中醫雜誌》1985年第4期,第184頁。

〔註45〕 (唐)昝殷著:《經效產寶》卷上「難產令易產方論第十五」,北京:人民衛生出版社,1955年,第10頁。

〔註46〕 湯萬春輯注:《小品方輯錄箋注》,合肥:安徽科學技術出版社,1990年,第113頁。

〔註47〕 (宋)張杲撰,王旭光、張宏校注:《醫說》卷9,北京:中國中醫藥出版社,2009年,第342頁。

〔註48〕 (宋)陳言著:《三因極一病證方論》卷十七,北京:人民衛生出版社,2007年,第348頁。

據明代醫書《名醫類案》載，龐安常（龐安時，字安常，公元 1042～1099）曾治一婦人「七日而子不下」，便「令家人以湯溫其腰腹，自爲上下捫摩，孕者覺腸胃微痛，呻吟間生一男子，其家驚喜，而莫知所以。龐曰：兒已出胞，而一手誤執母腸，不能復脫，故非符藥所能爲，吾隔腹捫兒手所在，針其虎口，痛即縮手，所以遽生，無他術也。取兒視之，右手虎口，針痕存焉。」〔註49〕

該醫案來自於宋代洪邁的講述，洪邁還講過另一個醫生用「龐安常針法」解決難產的故事。〔註50〕可見龐氏用針法治療難產在當時是有盛名的。這些醫案來自於古代對難產的一種想像，即子手執母腸，或者子抱母心，因而胎不能下，醫生所用手法爲隔母針兒虎口，兒痛得以鬆手。今天看來，這種以想像爲基礎的治療方法是否只是一種傳說？這些醫案是否眞實可信呢？《中華醫史雜誌》曾發表一篇《龐安時針刺治療難產案考辨》，文章認爲其醫案是可信的，作者認爲雖然其對於病情的解釋「是不科學的，因內生殖器官與腹腔完全是不相同的」，但我們「不能因爲這種認識的歷史局限性去責難、強求古人。」作者認爲該案非常難能可貴的是龐診斷出了難產是由胎兒異常所造成。作者推論到「然七日不能下者，疑穩婆在轉胎過程中誤將兒手推至胞外，此時兒一手在胞外則不能轉位而出，也只有在這樣的情況下，龐安時才有可能從產婦腹壁外捫及兒手所在，針其虎口（即合谷穴）」。〔註51〕筆者因不瞭解將兒手推至胞外的可能性會有多大，所以暫錄此存疑。

另外，明代御醫盛啓東、清代名醫葉天士、薛生白也有相類似的醫案：治療兒抱母心不下，針刺兒手，胎下。〔註52〕但都爲筆記小說所載。觀這些醫案，與醫書中所載並不相同。醫書中所載爲遇到橫產、逆產，針兒所出手足，兒痛將手足縮回，轉正胎位得以產下。但是這種針法並無實際的醫案記載，因此我們並不知其實際是否有效。

大概由於醫書中所載的塗鹽的方法，後世已經將橫生俗稱爲「討鹽生」。

〔註49〕（明）江瓘編著：《名醫類案》卷十一「難產」，北京：人民衛生出版社，1957年，第334頁。

〔註50〕（美）伊沛霞著，胡志宏譯：《內闈：宋代的婚姻和婦女生活》，南京：江蘇人民出版社，2004年，第153～154頁。

〔註51〕李琳：《龐安時針刺治療難產案考辨》，《中華醫史雜誌》1998年7月第28卷第3期。

〔註52〕許秋垞：《聞見異辭》卷二，「吳郡神醫」，《筆記小說大觀》第一編第三冊，臺北：新興書局，1981年，第1934頁。陸長春：《香飲樓賓談》卷一，「神醫」，《筆記小說大觀》第二編第十冊，臺北：新興書局，1981年，第6103頁。

至於為何塗鹽，清代《婦科玉尺》載「橫生俗為覓鹽生，夫鹽主收斂緊縮，且蜇人痛，兒手得鹽且痛且縮，自然轉身生下」。〔註53〕

但是針刺以及塗鹽並不是所有醫家都認為可取的。明代《萬氏女科》就認為「切不可使針刺足心及鹽塗之法，兒痛上奔，為害非淺。」〔註54〕

難產的救治方法在宋代有了較大的發展。北宋末年，楊子建著成《十產論》一書，首次系統總結了針對各種胎位不正的助產手法。〔註55〕這實際上是一種比較原始的內倒轉手術。〔註56〕包括以下幾種：

（1）橫產倒轉手法：橫產，指胎兒手臂先露，「當令產母安然仰臥，令看生之人推而入去，凡推兒之法，先推其兒身令直上，漸漸通手，以中指摩其肩，推其上而正之，漸引指攀其耳而正之。須是產母仰臥，然後推兒直上，徐徐正之。」

（2）倒產倒轉手法：倒產，指胎兒先露其足，「治之之法，當令產母於床上仰臥，令看生之人推其足入去，分毫不得令產母用力，亦不得驚恐，候兒自順，若經久不生，卻令看生之人輕輕用手納入門中推其足，令就一畔直上，令兒頭一畔漸漸順下，直待兒子身轉，門路正當。」

（3）偏產倒轉手法：所謂偏產，包括兩種胎位，一種「兒頭偏拄左腿，忽偏拄右腿……兒之所露即非頂也，忽左額角，忽右額角」，一種「小兒頭之後骨偏拄谷道」。對於前者，「收之之法，當令產母於床上仰臥，令看生之人輕輕推兒近上，以手正其頭，令兒頭先端正向人門，然後令產母用力一送，即使兒子生下」。後者「當令看生之人以一件綿衣炙令溫暖，用裏手，急於谷道外旁輕輕推兒頭令正」，「凡於谷道外旁推兒頭正，須推其上而正之，仍是小用輕力推些上兒而正之也。」

〔註53〕 （清）沈金鰲著，張慧芳，王亞芬點校：《婦科玉尺》卷三，北京：中醫古籍出版社，1996年，第89頁。

〔註54〕 （明）萬全：《萬氏女科》卷一「臨產‧救逆產」，《續修四庫全書‧子部‧醫家類》1007冊，上海：上海古籍出版社，2002年，第292頁。

〔註55〕 《十產論》佚文收入南宋陳自明《婦人大全良方》卷十七「產難門「，十產為正產、催產、傷產、凍產、熱產、橫產、倒產、偏產、礙產、坐產，外加盤腸產在後。需要使用手法助產的主要是橫產、倒產、偏產、礙產。「十產」之後加入「盤腸產」，此可能為楊子建所作，也可能是陳自明添入，學界尚無定論。（宋）陳自明著，田代華點校：《婦人大全良方》卷十七，天津：天津科學技術出版社，2003年，第324～325頁。下文所引手法皆出自此處。

〔註56〕 張志斌：《古代中醫婦產科疾病史》，北京：中醫古籍出版社，2000年，第198頁。

（4）礙產分離手法：（臍帶纏肩）礙產指胎位正常，但是胎兒臍帶繞肩，「收之之法，當令產母於床上仰臥，令看生之人輕輕推兒近上，徐徐引手，以中指按兒肩下其肚帶也。仍須候兒身正順，方令產母用力一送，使兒子下生。」

當代醫史專家馬大正對此評價到：手法助產的提出，是產科一場偉大的革命。它解決了難產中無法用藥物湊效的胎位異常及臍帶纏繞問題，使許多產婦擺脫了死亡的危境。〔註57〕張志斌也認爲難產治療爲歷代醫家所重視，均花費大量篇幅來討論，但是眞正有成就的當屬宋代，「十產論」的總結便是其中突出的成就。〔註58〕

宋以後醫家大多承襲《十產論》對幾種異產助產手法的總結，或在此基礎上發揮。一些重要的婦產科著作全文輯入其內容，如王肯堂《女科證治準繩》、武之望《濟陰綱目》、孫一奎《赤水玄珠》、唐千頃《增廣大聲要旨》等。《沈氏女科輯要》也輯入了《十產論》，只是非常簡略。〔註59〕

有一些醫著只摘錄其中一部分。如《胤產全書》節取其中橫產、倒產、偏產、礙產、坐產、盤腸產，並加入一些方藥。〔註60〕《女科撮要》對橫生、逆生、偏生、礙產、坐產、盤腸生做了簡略說明。對於盤腸生，薛己提出異議：「俗以水噀母面，背驚而腸亦收之。蓋驚則氣散，恐反致他症，戒之」，並且提出新的治療方法：「以萆麻子四十九粒，研爛塗產母頭頂，待腸收上，急洗去。設或爲風吹乾不能收者，以磨刀水少許，溫熱拭潤其腸，再用磁石煎湯服之即收上。磁石須陰陽家用有驗者。」〔註61〕

另外一些醫學著作在《十產論》提出的助產手法基礎上有一些改進，如《萬氏女科》開始講求穩婆助產的衛生：救逆產時「令其產母正身仰臥，務要安心定神，不可驚怖，卻求慣熟穩婆，剪去手甲，以香油潤手，將兒足輕

〔註57〕 馬大正：《中國婦產科發展史》，太原：山西科學教育出版社，1991年，第177頁。

〔註58〕 張志斌：《古代中醫婦產科疾病史》，北京：中醫古籍出版社，2000年，第193～194頁。

〔註59〕 （清）沈又彭著，陳丹華點校：《沈氏女科輯要》卷下「臨產」，南京：江蘇科學技術出版社，1983年，第62頁。

〔註60〕 （明）王肯堂：《胤產全書》卷三「諸產逆類」，《續修四庫全書・子部・醫家類》1007冊，上海：上海古籍出版社，2002年，第382～383頁。

〔註61〕 （明）薛己撰，張慧芳、伊廣謙校注：《薛氏醫案・女科撮要》卷下「保產」，北京：中國中醫藥出版社，1997年，第946頁。

輕送入，又再推上，兒身必轉……」其次是強調術前觀察，穩婆要對難產原因確定無誤後，再行手法：救側產時「亦令母仰臥，法如上。穩婆用燈審視，或肩或額，或左或右，務得其真」；救礙產時「令母仰臥，穩婆用燈審視，看臍帶絆著兒之何處，仔細以手法輕取脫」。〔註62〕

清代醫書《增廣大生要旨》在卷三「臨盆」輯入了「十產論」，其中「倒生」一條後增入一則醫案，「昔一產婦用力太早，兒手出不得入，穩婆礪刀以須，其翁商之於予，聞之惻然，遂急令安臥，與大劑芎歸湯，以鹽半分塗小兒手心，以香油抹兒滿手，輕輕推入，明日生下母子皆安」。〔註63〕此原為《達生編》「驗案」所載，只言與藥並「徐徐託之，手入」，並不見抹鹽與香油之說。〔註64〕而此處在具體實施手法過程中增加了塗鹽和抹香油的步驟，塗香油起到了消炎與潤滑的效果，可以避免產婦受傷及感染。清代醫家程國彭在《醫學心悟》中也設「十產論」一節，但並不是原文載入，而是用自己的話進行敘述。並在之後加入了「十產論」未提及的「交骨未開」的處理方法：「令穩婆以麻油調滑石，塗入產門，或用兩指緩緩撐開。」〔註65〕

同時，醫史學家注意到，清代許多極有影響的婦產科專著均不載《十產論》內容，例如《傅青主女科》、《醫宗金鑑》等，因此認為清代是產科技術並無大發展甚至出現衰落、倒退的時代。〔註66〕但是，筆者認為，清代醫學著作大都不再全文具載，並不代表清代醫家不重視。例如清代頗為流行的《達生編》說「楊子建《十產論》可謂詳細之極，予之所論，多本於此。」〔註67〕程國彭也說：「十產論，可謂精且密矣」。〔註68〕蕭塤《女科經綸》載「楊子

〔註62〕（明）萬全：《萬氏女科》卷一，《續修四庫全書・子部・醫家類》1007 冊，上海：上海古籍出版社，2002 年，第 292～293 頁。

〔註63〕（清）唐千頃撰，（清）葉灝增訂：《增廣大生要旨》卷三「臨盆」，《續修四庫全書・子部・醫家類》1008 冊，上海：上海古籍出版社，2002 年，第 351 頁。

〔註64〕（清）亟齋居士：《達生編》卷上「驗案」，《續修四庫全書・子部・醫家類》1008 冊，上海：上海古籍出版社，2002 年，第 107 頁。

〔註65〕（清）程國彭：《醫學心悟》第五卷「交骨不開 產門不閉」，上海：科學技術文獻出版社，1996 年，第 203 頁。

〔註66〕張志斌：《古代中醫婦產科疾病史》，北京：中醫古籍出版社，2000 年，第 314 頁。

〔註67〕（清）亟齋居士：《達生編》卷下「格言」，《續修四庫全書・子部・醫家類》1008 冊，上海：上海古籍出版社，2002 年，第 111 頁。

〔註68〕（清）程國彭：《醫學心悟》第五卷「十產論」，上海：科學技術文獻出版社，1996 年，第 203 頁。

建有十產論，俱不可不知。」〔註69〕說明《十產論》爲代表的手法助產經過宋明的承襲與發展，已漸趨完備，而且在清代醫家中已是十分普及的醫學知識，醫家對《十產論》也持極爲推崇的態度。

　　綜上所述，本節從臨產禁忌、催生方藥、助產手法三個主要方面歸納了古代醫家如何應對難產。我們可以看出一些趨勢：（一）自隋唐開始，除臨產禁忌之外，醫家已經開始重視產婦心理以及生產環境對產婦生產造成的影響。一些醫家記錄各種生產禁忌，只是採取聊備一格的態度，用其對產婦心理的安慰作用。儀式系統與醫藥系統逐漸區分〔註70〕，生產禁忌趨於民俗化，醫家更加重視探索實際有效的難產應對方法。（二）伴隨催生方藥增繁的同時，醫家也開始批評產家對於催生方藥的依賴，以及某些催生方藥的無效，認爲應該重視臨產自身調養，而不必依靠方藥。（三）自北宋已經有系統的助產手法的記載。醫家也更加重視助產人員的選擇。橫生逆產等胎位異常的情況下，產婆的手法可以救急，但是產婆的粗率也會造成婦嬰傷亡。因此醫生與產婆之間的關係成爲一種悖論：助產人員越來越受到重視、同時也越來越受到排斥。清代《達生編》的出版與流行代表其矛盾的頂點。

　　從歷史發展來看，隋唐之際是產科發展史上的一次突破，觸犯禁忌在此時的醫家觀念中雖然仍是導致難產的原因之一，但是已經提出「驚動傷早」的問題。醫者責備助產者，或者不過在禁忌之外，力求新解。〔註71〕宋代是產科醫學有較大發展的朝代，從原因上，拋棄了難產「兒枕」說，轉向認爲用力太早等人爲因素才是造成難產的最普遍原因。在難產救治上，雖然也承襲了前代臨產巫術的內容，但更多的是在探尋實用的救療手法。北宋揚子建

〔註69〕（清）蕭壎著，姜典華校注：《女科經綸》卷五，北京：中國中醫藥出版社，1997 年，第 122 頁。

〔註70〕例如費俠莉認爲，「滿月」「百日」即爲兩種不同的系統。前者出現較早，重點在於產乳不潔的原因，屬於儀式系統。後者出現較晚，重點在於休養生息，屬於醫藥系統。儀式系統首重避免觸忌犯神。」Ming-Qing Medicine and the Construction of Gender」，p.232.而李貞德的研究指出隋唐之間各種系統消長與規格化的情形，顯示醫藥系統也將「滿月」視爲產婦滋補的一個階段，並非只是儀式禁忌的斷限。李貞德：《漢唐之間醫書中的生產之道》，原載《中央研究院歷史語言研究所集刊》第 67 本第 3 分（1996 年），收入李建民主編：《生命與醫療》，北京：中國大百科全書出版社，2005 年，第 82～83、88 頁。

〔註71〕李貞德：《漢唐之間醫書中的生產之道》，原載《中央研究院歷史語言研究所集刊》第 67 本第 3 分（1996 年），收入李建民主編：《生命與醫療》，北京：中國大百科全書出版社，2005 年，第 89～90 頁。

《十產論》便是對助產手法的一次系統總結，對後世也產生了深遠的影響。同時我們也可以看到，雖然有生產禁忌、催生方藥以及助產人員的幫助，但是醫家仍然強調生產的順其自然，不可催逼，猶如「瓜熟蒂落」，而禁忌、方藥都是次要或者不必要的，產婆的催逼以及擾攘因此也受到批評。

第二節　醫書中的穩婆形象

一、坐婆有妙手

在醫書中，富有醫療經驗的產婆形象時有出現。這些產婆的經驗被醫者直接詢問或者間接聽聞從而記錄下來。

宋代醫家陳自明從穩婆那裡學會一種治療「盤腸產」的方法，載入書中，「其法遇產後子腸不收之時，以醋半盞，新汲冷水七分，碗調停，噀產婦面，每噀一縮，三噀收盡」，陳自明稱其為「良法也，後學不可不知」。〔註72〕

明代醫家薛己在校注陳自明《婦人大全良方》時，提到他經常向產婆們詢問治療方法。例如對於「胞衣不出，胸腹脹痛」等證，穩婆告訴他：「宜服益母草丸。或就以產婦頭髮，入口作嘔，胎衣自出。」〔註73〕明代另一位名醫武之望也承認在解決產婦氣虛問題上，許多穩婆給了他有效的處理方式。〔註74〕

清代醫家沈堯封也多次提到一些穩婆或者可能兼任穩婆的老婦人的經驗。例如一位沈姓婦女患有「惡阻」，「水漿下嚥即吐，醫藥雜投不應。身體骨立，精神困倦，自料必死，醫亦束手。一老婦云：急停藥，八十日當愈。後果如其言。」沈堯封還試圖用《金匱》中的論述來解釋老婦的治療方法，以此從醫理上尋求正當性，「不然，何此言之驗也。」〔註75〕

沈堯封還提到松郡一老穩婆，包治「胞衣不下」之證，「自帶白末藥一包，

〔註72〕　（宋）陳自明著，田代華點校：《婦人大全良方》卷十七，天津科學技術出版社，2003年，第325～326頁。

〔註73〕　（宋）陳自明原著，（明）熊宗立補遺，（明）薛己校注：余瀛鼇等點校：《《婦人良方》校注補遺》卷18，上海：上海科學技術出版社，1991年，第486～487頁。

〔註74〕　梁其姿著、蔣竹山譯：《前近代中國的女性醫療從業者》，收入李貞德、梁其姿主編《婦女與社會》，北京：中國大百科全書出版社，2005年，第363頁。

〔註75〕　（清）沈又彭著，陳丹華點校：《沈氏女科輯要》卷上「惡阻」，南京：江蘇科學技術出版社，1983年，第36頁。

買牛膝一兩，同煎去渣，沖童便半杯服，立下。」沈猜測說：「白末藥定是玄明粉，即製樸硝也。」因曾有俞邃良先生目睹過這種治療方法，確實當即見效。〔註76〕

對於「產後喜笑不休」之證，沈堯封提到一老婦人說這種症狀是因為「產後被侍者挾落腰子使然。」她的治療方法是「用烏梅肉兩個，煎湯服，立效。」有嘉郡錢鄰哉親眼目睹。〔註77〕

對於產後胎衣不下，《胎產須知》載：「若坐婆有妙手，產訖便取下最捷。」《萬氏女科》載：「惟慣熟穩婆善取胎衣者，甚不勞力。」《保產全書》載：「如穩婆知事者，能以手指取之，甚便。」具體方法是「令穩婆以二指趁帶而上，直至胞口，向下一鉤，則血傾胞下。其法甚捷。」對於死胎不下，《萬氏女科》提到「穩婆善取者，尤妙。」〔註78〕

在婦女分娩過程中，男性醫者只得依賴產婆的手法助產，而通過醫者的記述，我們也可知穩婆中也不乏有「妙手」之人。我們不難想像，醫書之中關於助產手法的記述，多來自於穩婆貢獻的經驗。梁其姿在她的研究中即認為：在一個男性不親自參與生產過程的制度下，男醫生所撰的醫學著作中有關產科的討論很多根據與他們所認識的產婆溝通的經驗。〔註79〕

二、豈有穩婆之妙手

除了富有經驗的穩婆形象之外，醫書中更常見的則是給產婦帶來危害的穩婆形象。從唐代醫書中，我們就可見一些被醫家批評為「浪作形勢」的穩婆。〔註80〕例如《外臺秘要方》形容產時未到，產婆就開始忙亂的景象：「或有約髻者，或有力腹者，或有冷水潠面者，努力強推，兒便暴出，蓄聚之氣，

〔註76〕　（清）沈又彭著，陳丹華點校：《沈氏女科輯要》卷下「胞衣不下」，南京：江蘇科學技術出版社，1983年，第67頁。

〔註77〕　（清）沈又彭著，陳丹華點校：《沈氏女科輯要》卷下「產後喜笑不休」，南京：江蘇科學技術出版社，1983年，第67頁。

〔註78〕　值得說明的是，這類依賴穩婆助產手法的記載，在明代醫書中記載較多，而清代有影響的醫學著述則不載此項內容。說明至清代，醫家對穩婆不再如明代醫家信任。參考張志斌：《古代中醫婦產科疾病史》，北京：中醫古籍出版社，2000年，第312～314頁。此段中涉及引文，均轉引自該書，第312～313頁。

〔註79〕　梁其姿著、蔣竹山譯：《前近代中國的女性醫療從業者》，收入李貞德、梁其姿主編《婦女與社會》，北京：中國大百科全書出版社，2005年，第363頁。

〔註80〕　（唐）王燾撰，高文鑄校注：《外臺秘要方》卷三十三「產乳序論三首」，北京：華夏出版社，1993年，第662頁。

一時奔下不止，便致運絕」。〔註81〕

宋代醫家在記載產婆利用手法助產的同時，也表達了對其技術不良的擔心。楊子建在《十產論》中說：「世人所患者，惟看生產收生之人少有精良妙手，緣此而多有傾性命」，因此，他寫《十產論》的目的，是試圖傳授正確的助產手法，減少婦嬰死亡的發生。但同時在敘述四種手法之後，強調了四次「若看生之人非精良妙手，不可依用此法，恐恣其愚，以傷人命」，〔註82〕表達出他對使用手法助產的小心謹慎。

金代醫家張從政在《儒門事親》中專有「收產傷胎」一節，記載穩婆的野蠻舉動：

> 一孕婦年三十餘，臨產召穩媼三人，其二媼極曳婦之臂，其一媼頭抵婦之腹，更以兩手扳其腰，極力爲之。胎死於腹良久，乃下，兒亦如血。乃穩媼殺之也。豈知瓜熟自落，何必如此乎？

> 又一婦人臨產，召村嫗數人侍焉。先產一臂出，嫗不測輕重，曳之臂爲之斷，子死於腹。

鑒於這些事例，張從政因此常常感歎：「產後無他事，因侍嫗非其人，轉爲害耳」。〔註83〕產婆助產技術的良莠已經得到醫家的高度重視。

至明清，醫家對於穩婆魯莽傷人的批評更爲多見。例如明代醫家萬全批評穩婆「粗率」，因孕婦臨產，胞漿未破之時，「便令努力，母力既乏，即至產時，無力轉運，以致產難」，或者剛看見漿破，「即令使力，兒身未轉，或轉未順」，造成難產。〔註84〕

張景嶽在《婦人規》中專門論述「穩婆」一節，指出穩婆須選「老成忠厚」者，不然則爲害不小：

> 產婦臨盆，必須聽其自然，弗宜摧逼，安其神志，勿使驚慌，直待花熟蒂圓，自當落矣。所以凡用穩婆，必須擇老成忠厚者，預先囑之，及至臨盆，務令從容鎮靜，不得用法摧逼。余嘗見有穩婆

〔註81〕（唐）王燾撰，高文鑄校注：《外臺秘要方》卷三十三「產乳序論三首」，北京：華夏出版社，1993 年，第 662 頁。

〔註82〕（宋）陳自明著，田代華點校：《婦人大全良方》，卷十七，天津：天津科學技術出版社，2003，第 324～325 頁。

〔註83〕（金）張從政著，劉更生點校：《儒門事親》卷七「收產傷胎」，天津：天津科學技術出版社，1999 年，第 180 頁。

〔註84〕（明）萬全著，羅田縣衛生局校注：《萬氏婦人科》卷一「臨產」，武漢：湖北人民出版社，1983 年，第 35 頁。

忙冗性急者，恐顧此失彼，因而勉強試湯，分之搯之，逼之使下，多致頭身未順而手足先出，或橫或倒，爲害不小。若未有緊陣，不可令其動手，切記，切記！又或有生息不順，及雙胎未下之類，但宜穩密安慰，不可使產母聞知，恐驚則氣散，愈難生下。又嘗見有奸詭之婦，故爲哼訐之聲，或輕事重報，以顯已能，以圖酬謝，因致產婦驚疑，害尤非細，極當愼也。〔註85〕

文中所提「忙冗性急」者以及「奸詭之婦」都爲張景嶽所親見，也正如此，他對於產婆對產婦造成的危害深有體會。

明代醫家孫志宏在其旨在「人人可解」的通俗性醫書《簡明醫彀》中考慮到鄉間無穩婆之處，應當「自產」，方法是「先以浴盆內置草，扶產婦坐於上，背後令人抱之，候時至則兒自然出矣。」那麼如此，就不必請穩婆了嗎？孫志宏接著說：

穩婆之設，亦無不可，但全藉爲主宰，反致遲速之愆。蓋兒產時，至十月足，腹中痛陣，兒如夢覺，轉頭向下，母腹漸收，兒能拆，胞自出，頭對產門，隨水而下；產婦用力一逼，兒胞齊落，惟令穩婆接取，此最宜之法也。世多不明此理，產婦初覺腹痛，即喚穩婆。或彼有富貴家欲產，行止倉忙，但云取湯試之，詒謂產門已開，幾乎悶壞，即令產婦坐上圍桶，產婦無知，用力努掙，兒如未覺，隨力亂出，橫生逆產，由此故耳。或穩婆手入搯斷其蒂而強收之，致產婦痛苦萬狀，重則傷命，輕則臥病累月。豈若自然生者，無大痛苦，數日即安，動作如故。上帝好生，本不傷人，人之矯拂者，自取之耳。〔註86〕

孫志宏認爲生產有其自然之理，產家不可聽憑穩婆主宰，只讓穩婆負責「接取」便好。穩婆收早會造成難產，另外，「收遲」也會造成難產，而這也是因爲產家「藉穩婆爲主，彼倘來遲，兒本欲出，不知自然之理，家眾彷徨，反教產婦寧耐，按捺產門，不令兒出，以致悶死。」〔註87〕從孫志宏的論述

〔註85〕（明）張介賓：《景嶽全書》卷三十九，北京：中國中醫藥出版社，1994年，第454頁。

〔註86〕（明）孫志宏撰；余瀛鰲點校：《簡明醫彀》卷七「論自產」，北京：人民衛生出版社，1984年，第409頁。

〔註87〕（明）孫志宏撰；余瀛鰲點校：《簡明醫彀》卷七「論收遲」，北京：人民衛生出版社，1984年，第409頁。

中，我們可以隱約看到清代《達生編》的知識來源。即認爲難產乃是因爲產家聽憑穩婆主宰，破壞了自然過程，造成產婦痛苦。

刊於康熙五十四年的《達生編》一書宗旨同《簡明醫彀》一樣，也是希望作爲家庭自療書，目的就在於讓產家具備一定的知識，強調產家要自己做主，而不要聽憑穩婆動手。其在「臨產」一節中說「初覺腹疼，先自家拿穩主意，要曉得此是人生必然之理，極容易之事，不必驚慌」，產婦要忍住疼痛，「千萬不可輕易臨盆坐草，揉腰擦肚，至囑至囑」，「須知此處要自家作主，他人皆不得與自家性命相關，與別人毫無干涉。」「無論遲早，切不可輕易臨盆用力，切不可聽穩婆說：孩兒頭已在此。以致臨盆早了，誤盡大事。」〔註88〕

在臨產「宜忌」中，大部分內容都是對產房環境宜安靜的強調，尤其是對穩婆的警告：

臨產時，宜老成安靜二三人伺候，不必多，一切親族婦女具婉言謝卻，勿令入房。夏月更不宜多人在房，熱氣擁盛，能令產母煩躁發暈，其害非小。房中宜輕行輕語，不宜多話，令其得睡爲妙。第一要勸其放心，安靜，忍痛歇息。切忌在房中大驚小怪，交頭接耳，咨嗟歎息，皆能令其憂疑擾亂，以致誤事。房中宜安靜如常，不得當面求神許願、叫天叫地。穩婆只宜一人入房，且令在旁靜坐，勿得混鬧。〔註89〕

這段描寫從側面展現出傳統產房的一般景象：親族婦女聚集產房，難免或驚疑、或歎息的「交頭接耳」，甚至還會有「求神許願、叫天叫地」之舉。在醫者看來，這些「混鬧」之舉穩婆也負有責任，因此挑選安靜老成之人爲首要。此段描寫與上文張景嶽所描寫的產房景象有所類似，都呈現一種混亂無序的狀態。醫者對產房之中的主要助手穩婆也流露出極其厭惡之情。

對於「胞衣不下」，毆齋居士提出一種方法：用粗麻繩將臍帶繫住，又將臍帶雙折再繫一道，用物壓住，再將臍帶剪斷，過三五日胞衣萎縮乾小而下。此法「累用有驗，只要與產母說知，放心不必驚恐。不可聽穩婆妄用手取，多有因此而傷生者，愼之愼之。」〔註90〕

〔註88〕（清）毆齋居士：《達生編》卷上「臨產」，《續修四庫全書・子部・醫家類》1008 冊，上海：上海古籍出版社，2002 年，第 102 頁。

〔註89〕（清）毆齋居士：《達生編》卷上「宜忌」，《續修四庫全書・子部・醫家類》1008 冊，上海：上海古籍出版社，2002 年，第 106 頁。

〔註90〕（清）毆齋居士：《達生編》卷下「胞衣不下」，《續修四庫全書・子部・醫家類》1008 冊，上海：上海古籍出版社，2002 年，第 111 頁。

　　《達生編》對穩婆的不信任可謂推到極致，作者雖說本於揚子建《十產論》，但認為只引用其「傷胎篇」就可以說明世間難產的原因：用力太早，猶如拔苗助長，有害無益。因此《達生編》反覆闡釋「睡、忍痛、慢臨盆」的「六字眞言」。主張生產是極自然之事，不需用力，只要忍痛、安睡。如果用力早已致橫生倒產，要「急令安睡」，「將手足緩緩托入再睡一夜」。《達生編》也提出同樣的問題：「或曰穩婆不必用乎？」隨後答道：

> 既有此輩，亦不能不用，但要我用他，不可他用我。全憑自家作主，不可聽命於彼耳。大約此等人多愚蠢，不明道理，一進門來，不問遲早，便令坐草用力，一定說孩兒頭已在此，或令揉腰擦肚，或手入產門探摸，多致損傷，總以見他功勞，不肯安靜。更有一等狡惡之婦，藉此居奇射利，禍不忍言矣。按吳越之間謂之穩婆，江淮間謂之收生婆，徽寧間謂之接生婆，因其年老慣熟，使之接兒落地，收兒上床耳。原非要他動手動腳也，每見富貴之家，預將穩婆留在家中，及到臨時，稍不快利，前門後戶，接到無數，紛紛攘攘，炒成一片，所謂天下本無事，庸人自擾之。〔註91〕

　　其批評的口吻承襲了前代醫家，但是更爲尖銳，作者甚至說「豈有催生之神藥，穩婆之妙手乎？」因此，作者一再告誡產家，要自家作主，因是關係到自家性命，「與別人毫無干涉」。這已經表達了對產婆的完全不信任，實際上是爲避免有可能造成的傷害而排斥產婆的助產工作。認爲產婆的作用原本只是「接」和「收」，並非要她「動手動腳」，這就極大貶低了產婆在產婦分娩過程中的價值與作用，試圖將產婆排除在難產處理的領域之外。

　　清代醫家沈金鰲也批評產婆往往不願意等待，經常催逼：「有不知時候，惟恐後時者；有急完此家，復往他家者。極誤大事。」〔註92〕

　　《胎產心法》也說臨產須等待胎兒慢慢轉身，而「穩婆不解此理，但見生遲頻頻試水，誤傷胎破，或風入產戶而成腫脹，或胎未至而胎水先乾，分娩愈難矣。」「當選年高有經識穩婆及純謹婦女一二人扶持，倘誤用無知孟浪婦女收生，不審察是正產，與轉胎一見腹痛，亂將雙手摸孕婦腹上，夾腹兩

〔註91〕　（清）亟齋居士：《達生編》卷上「臨產」，《續修四庫全書・子部・醫家類》1008 冊，上海：上海古籍出版社，2002 年，第 104 頁。
〔註92〕　（清）沈金鰲著，張慧芳、王亞芬點校：《婦科玉尺・臨產斟酌》卷三，北京：中醫古籍出版社，1996 年，第 87 頁。

邊，重按欲其直下，以免橫生，此第一誤人性命者」，「更有穩婆無知害人，私用手指搯破水衣者，極須防範。」〔註93〕

《御纂醫宗金鑒》將臨產如何選擇穩婆編輯成口訣，便於記憶：

> 臨產穩婆須預擇，老成歷練又精明。

> 無故莫教使手法，寬心寧耐待時生。

這裡的手法指穩婆「試水探漿等事」。〔註94〕

《幼幼集成》對於何時叫穩婆來家中有詳盡說明：

> 凡臨產二日前，必先腹痛一小次，名曰試痛。此時萬忽坐草臨盆，但將包兒諸物預備現成，不可早叫穩婆來。過三日後，腹若大痛，方叫穩婆來。不可令產婦見面，暫讓別室靜待，不可高言。蓋穩婆名曰收生，使其兩手接收，不欲兒墮地受傷，非穩婆別有妙法也。若穩婆來之，即令產婦見面，彼此胡言亂語，用力太早，必致難產，百變叢生。戒之！慎之！〔註95〕

作者陳復正顯然也繼承了《達生編》中的說法，認為穩婆並無「妙法」，只是起到不讓胎兒墮地受傷的作用。在其描述中，似乎穩婆總是喜歡與產婦高聲說話，胡言亂語。

綜上，醫家除表達對穩婆技術的擔心之外，我們通過爬梳醫著，可以看出醫家更深層次的擔心和憤怒：即產婆對生產過程過早以及過多的干預。這與前述生產猶如「瓜熟蒂落」的自然之理是一脈相承的。醫家批評產婆過早的干預會導致難產，這源於臨產轉胎的理論。其次，醫家也批評產婆的過多干預，這包括在未到產時就亂使手法，以及難產發生時使用刀割拆胎之法。清代醫書中即開始大量出現對穩婆借助刀等利器解決難產的記載，這些記載將產婆塑造成貪利、兇悍、殘忍的惡婦形象。

三、凶婦

例如《胎產心法》說遇到產婦難產，「切不可誤聽凶婦用刀斷兒手足，一

〔註93〕 （清）閻純璽撰；田代華，郭君雙點校：《胎產心法》卷中「臨產須知十四則」，人民衛生出版社，1988年，第308～309頁。

〔註94〕 （清）吳謙編，閆志安、何源校注：《醫宗金鑒》卷四十七「編輯婦科心法要訣」，北京：中國中醫藥出版社，1994，第550頁。

〔註95〕 （清）陳復正著，圖婭點校：《幼幼集成》卷二「小產論」，遼寧科學技術出版社，1997年，第9頁。

動刀刃，子必腹中亂擾，而傷母矣。」〔註96〕

　　王孟英所著《潛齋醫話》中「穩婆說」一節

　　　　按難產自古有之，莊公寤生，載於《左傳》，故先生如達，不
　　坼不副，詩人以為異徵。然先生難而後生易，理之常也，晚嫁者尤
　　可必焉。第亦有雖晚嫁而初產不難者；非晚嫁而初產雖易，繼產反
　　難者；或頻產皆易，間有一次為難者；有一生所產皆易，一生所產
　　皆難者。此或由稟賦之不齊，或由人事之所召，未可以一例論也。
　　諺云：十個孩兒十樣生。洵至言也。但得兒身順下，縱稽時日，不
　　必驚惶，安心靜俟可耳。會稽施圍生茂才誕時，其母產十三日而始
　　下，母子皆無恙。世俗不知此理，稍覺不易，先自慌張。近有兇惡
　　穩婆，隨身攜帶兇器，故為恫嚇，使人不得不從其策，要取重酬，
　　操刃戕生，索謝去後，產母旋以告殞者有之，從此成病者有之。奈
　　貿貿者不知墮其術中，翻豔稱其手法，忍心害理，慘莫慘於此矣。
　　設果胎不能下，自有因證圖治諸方，即胎死腹中，亦有可下之藥，
　　自古方書，未聞有臠割之刑，加諸投生之嬰兒者。〔註97〕

　　其在《沈氏女科輯要》「臨產」一節後按語中也加入此段論述，並說：「附
識於此，冀世人之憬然悟。」〔註98〕

　　《女科秘要》中說，穩婆對產婦「生採活剝，甚有逼死胎兒在腹，用碎
割之法，以見己功，藉此尚欲居奇射利，以至母則受傷，子則慘死，禍不勝
言。」〔註99〕

　　《王氏醫存》中也說：「穩婆見婦疼減，誑曰早係死胎，乃用鉤搭兒手足，
零割而下，居功索謝。種種殘忍，不堪盡述。」〔註100〕文後又舉「吾邑馬穩
婆」故事，以此警示世人：

〔註96〕　（清）閻純璽撰：田代華，郭君雙點校：《胎產心法》卷中「臨產須知十四則」，
　　　　　北京：人民衛生出版社，1988年，第312頁。
〔註97〕　（清）王士雄：《潛齋醫話　歸硯錄》不分卷，天津：天津科學技術出版社，
　　　　　2004年，第34～35頁。
〔註98〕　（清）沈又彭著，陳丹華點校：《沈氏女科輯要》卷下，南京：江蘇科學技術
　　　　　出版社，1983年，第64頁。
〔註99〕　（清）釋輪應：《女科秘要》卷五「保產撮要」，裘慶元輯：《珍本醫書集成　第
　　　　　2冊》，北京：中國中醫藥出版社，1999年，第986頁。
〔註100〕　（清）王燕昌撰，王新華編輯：《王氏醫存》卷十二「割胞漿入兒溺死」，南
　　　　　京：江蘇科學技術出版社，1983年，第128頁。

> 吾邑馬穩婆，每次帶刀，主人不知禁戒，其胎均被割死，反索
> 重謝，間傷產婦。同治八年秋，邑東一產婦，身受其害，大呼立死。
> 主人齊至，見胎未下，而鮮血滿前，亟搜得紫肉一塊，乃子宮被割
> 斷也。立將穩婆亂捧打死。喚其子來，主人執其所割紫肉責問，其
> 子叩頭，願負母屍回葬。然彼但一命償人二命耳，其未償之命尚多
> 也！語云，不有顯戮，必有鬼責，地獄重重，殆爲此輩設耶！〔註101〕

醫家反對使用刀割拆胎的方法，即是反對濫用外力，造成胎兒不必要的
傷亡。而是主張內服藥，待其自然產下。例如清代醫書《增廣大生要旨》載：
遇兒手足出，「切不可聽信穩婆，用刀斷兒手足，手足一斷則必亂擾腸中，兩
命俱傷矣。」〔註102〕《婦科玉尺》載通過服藥可以下胎：

> 凡產時子死腹中，服回生丹三丸立下，產母無恙。若一時無此
> 藥，以平胃散一兩，投樸硝五錢，煎四五沸溫服，其胎化水而出。
> 即不服藥，人不慌忙逼迫，亦遲遲生下而不傷母。蓋人腹中極熱，
> 惟不忙迫，產母安心飲食，腹內熱氣薰蒸，胎自柔軟腐化，或一二
> 日，三四日，自然生下。但所出穢氣，令人難聞。此可見死胎不必
> 用力，況活胎乎？〔註103〕

對於產婆使用「拆胎之法」，古代醫家極力批評，而當代醫家卻做出另一
種解讀，認爲產婆在施行「毀胎術」或者「碎胎術」，在難產危急時刻是有其
積極意義的。例如馬大正就認爲，在清代毀胎術已運用於臨床，上述「拆胎
之法」、「攣而去之」、「零割而下」就是毀胎術。古代醫家的批評都是貶責詆
毀之辭，這是由於人們並沒有認識到毀胎術的重要性。再則，限於當時的技
術和條件，產婦受傷的情況也常常發生。儘管如此，這並不排斥毀胎術在治
療難產中的重要作用，同時也反映毀胎術在清代已運用得比較普遍。〔註104〕

綜上，古代產科醫學對於難產的預防以及救治，包括助產手法、禁忌儀
式以及催生方藥三個主要領域。醫家對待助產手法與對待儀式及方藥的態度

〔註101〕（清）王燕昌撰，王新華編輯：《王氏醫存》卷十二「割胞漿入兒溺死」，南
　　　　 京：江蘇科學技術出版社，1983 年，第 129 頁。
〔註102〕（清）唐千頃撰，（清）葉灝增訂：《增廣大生要旨》卷三「臨盆」，《續修四庫
　　　　 全書‧子部‧醫家類》1008 冊，上海：上海古籍出版社，2002 年，第 351 頁。
〔註103〕（清）沈金鰲著，張慧芳、王亞芬點校：《婦科玉尺》卷三，北京：中醫古籍
　　　　 出版社，1996 年，第 89 頁。
〔註104〕馬大正：《中國婦產科發展史》，太原：山西科學教育出版社，1991 年，第 253
　　　　 頁。

是一致的。例如對於自漢唐之際就十分重視的禁忌儀式，醫家崔知悌提出「日遊反支之類，復何豫哉？」，他的回答是聊備一格，他認爲最重要的是產婦的自身調節、產婦的從容態度以及周遭環境的安詳，做到這些之後，「無用師巫妄述己能，橫相牽挽，失其本性」。〔註105〕對於催生方藥，醫家也不認爲它是解決難產問題的本質方法。明代吳崐在《醫方考》中感歎道：「噫！平時失於將理，至於臨產艱難，頻以雜藥催之，皆惑也。」〔註106〕《達生編》也說：「或問：臨時有經驗之藥，亦可用否？曰：不用。……非謂其不效而不用也，總用不著耳。既不用力，又不動手，又有睡法佐之，他自會生，何消用藥，縱有不順，睡爲上策。」〔註107〕

　　可見，醫家認爲產婦的自身調理是本質之道，任何的外部干預，包括儀式、方藥以及手法都是次要或者不必要的。在醫家看來，產家過分依賴這些外部力量，而忽視了生產的本質是一種自然之理。這種醫學思想必然影響醫者對待穩婆的態度。在醫者看來，穩婆的干預總是「過早」或是「過多」，破壞了「瓜熟蒂落」的自然分娩。醫家對產婆的批評源自對她們技藝不良的擔心，更深層次的原因是反對產婆的過早干預以及過多干預。這源於古代產科學理論，古代醫家認爲胎兒在臨產之時才轉身使頭向下，如果產婦用力過早，胎兒轉身未竟，就會造成手足先出等難產情況。醫家將生產過程形容爲「瓜熟蒂落」，因此反對外力催逼，強調自然分娩。產科思想發展至清代逐漸趨於消極，醫家更加強調自然之法，尤其反對借助刀等利器解決難產。所以，穩婆形象漸趨劣化與產科思想漸趨消極呈現相關關係。

第三節　通俗胎產醫書的流行與穩婆形象的普及──以《達生編》爲例

　　費俠莉在其研究中提到，在18世紀，由於產婦及嬰兒的高死亡率所帶來的焦慮，出版婦科及兒科暢銷書成爲一種新的流行趨勢。流行的通俗作品往

〔註105〕（唐）王燾撰，高文鑄校注：《外臺秘要方》卷三十三「產乳序論三首」，北京：華夏出版社，1993年，第662～663頁。
〔註106〕（明）吳崐：《醫方考》卷六「婦人門」，曹炳章原輯，樊正倫校：《中國醫學大成》第49冊，上海：上海科學技術出版社，1990年，第54頁。
〔註107〕（清）亟齋居士：《達生編》卷上「臨產」，《續修四庫全書‧子部‧醫家類》1008冊，上海：上海古籍出版社，2002年，第104頁。

往模仿專家作品,但是避開理論分析以及脈診等複雜技術。這類書篇幅更短,重點在於方藥,價格也更便宜。流行作品中的一些是聲稱博愛仁慈的目的,很像宗教的善書,由贊助人資助;另一些則銷售廣泛。這一印刷業的新趨勢開始於一位匿名儒醫出版的《達生編》(也常被寫作《達生篇》)。〔註108〕《達生編》也是流行文本裏面最著名的。〔註109〕

從上一節可知,《達生編》將穩婆描寫成爲愚蠢無用的人物,勸說產家要聽憑自己拿主意,而不要理會穩婆。《達生編》的廣泛流傳必然對穩婆無知愚蠢形象的普及有直接關係。下文將對該書的流佈情況作一論述。

一、《達生編》的廣泛流佈

《達生編》最早刊於康熙五十四年,「專爲難產而設」〔註110〕,作者亟齋居士自言編著此書的目的是「使平日可以預防,臨時可以應急,從此天下後世產母、嬰兒同登壽域」,〔註111〕之後士紳「皆體其意,重刻流傳」〔註112〕,並且「施送者頗多」〔註113〕。《達生編》的增廣本《續廣達生編》「小引」中說:此書「不但爲知醫者用,即不知醫者家藏一冊,或預防,或急用,或可以對證調治,自利利人」。〔註114〕成爲流行的家庭自療手冊。清末小說《廣陵潮》第六回《癡公子腸斷達生編》中講到公子晉芳的妻子三姑娘分娩的情形:

> 何氏看見洛鐘前來,告訴他說:「三姑娘頭生,自然艱難些,
> 並沒甚麼變象,諒不甚事。」又悄語洛鐘:「你看三姑爺此時還在那
> 裡捧著一部書看,不知他看的是甚麼書?」洛鐘笑著走過來,偷眼
> 一看,原來晉芳面前放了一本《福幼達生編》。晉芳見洛鐘來,不覺

〔註108〕 (美)費俠莉著,甄橙主譯:《繁盛之陰:中國醫學史中的性(960~1665)》,南京:江蘇人民出版社,2006年,第254、270頁。

〔註109〕 Charlotte Furth, Concepts of Pregnancy, Childbirth, and Infancy in Ch'ing Dynasty China, *The Journal of Asian Studies,* Vol.46,No.1 (Feb.,1987), p.10.

〔註110〕 亟齋居士:《達生編》「小引」,《續修四庫全書·子部·醫家類》1008冊,上海:上海古籍出版社,2002年,第99頁。

〔註111〕 亟齋居士:《達生編》「大意」,《續修四庫全書·子部·醫家類》1008冊,上海:上海古籍出版社,2002年,第100頁。

〔註112〕 嚴世芸主編:《中國醫籍通考》第3卷,上海:上海中醫學院出版社,1992年,第3824頁。

〔註113〕 亟齋居士:《達生編》「跋」,《續修四庫全書·子部·醫家類》1008冊,上海:上海古籍出版社,2002年,第115頁。

〔註114〕 (清)周登庸纂輯:《續廣達生編》「小引」,清光緒二年刻本。

忘情，說：「大哥你過來看看，古人的書，不可不信服的。」一面說，
一面指著一條給他看。〔註115〕

　　文中所說《福幼達生編》當是《福幼編》與《達生編》的合刻本之類，《福
幼編》是清代莊一夔所撰，流傳也較廣。從小說的描寫看，一般讀書人家庭
中會常備此類產育指導書籍，雖然平時並不見得閱讀，但也可以在必要時候
拿出來應急。清末鼓吹新文化運動的吳虞在其日記中便說：

　　　十九日　星期二　陰

　　　晨接西玉龍街大福建營側近羅產婆來視，據云八月月份未完
　　　足。小兒不甚強健，能安穩，令稍久較好。乃依《達生編》安胎方
　　　撿藥一劑試服。……〔註116〕

　　除讀書人家庭，一般百姓獲取此書也並不困難。光緒年間有「信女謝門
於氏」爲「求永不患病」，敬送《達生編》五十本，就是因爲她從書中揀方吃
藥治好了病，其文說：

　　　《達生編》一書所載胎前產後諸症良方，無一不精不妙，予因
　　　光緒甲午年夏患產後之症，查編內有荊芥穗藥一位，按法調治，立
　　　時痊癒，予信之更堅，是以誠心敬刻五十本施送。〔註117〕

　　可見，《達生編》的確成爲晚清社會日常生活中的家庭常備自療手冊。這
種現象是與明中後期開始出現的醫書通俗化的傾向分不開的，醫書通俗化大
大方便了較低知識層次者閱讀和利用。〔註118〕甌齋居士說「此編言語俚俗，
未免見笑大方。但原爲婦人而設，識字者固不必言，不識字者，令人誦之，
皆可通曉」。〔註119〕此種良法美意得到清代醫家的推崇。陳修園的門人曾問
他：「臨產將護及救治之法何如？」陳答：「《達生篇》一書，發揮詳盡，一字
一珠，不必再贅。凡男人遇本婦懷孕，宜執此一書，日與講論三四頁，不過
半月也，可令全書熟記，較日夜與之博弈，或閒談消遣，孰得孰失，請一再

〔註115〕李涵秋著：《廣陵潮》上，長沙：湖南文藝出版社，1998年，第45～46頁。

〔註116〕吳虞：《吳虞日記》上冊，成都：四川人民出版社，1984年，第222頁。

〔註117〕汪家駒增訂：《達生編》，辛亥北京聚文齋刻本。

〔註118〕醫書通俗化現象在清代尤其顯著，社會上大量出現有關藥性、湯頭歌訣之類
　　　　的歌括便讀。參見余新忠：《清代江南的瘟疫與社會——一項醫療社會史的研
　　　　究》，北京：中國人民大學出版社，2003年，第307～308頁。

〔註119〕（清）甌齋居士：《達生編》「大意」，《續修四庫全書·子部·醫家類》1008
　　　　冊，上海：上海古籍出版社，2002年，第100頁。

思之。」〔註120〕王燕昌也在《醫存》中說：「《達生編》、《福幼編》，《逐生編》等書，皆醫林之至寶。爲家長者，暇日當使識字子弟，莊誦而講說之，使婦人熟知。」〔註121〕

《達生編》的影響之大不僅表現在其版本之多、流傳之廣，還表現在近代西醫婦產科傳入中國之時，《達生編》作爲傳統婦科知識的代表而成爲首當其衝的批判對象。據《全國中醫圖書聯合目錄》中所載，其收錄在各省市主要圖書館的刊行本、手抄本、增補本、合刻本等，總計有百餘種，遠遠超出其他醫書的刊刻數量。其刊刻情況如下表所示〔註122〕：

1715～1799	1800～1839	1840s	1850s	1860s	1870s	1880s	1890s
十五種	九種	四種	四種	九種	十六種	八種	十一種
1900s	1910s	1920s	1930s				
九種	十二種	十二種	九種				

可見直至清末乃至民國時期，民間對《達生編》的刊刻熱情從未減少。傳統醫學知識在民間的傳播似乎並未受到近代西醫知識傳播的阻礙。因此在西醫宣傳者的眼中，《達生編》作爲傳統婦科知識的代表而成爲首當其衝的批判對象。

例如民國二十二年出版的《科學的達生編》一書，是借用「達生編」書名，而加以「科學的」三字，實爲西醫臨床產科學專著。作者俞松筠，任上海中德產科醫院院長，在推行西醫產科學、培養助產士、培訓舊式產婆方面不遺餘力。余雲岫給其作的序中說「《達生編》者，舊醫產科承疑襲非之本也，謬種流傳久矣。」〔註123〕將《達生編》定爲傳播中醫產科謬誤的本源，並且認爲產科是「舊醫」中謬誤最顯著的，最需要「科學新醫」來改革的，也是最急需解決的社會問題和最有礙公眾衛生的。他舉例說胎兒位置之順逆，七八個月之交就已經固定了，這是可以診斷出來的。而舊醫說臨盆之時才開始

〔註120〕（清）陳修園編著，黃傑熙箋正：《〈女科要旨〉箋正》，太原：山西科學技術出版社，1995 年，第 66 頁。

〔註121〕（清）王燕昌撰，王新華編輯：《王氏醫存》卷十二，南京：江蘇科學技術出版社，1983 年，第 129～130 頁。

〔註122〕另外還有不明具體年代的民國時期四種版本。薛清錄主編：《全國中醫圖書聯合目錄》，北京：中醫古籍出版社，1991 年，第 453～454 頁。

〔註123〕余雲岫：《〈科學達生編〉序》，見祖述憲編：《余雲岫中醫研究與批判》，合肥：安徽大學出版社，2006 年，第 415 頁。

轉身，於是橫生倒產，預防不了，臨時發現，張皇失措。對於《達生編》所載傳統醫學的謬誤，很多醫界人士都表示擔心。余雲岫的一位朋友李熊祥便在俞松筠編著《科學的達生編》之前曾拿《達生編》一書請余雲岫「批評更正之，以福利社會」。〔註124〕

另外還有《十封書——新達生篇》，由致力於近代地方醫療事業的婦產科專家葛成慧編著，並由上海機制國貨工廠聯合會於1931年出版，該書以書信形式向孕婦講述妊娠、胎產、育兒等生理衛生知識。這些著作都是以「達生編」為名，而冠以「科學的」、「新」的來闡釋西醫婦產科知識，其特點也都是力圖語言通俗、淺顯易懂。

而在中醫界，也有醫家以此書為藍本進行「中醫科學化」〔註125〕的嘗試。例如被醫界譽為「中醫科學化先鋒」的民國中醫徐瀛芳，於民國十六年著有《節補達生編》。他對《達生編》評價道：自康熙中葉以來，因此書廣為流傳，「婦孺咸蒙其修麻」。然而，「在彼時於分娩之學理及微候，仍無法剖晰也。近者歐風東漸，產科蔚成專門之學。」如果想要人人瞭解這產科之理，則其繁雜和深奧的學理並非普通人都能明白的，因此作者「爰取《達生編》略為刪訂，復取西醫產科中關於分娩之學理及徵候，極淺要者，以補其缺。」其刊刻意圖與《達生編》也是一脈相承：「為鄉曲平民及初妊產婦言之，非為產科學者言之也。」〔註126〕可見，作者是在普及產科知識方面做了一次中西醫匯通的嘗試，而作者雖然也採擇西醫譯著中一些內容，但是其基本態度還是推崇中醫的，可謂是中醫為本，西醫為補：「我國學者思索所得，已不讓西人，但取新說證明，使人易於了澈其效，未必不勝於機械作用。況今日號稱具新知識之產科，心粗術拙者，亦不無其人。何如自知其所以然，而循序處理之為愈，是則天德自然之說，固歷久而常新也。」〔註127〕

至清末，《達生編》一書數量極多，還可以有一例為證。周作人於1930年6月在《駱駝草》6期上發表一篇《擁護〈達生編〉等》的文章，署名豈明。

〔註124〕余雲岫：《〈科學達生編〉序》，見祖述憲編：《余雲岫中醫研究與批判》，合肥：安徽大學出版社，2006年，第415頁。

〔註125〕20世紀30年代，中醫界為應對來自西醫的競爭，擺脫因所謂「不合於科學」而倍受歧視的命運，提出了「中醫科學化」的主張。參見劉衛東：《20世紀30年代「中醫科學化」思潮論析》，《齊魯學刊》2008年第2期。

〔註126〕徐瀛芳：《節補達生篇緒言》，陸淵雷等編：《中醫新生命》1935年第5期。

〔註127〕徐瀛芳：《節補達生篇緒言》，陸淵雷等編：《中醫新生命》1935年第5期。

文章針對的是當月 6 日《新晨報》上一位瑤君先生的文章，瑤君對北京大學
圖書館大加責備，原文這樣說道：

> 據發表中文方面所買的書籍，竟至有沿街地攤所擺，三小枚人
> 猶不要的大著，赫赫在焉，買書員之不識字可知。姑舉一例，如所
> 購者有《達生編》及《戒淫寶訓》，以及《太上感應篇》等類，在我
> 個人看來，此等聖諭書籍，實無往圖書館之必要，不知他人以為如
> 何？該書何幸，竟遇無識之徒，一遊北大之高閣，斯真天下之大笑
> 話。有用而最普通者，反不備置，見字紙即拾，誠為善舉，其弊當
> 可想見。雖購書之款不大聲呼冤，當其差者至少應於眾人之前，責
> 其賠償後，共唾逐之。〔註128〕

對此，周作人認為「《達生編》等的價值未必就這樣地等於零」，「為什麼
呢？研究中國文化，從代表的最高成績看去固然是一種方法，但如從全體的
平均成績著眼，所見應比較地更近於真相。關於性的現象，交接，孕娠，生
產，哺乳，保育，種種民間的思想與習慣，如能搜集研究，橫的從地方上，
縱的從年代上編成有統系的一種史志，我相信它能抓住中國文化的一面，會
比《九通》之類還要多，還要精確。」〔註129〕

《達生編》這類本是給家庭婦女閱讀的通俗小冊子，與《戒淫寶訓》與
《太上感應篇》這些聖諭善書，放在北大圖書館似乎放錯了地方。但是周作
人認為如果從大眾層面的角度、從民間思想的角度去研究中國文化，這類書
是大有價值的。周作人實際提出了很重要的研究取向，就是研究中國文化，
從以儒家經典（諸如十三經二十四史）為代表的精英文化入手，是很重要的
一方面。而研究民間大眾所能夠接受的文化，這是中國文化的另一方面，是
更接近中國文化的真相，更靠近實際的另一方面。這其實也正如游子安所說：
「善書的作者是鄉紳和士人階層，多半是與民眾接近並對民眾有所瞭解的下
層士人。」〔註130〕《達生編》與《戒淫寶訓》、《太上感應篇》這類善書同在
地攤上出現，也並非偶然。《達生編》與善書的關係至今還未有學者論述，而
本文認為，《達生編》的善書性質是值得注意的。筆者認為，正是因其具有善

〔註128〕鍾叔河編：《周作人文類編 5》，長沙：湖南文藝出版社，1998 年，第 111 頁。
〔註129〕鍾叔河編：《周作人文類編 5》，長沙：湖南文藝出版社，1998 年，第 112 頁。
〔註130〕游子安：《勸化金箴——清代善書研究》第一章「導言」，天津：天津人民出
版社，1999 年，第 6 頁。

書的性質，才能夠刻印如此之多，流傳如此之廣。清人常用「汗牛充棟」形容善書在社會上的普遍程度〔註131〕，上文瑤君所說「三小枚人猶不要」，看來是個很好的佐證。

二、《達生編》廣泛流佈的原因

（一）作為善舉的刻印

清代由錢塘士人李承福編著的《同善錄全書》十卷，彙集了道光以前的清代善書。「同善錄全書引證書目」卷一零中收錄了「砡齋居士達生編、濟陰良方、汪喆產科心法、幼科良方、達生編集要、保嬰碎事」等。〔註132〕酒井忠夫評價其所收錄的善書說「上面的書目中，作為善書，有不是很重要的，也有完全沒有關係的」。他雖然沒有具體點明，但是《中國善書研究》對此類婦幼醫書並無任何介紹，可能是將之看作根本不是善書的那一類。編纂於近代的另一善書總匯《福壽寶藏》包括自明清時代至 20 世紀 30 年代的善書及其注本，當中也根本沒有收錄此一類書。〔註133〕目前學界對善書的研究也從未對這類婦幼醫書進行過討論。因此很明顯，《達生編》並非典型的勸善類書籍。

然而在清人眼中，不僅是李承福，還有其他人也會將《達生編》看作善書。在國圖古籍館藏有北京前門外楊梅竹斜街聚文齋韓家刻字店辛亥（1911）重刻的《達生編》，扉頁上有聚文齋的小「廣告」：「本齋刷印各種善書目錄」，總共有 70 餘種，除了《因果實錄》、《文昌孝經》、《呂祖心經》等典型善書外，還有《應急達生編》、《醫心保身延壽良方》這兩本醫書。這一版本的《達生編》是採自乾隆己丑（1769）益後堂馬氏重刻的版本，後來幾經重刻，「不求聞達道人」於咸豐己未（1859）作序說「非敢為此希福，但三代以下唯恐人不好善，即藉以為消禍之緣，較之施諸尋常勸善書文豈不有關係要耶？」〔註134〕可見時人確實將之等同於勸善類書籍。同治十年（1871）的一篇序文中也

〔註131〕游子安：《勸化金箴——清代善書研究》，天津：天津人民出版社，1999 年，第 33 頁。

〔註132〕（日）酒井忠夫：《中國善書研究》，南京：江蘇人民出版社，2010 年，第 639、644～645 頁。

〔註133〕游子安：《善與人同——明清以來的慈善與教化》，北京：中華書局，2005 年，第 162～164 頁。

〔註134〕汪家駒增訂：《達生編》「序」，辛亥北京聚文齋刻本。

說：「倘得仁人君子廣爲傳佈，庶窮鄉僻壤皆獲生全，非必以是爲求福之資也，而作善降祥亦理之常爾。」〔註135〕也可見時人認爲傳佈此書會「作善降祥」。

另外刊於道光年間的《廣達生編全》中有「印送達生編靈驗記」，其中說道：

> 從來積德者必有後，古《錫嗣經感應篇注》云：凡善書存處，神聖擁護，當敬惜字紙，印送一萬爲一願，每部一功，先印一千懺悔，免前小過，印一萬可免以前大過，若素無過，每一萬部即可延壽一記，凡卻病求嗣富貴皆應。天道無私，惟祐善人，古注云爾。余一友艱嗣，其人好善，刊印《達生編》，後連舉三子且貴，又一友素有疾，亦印多部廣送，漸次康健，由其以生人爲念，古獲善報也，人能以此有益之書刊送，不惟生意滿腔，而後嗣亦必昌達矣。〔註136〕

文中提到的《錫嗣經感應篇注》，筆者並未找到該書，但是與文昌帝君信仰有關的善書中有《延嗣經》，這是較爲常見的。〔註137〕但是《延嗣經》只是文昌信仰典籍的仿製品〔註138〕，「賜嗣」與「延嗣」應當是士人爲滿足此方面的願望而作。注重子嗣綿延與後嗣昌達是儒士的思想特點，這種思想在《延嗣經》這類書名中也得到表達，上文「印送達生編靈驗記」也說明《達生編》正是迎合了求嗣的思想，這也正是《達生編》刻印者頗多的重要原因。

功過格以及因果報應的感應觀這類善書文化所反映的思想目前已有學者深入論述，而本文開篇所提，周作人也表達出他對此的濃厚興趣：

> 「至於《太上感應篇》則是我素所看重的儒教化的道教之好資料之一，與文昌帝君《陰騭文》關聖帝君《覺世真經》堪稱三壁。真正的中國國民思想是道教的，即薩滿教的，但也混入儒佛的分子，其經典中的上列三書與《玉曆鈔傳》就是這兩派混合的成績品，把這些成文的混合道教經典與不成文（卻更爲重要）的風俗禮節，廣加採集，深加研究，所得結果也要比單從十三經二十四史研究出來

〔註135〕 汪家駒增訂：《達生編》「重刻序」，辛亥北京聚文齋刻本。

〔註136〕 （清）巫齋居士撰，周毓齡增廣，周登庸續：《廣達生編全》，1876年刻本。

〔註137〕 （日）酒井忠夫：《中國善書研究》，南京：江蘇人民出版社，2010年，第421頁。卿希泰主編，丁貽莊等撰：《中國道教》第2卷，北京：知識出版社，1994年，第125頁。

〔註138〕 卿希泰主編，丁貽莊等撰：《中國道教》第2卷，北京：知識出版社，1994年，第126頁。

的更能得到國民思想的真相。」〔註139〕

周作人認為善書所反映出來的國民思想最終歸於道教，而現代學者酒井忠夫認為善書文化更多體現的是三教合一（歸儒）主義〔註140〕，並且認為清代善書的製作與傳播主要依靠作為儒學者的鄉紳、士人的力量。〔註141〕

以《達生編》為例，作者在引言中說傳播此書並不只是「吾儒同胞」共同參與的事情，任何人都可量力而行，這說明作者的身份認同是「儒士」。又說「好生者見之，宜為廣布。有力者重刻通行，無力者手抄數冊，口授數人」。〔註142〕「好生」在儒、釋、道中都是重要的命題。首先，它是儒家學說推崇的一種統治思想，《孔子家語》卷二有《好生》篇，講舜的統治「好生而惡殺」〔註143〕。同時，「好生」思想也為道教所推崇，《太平經》卷五十說「天道惡殺而好生」〔註144〕，道家強調重視生命、以生命為貴，不僅是一種說服君主的統治思想，也成為個人追求長生不老的一種教義。另外，「好生惡殺」也為佛教所奉行。因此說，《達生編》作者以「好生者」共勉，所體現的正是晚明以來三教合一的文化趨向，這一趨向也是在善書著者的信仰立場上表現最為明顯。〔註145〕

直接體現此書作者用意的是日本上江洲家文書中的中醫古書《好生要傳》——此書為日本琉球的渡邊敷通起氏（？～1866 年）撰。據阪出氏考察，其內容主要是參考了《達生篇》與《保產機要》兩書寫成。日本的《達生篇》刻本為 1774 年（安永 3 年）由木村孔慕氏日譯並校點。〔註146〕「好生」二字直接點明了原作者亟齋居士的著書意圖。

〔註139〕鍾叔河編：《周作人文類編 5》，長沙：湖南文藝出版社，1998 年，第 112 頁。

〔註140〕（日）酒井忠夫：《中國善書研究》，南京：江蘇人民出版社，2010 年，第 532頁。

〔註141〕（日）酒井忠夫：《中國善書研究》，南京：江蘇人民出版社，2010 年，第 530頁。

〔註142〕（清）亟齋居士：《達生編》「小引」，《續修四庫全書·子部·醫家類》1008冊，上海：上海古籍出版社，2002 年，第 99 頁。

〔註143〕廖名春、鄒新明校點：《孔子家語》，瀋陽：遼寧教育出版社，1997 年，第 25頁。

〔註144〕王明編：《太平經合校》，北京：中華書局，1960 年，第 174 頁。

〔註145〕游子安：《勸化金箴——清代善書研究》，天津：天津人民出版社，1999 年，第 48 頁。

〔註146〕馬繼興：《日本古舊遺址中發現的零殘中醫古文獻概況》，《天津中醫藥大學學報》第 27 卷第 3 期 2008 年 9 月，第 141～142 頁。

（二）傳佈者名錄舉要

根據《達生編》不同版本所載的書寫者署名以及施送人名錄來看，中下層士紳是其主要傳佈者。現列舉如下：

光緒戊戌富文齋刻本中書寫者有：

陝西寧夏洪廣營副府署、平羅營參府、加三級紀錄三次石鳳友

江南鳳陽府定遠縣縣尉李淵文

湟中貢士李一貫

賜進士出身、御前侍衛、乾清門行走陳世璋

甘肅撫憲楊大人

西寧縣儒學庠生楊緒先

咸豐五年重刊秀義齋刻本中有施送者名錄：

道光辛丑年、長白葉松年敬送一千本

候補直隸州州同、普濟施送一百部

候選守備、廉靜施送一百部

同治十三年、大興縣王姓敬送

欽加四品銜、候補郎中八品、催總德恒

欽加苑丞銜委署、催總達隆阿敬送一百本

光緒元年新正月、承德府平泉州九品銜、錢澄如敬送三百本

惜陰堂施送

辛亥聚文齋刻本中有施送者名錄：

賞戴花翎、戶部候補員外郎、長白恩通

直隸延慶州永邑、時堉敬送二十本

京西藍靛廠南營房、英藝亭敬送

鳴玉堂敬送五百本

此外，有的施送數量很大，如慈谿的童寄梅「好刻醫書，如《達生編》、《驗方雜編》，摹印萬本，行於人間」。〔註147〕民國九年河南督軍趙倜序「付印一千部，分散四方」。〔註148〕

〔註147〕（清）俞樾：《春在堂雜文》六編卷十，《清代詩文集彙編》686冊，上海：上海古籍出版社，2010年，第323頁。

〔註148〕嚴世芸主編：《中國醫籍通考》第3卷，上海：上海中醫學院出版社，1992年，第3890頁。

　　第二類施送者是佛家子弟，如辛亥聚文齋刻本中有「少說一句話，多念一聲佛。念得念頭死，管你法身活」之句，後署「與隆寺弓房敬送」，及「弟子拉蘇倫多爾濟敬送一百本」。另外，一些佛教書籍出版機構也會出版此書，如上海佛學書局於民國二十三年九月曾出版發行此書。〔註149〕

　　第三類施送者是婦女群體，作者的目標讀者群是婦女，而《達生編》的廣布情況也說明此書的流行確實也得力於婦女群體的傳播。例如乾隆年間曾有王氏產婆刻《達生編》行於世，〔註150〕國圖所藏辛亥汪家駒刻本為江安傅氏所捐，〔註151〕其所根據的乾隆己丑益後堂刻本為馬氏所重新編目印刷。〔註152〕印刷施送名錄中也不乏婦女，例如上文提到的「信女謝門於氏」，另外如「信念弟子王氏」〔註153〕等。

三、《達生編》作者考

　　探討《達生編》作者的身份可以有助於理解其書形成的背景以及作者思想。對於《達生編》作者亙齋居士，學者有不同考證。山西中醫學院的賈治中、楊燕飛認為是清初學者張弨，理由是清代號為「亙齋」者僅二，一為清末人，時間上顯然不對，另一位是清初學者張弨，字力臣，山陽人。然而《達生編》「小引」中署為「康熙乙未天中節亙齋居士記於南昌郡署之西堂」，此時張弨已經年逾九旬。對此，賈、楊認為康熙乙未並不是《達生編》的成書時間，在這很早之前就已經流傳，「乙未」或許是「己未」之誤。〔註154〕而筆者認為，張弨是清初較為有名的人，如果在南昌府做過幕僚，南昌郡志以及山陽縣志中都應有記載。僅僅憑張弨號亙齋，而其他信息並未有重合之處，將兩人等同頗感牽強。

　　中醫科學院的孟慶雲又提供了一條史料。他在撰寫《中醫古籍孤本大全·亙齋急應奇方》的內容提要時，看到《急救門》的「旁批」中寫有「張亙齋

〔註149〕（清）亙齋居士：《達生編》，上海：上海佛學書局，民國二十三年九月。

〔註150〕（清）李斗著，周光培點校：《揚州畫舫錄》卷九，揚州：江蘇廣陵古籍刻印社，1984年，第201頁。

〔註151〕汪家駒增訂：《達生編》，辛亥北京聚文齋刻本。

〔註152〕汪家駒增訂：《達生編》，「益後堂重刻達生編目」，辛亥北京聚文齋刻本。

〔註153〕（清）亙齋居士：《達生編》，「重鐫刷送姓氏」，咸豐五年版琉璃廠中間路北秀義齋刻本，光緒元年版後印。

〔註154〕賈治中、楊燕飛：《〈達生編〉及其作者考》，《中華醫史雜誌》1996年版4月第26卷第2期，第104～105頁。

記」。而孟並沒有採用「張甌齋」是「張劭」的說法，而是採用何時希《中國歷代醫家傳錄》中「曾見言甌齋居士係女姓者」的說法，認爲「張」是其母姓。〔註155〕筆者對此說法存疑。另，孟文中提到《新安醫籍考》中引用了光緒三十一年《霍山縣志》中的一條史料，筆者認爲此史料是值得注意的。該條史料來自於舊志，因此筆者將乾隆四十一年《霍山縣志》中的記載摘錄於下：

> 葉風，字維風，號甌齋，本籍休寧，父升，奉節母汪來霍，遇侯張之亂，輸重貲備守禦。風學古磧行，詩文皆力追唐宋以上。中年曾參南昌郡幕，厭棼濁，棄而返棹，遂隱於醫。晚營茅屋數椽，種蕉百本環之，顏曰「蘭庵」，筆床茶灶，日偃仰其中，與古人相？對，客至襟袂皆綠，不問而知爲隱士之廬也。所著詩文集若干卷，醫書數種，孫生員旐守之，貧不能授梓，僅刻《史論》數篇。……前在南昌幕中，曾刻《達生篇》一書行世，發明生育常理，誠產科玉律也。自署甌齋而不著其姓氏。海內樂善者傳刻已數十本。皆稱爲甌齋而不知出風之手。懼其名之終隱也。特爲表之。〔註156〕

《達生編》的「驗案」中記載甌齋居士曾爲「前太僕卿霍山張公三君葆華繼夫人」看病，又載「在張宅日，邑庠程以學邀至其家」，〔註157〕可知作者當在安徽霍山生活過，而且是客居。驗案之後載「康熙四十八年（1709）安撫葉公具題」，查《清代職官年表》，安撫葉公當爲安徽巡撫葉九思，1709 年在任內。〔註158〕乾隆《霍山縣志》的記載與《達生編》的付梓時間相去不遠，應當具有一定可信度。從縣志中可知，葉風詩文功力深厚，因厭惡官場而「隱於醫」。

另外筆者找到一條很重要的佐證，即清代書畫家張庚的《聽葉甌齋談霍山之勝書此爲尋遊之約》，詩曰：

> 結廬南嶽下，耳目飽幽勝。

〔註155〕孟慶雲：《〈達生編〉作者考》，《中華醫史雜誌》2009 年版 9 月第 39 卷第 5 期，第 308～309 頁。

〔註156〕（清）甘山、（清）程在嶸等纂修：《霍山縣志》，乾隆四十一年版刊本，《中國方志叢書》第 716 冊，臺北：成文出版社，1985 年版，第 682 頁。

〔註157〕（清）甌齋居士：《達生編》卷上「驗案」，《續修四庫全書·子部·醫家類》1008 冊，上海：上海古籍出版社，2002 年，第 106 頁。

〔註158〕錢實甫編：《清代職官年版表》二，北京：中華書局 1980 年版，第 1567～1569 頁。

　　一雨百泉鳴，高秋眾山靜。

　　地僻無澆風，居人葆真性。

　　聽談未及終，吾心已潛泳。

　　請為來歌期，再作誅茅訂。〔註159〕

　　詩的作者張庚（1685～1760）原名燾，字溥三，後改名庚，字浦山、公之幹，號瓜田逸史，又號彌伽居士、白苧村桑者，秀水（今浙江嘉興）人。張庚與亟齋居士的生活年代大致相同，因為按照《霍山縣志》的說法，亟齋居士在中年刻《達生編》行於世，按其引言的署名時間康熙五十四年（1715）為最早刊刻時間算，此時張庚也已30歲，因此二人年齡應不會相去太遠。這首詩的題目印證了霍山的確有葉亟齋一人。詩句描述了霍山的勝景，葉亟齋安家於高山之下，在這沒有浮薄之社會風氣的地方，居士仍舊保持著其真性情，並且很享受其出世的生活狀態。可見亟齋居士追求崇尚自然的隱士情懷，這與《霍山縣志》中「襟袂皆綠」的葉風形象非常一致。此詩與《霍山縣志》可以互為佐證。瞭解了亟齋居士是這樣一位追求天地自然的隱士，也就不難理解《達生編》所歸納的「睡、忍痛、慢臨盆」的六字訣，其實也是推崇婦女分娩當為「瓜熟蒂落」的自然之理，強調順應身體的自然過程。他的這種思想，後世也有發揮：

　　　　產難催生方甚多，然或驗或不驗，朱文貴妻，每難產，患之，
　　　會友招仙，朱叩催生方，仙書曰：不作意，任自然。……昔人著達
　　　生篇，有六字訣云，睡忍痛，慢臨盆。成為臨產秘訣。今仙語，不
　　　作意，任自然。亦可謂之六字訣云。〔註160〕

　　這種完全順其自然的思想是與《達生編》一脈相承。這也可以說是一種哲學化的、道德化的思想，一定程度上脫離了具體實踐領域。

　　對於亟齋的姓氏還有其他說法，例如乾隆甲午敬義堂版《達生編》有「復齋主人」所作跋，說「襄平亟齋朱公，所為俗情，闡以至理，人事導以天機，而取達生以名是編之義也。」〔註161〕而「復齋主人」的朋友陳梓所作《達生

〔註159〕（清）王昶輯：《湖海詩傳》卷六，《續修四庫全書・集部・總集類》1625冊，
　　　上海：上海古籍出版社，2002年，第596頁。

〔註160〕（清）青城子：《志異續編》卷四「產難」，《筆記小說大觀》一編十冊，臺北：
　　　新興書局，1981年，第6507頁。

〔註161〕（清）亟齋居士：《達生編》「跋」，《續修四庫全書・子部・醫家類》1008冊，
　　　上海：上海古籍出版社，2002年，第115頁。

編序》文中說：「沅守朱公惻焉憫之，爰著達生一編。……而沅之距浙，道里遼闊，雖壽之棗梨，而流傳未廣。」〔註162〕「沅守」當指湖南沅州府的知府，查《沅州府志》，清代沅州府知府僅有一位姓朱者，即朱琰，雍正癸丑上任。〔註163〕朱琰是漢軍鑲紅旗人，官場經歷比較順達，也未有醫事活動的記載，〔註164〕所以實在不知上述兩人所說「朱公」是何許人。所以，筆者還是傾向於認爲甌齋居士即《霍山縣志》中所載的葉風，他是一位不喜官場而出世的隱士，並且將濟世之情轉化爲對醫事的熱衷。

綜上，《達生編》的流行可以附和在兩個趨勢之下，一是清代醫書通俗化的趨勢，二是晚明以來三教合一的趨勢。清代士人的自我身份認同仍然是「儒者」，然而實則對釋、道兼收並蓄，這種三教融合的思想體現在清代盛行的善書文化之中。

善書的印刷與施送雖然是士人爲求積德積福的果報效應，但是他們更願意以「濟世」作爲善舉的初衷。例如同治十年《達生編》的一篇序文中說：「倘得仁人君子廣爲傳佈，庶窮鄉僻壤皆獲生全，非必以是爲求福之資也。」〔註165〕再如周登庸將《續廣達生編》纂輯完成後，因力有不支，憑藉好善諸君捐資才將之付梓，周評價他們的行爲說：「是豈惑於因果報應之說而爲此？」〔註166〕這說明中下層士人仍然崇尚仁人君子之風，追求「不爲良相、則爲良醫」的濟世之懷。將醫書通俗化以及廣布通俗醫書正是這種「濟世」理想的實現通道之一，正可以將士人爲公的儒家理想與爲私的積德行善聯繫起來，並且在廣布通俗醫書的善行中並行不悖。

上文之所以考察《達生編》的作者，是因爲可以更全面瞭解此書的編寫原由與作者因何會有對穩婆極端詆毀的態度。另外，通過考察《達生編》的流傳，可以知道此書所分佈的階層及人群。《達生編》的重要思想之一便是消解穩婆群體在接生中的重要作用，這對穩婆「愚蠢」形象的普及無疑具有推動作用。

〔註162〕（清）陳梓：《刪後文集》卷一，《清代詩文集彙編》254 冊，上海：上海古籍出版社，2010 年，第 11 頁。

〔註163〕（清）張官五、（清）吳嗣仲等纂修：《沅州府志》卷二十四，「職官」，同治十年版刊，版存府署

〔註164〕（清）張官五、（清）吳嗣仲等纂修：《沅州府志》卷二十七，「名宦」，同治十年版刊，版存府署

〔註165〕（清）甌齋居士：《達生編》，「重刻序」，辛亥聚文齋刻本。

〔註166〕周登庸編：《續廣達生編》「小引」，清光緒二年刻本。

第四節　餘論：醫家與穩婆的關係

蔣竹山曾通過晚明祁彪佳日記來還原其日常的醫事生活史。通過祁彪佳對其妻屢次生產的記錄來看，蔣竹山認爲，在婦女生產過程中，醫生並不在場，產婆才是接生的主力，一旦生產過程有困難時，才會立即找醫生。〔註 167〕南宋醫家陳自明也在其醫案中記載過「繆宅厥息孺人杜氏，生產數日不下，坐婆、魂童救療皆無效，召僕診之。」〔註 168〕可見通常產家在穩婆束手無策之時，會召醫生前往。

我們從祁彪佳的記錄中並未見有關穩婆的任何記載，但是對於延請醫生則每次都有記錄，其中不乏張景嶽這樣的名醫。延醫的目的基本都是爲其妻「診脈」、「調治」，有些醫生會贈予「扶產丸」之類的藥或者藥方。〔註 169〕由此可見，醫生的職責並不在具體的收產領域，而對於穩婆與產房之事，或許祁彪佳認爲並不值得一記。

而在醫書之中，我們能見到在處理難產病徵過程中，醫家對其所接觸到的穩婆的一些記載。其中一些記載可以體現出，醫家與穩婆或能建立良好關係。如在本章第三節中所述，一些醫家經常向穩婆詢問一些醫療經驗。

在明代醫家薛己的醫書中，還可見他與穩婆有著較爲熟稔的關係。例如他在記述一條醫案時說：

> 荊婦孟冬分娩艱難，產子已死，元氣勞傷，用油紙撚燒斷臍帶，取其陽氣以補之，俄間兒啼作聲，即甦兒也。若以刀物如常斷之，其母亦難保生，此兒嗣後一二歲間並無傷食作瀉之症，可見前法之功。其穩婆又喜平日常施少惠，得其用心，能安慰母懷，故無虞耳。此穩婆云：止有一女，分娩時，適當巡街侍御行牌取我，視其室分娩，女爲此驚嚇，未產而死。後見侍御，更以威言分付。迨視產母，胎雖順，而頭偏在一邊，若以手入推正，可保順生。因畏其威，不

〔註 167〕蔣竹山：《晚明江南祁彪佳家族的日常生活史——以醫病關係爲例的探討》，收入孫遜、楊劍龍主編：《都市文化研究 第二輯 都市、帝國與先知》，上海：三聯書局，2006 年，第 187 頁。

〔註 168〕（宋）陳自明著，田代華點：《婦人大全良方》卷十七「產難子死腹中方論」，天津：天津科學技術出版社，2003 年，第 336 頁。

〔註 169〕蔣竹山：《晚明江南祁彪佳家族的日常生活史——以醫病關係爲例的探討》，收入孫遜、楊劍龍主編：《都市文化研究 第二輯 都市、帝國與先知》，上海：三聯書局，2006 年，第 207～210 頁。

敢施手。但回稟云：此是天生天化，非人力所能立，俟其母子俱死。
〔註170〕

　　薛己很瞭解「荊婦」所使用的這位穩婆，是一位平日喜歡小恩惠的人。這位穩婆也會向薛己訴說一些她所經歷的接產事件。另外，穩婆女兒遇有難產也會請薛己來幫忙：

　　　　一穩婆之女，勤苦負重，姙娠腹中陰冷重墜，口中甚穢。余意其胎必死，令視其舌果青黑，與樸硝半兩許服之，隨下穢水而安。
〔註171〕

　　另一方面，醫書中也可見醫生與穩婆之間互不信任的關係。例如清代醫家徐大椿在《洄溪醫案》中載：

　　　　余往候族兄龍友，坐談之際，有老嫗惶遽來曰：無救矣。余駭問故，龍友曰：我侄婦產二日不下，穩婆已回絕矣。問：何在？曰：即在前巷。余曰：試往診之。龍友大喜，即同往。漿水已涸，疲極不能出聲，穩婆猶令用力迸下。余曰：無恐，此試胎也。尚未產，勿強之扶，令安臥，一月後始產，產必順，且生男。穩婆聞之微哂，作不然之態，且曰：此何人？說此大話，我收生數十年，從未見有如此而可生者。其家亦半信半疑。余乃處以養血安胎之方，一飲而胎氣安和，全無產意。越一月，果生一男，而產極易。眾以為神，龍友請申其說。曰：凡胎旺而母有風寒勞碌等感動，則胎墜下如欲生之象，安之即愈。不知而以為真產，強之用力，則胎漿破而胎不能安矣。余診其胎脈甚旺，而月份未足，故知不產，今已搖動其胎，將來產時必易脫，故知易產。左脈甚旺，故知男胎。此極淺近之理，人自不知耳。〔註172〕

　　此段醫案顯示出收生婆與醫生之間微妙的緊張關係。收生婆自持有數十年的經驗，而對醫生之語表示不屑；醫生則自持對脈理醫理的把握來進行推論，這是一種經驗與理論之間的對立。

〔註170〕（明）薛己撰，張慧芳、伊廣謙校注：《薛氏醫案・女科撮要》卷下，北京：中國中醫藥出版社，1997年，第946～947頁。

〔註171〕（明）薛己撰，張慧芳、伊廣謙校注：《薛氏醫案・女科撮要》卷下，北京：中國中醫藥出版社，1997年，第947頁。

〔註172〕（清）徐大椿撰，趙蘊坤等校勘：《徐靈胎醫書全集》，太原：山西科學技術出版社，2001年，第762頁。

《達生編》作者𥙿齋居士也記錄下他自己的一則醫案：

> 前太僕卿霍山張公三君葆華繼夫人，年輕體壯，孕必八個月而
> 產，產必數日百苦而下，生女即周而夭，再孕再產再夭皆同。予謂
> 後當產，宜相聞。明年又八個月，坐草三日不下。忽憶予言，飛輿
> 相召。中途逢驅車者，云迎其父母，作永訣計。比至已夜分矣。診
> 之脈未離經，人余殘喘。穩婆在旁，問之，曰：兒頭已抵產門，不
> 得出耳。予急令安臥，且戒勿擾，與安胎藥。明晨主人出，笑而不
> 言。問之，曰：好了。予曰：昨言兒頭已抵產門，今若何？曰：不
> 見了。大笑而別。後此百二十日，計十一足月生男，謂余爲父，今
> 八歲矣。始知前此皆生生取出，以體壯年輕，幸保母命耳。〔註173〕

在難產發生，穩婆束手無策的情況下，往往請來醫生診脈看視。而醫生
對穩婆之言表示不屑，並以實際情況證明自己的診斷正確。清代醫家陳復正
也記錄下他類似的診治經驗：

> 若爲正產，則腹痛陣緊一陣，痛急自下。倘非正產，則腹痛漸
> 減漸緩，胎元得暖而安矣。予之所經，穩婆謂頭已平門，予診得脈
> 未離經，用固胎暖藥而安之，有遲至一月半月十日而產者，已經十
> 數人矣。豈有頭已平門，而能倒懸一月半月之理？即此可知穩婆之
> 不足信。〔註174〕

穩婆往往說「頭已平門」，而醫生通過診脈發現「尚未離經」，即在脈象
上看還未到產時，這樣的例子陳復正自己就經歷十多人了。因此陳復正認爲
穩婆的話不可信。

清代醫家汪喆在《產科心法》中載一難產醫案：

> 許衛中妻產難，三四日不能下，穩婆欲用拆胎之法。予曰：不
> 可，設胎未傷而用刀，必負痛上衝於心，豈不兩命俱喪？縱使胎死，
> 不下，予自有藥下之。乃令穩婆出。隨用佛手散，加炮薑二錢，厚
> 樸一錢，煎服。時初更，至半夜而生下。胎雖穩婆動手所傷，而產
> 母無恙。〔註175〕

〔註173〕　（清）𥙿齋居士：《達生編》上卷「驗案」，《續修四庫全書・子部・醫家類》
　　　　　1008冊，上海：上海古籍出版社，2002年，第106～107頁。

〔註174〕　（清）陳復正著，圖婭點校：《幼幼集成》卷二「小產論」，瀋陽：遼寧科學
　　　　　技術出版社，1997年，第9頁。

〔註175〕　（清）汪喆編，徐召南評：《評注產科心法》下集「臨產門・附難產案」，裴

在此難產案中，醫家否定了穩婆的拆胎之法，並令穩婆離開產房，足見其對穩婆的不滿之情，也表明欲將穩婆驅逐出助產領域。在以上醫生與穩婆共同出現的場景，穩婆顯然是在理論知識上處於劣勢。

我們可以看出這樣一種現象，即醫家虛心借鑒穩婆經驗，以及希望獲得「有妙手」之穩婆的幫助來救治難產，這種態度在明代醫書中較爲多見；而至清代，醫家往往對穩婆表示出強烈的排斥與不信任感。清代醫家對助產手法也缺乏足夠的重視，許多極有影響的婦產科專著均不載此項內容。蕭賡六在《女科經綸》中直言楊子建的「十產論」雖很重要，「但八條悉屬產母與穩婆之事，故不盡錄。其凍產、熱產二條，惟在醫者用藥調護，因節取之」。〔註176〕說明至清代，醫家崇尚依靠脈理、藥理解決難產，對穩婆及其助產手法，不再如明代醫家信任。

以上觀點或許可以補充費俠莉對宋明兩代婦產科醫學研究的結果，即費俠莉認爲在宋代醫書中，很多產婆也像男性治療者一樣被稱爲「醫生」，在明代的文本中，術語發生改變，一些女醫也被稱爲「婆」，但是沒有產婆被稱爲「醫生」的現象。說明在明朝，產婆被排除在醫學領域之外，與其他女醫以及男性醫生有著職業上的劃分。〔註177〕費俠莉也提到18世紀婦科暢銷書成爲一種新時尚，這些產科醫書促進了對母親的自我指導，醫生通過醫書手把手強調自然分娩——自然分娩則強調婦女的自律和堅韌，女性自身的身體感覺是最好的引導者——這種自我指導使得產婦和其家人成爲產婆的監督者和主人。〔註178〕

而從明代到清代，醫家對穩婆的態度有何變化，費俠莉則並未指出。我們通過對比明代與清代的醫書，可以看到，明代醫家與穩婆尚有良好的關係存在，醫書之中可見來自穩婆的醫療經驗，也可見醫家與穩婆之間的交流；明代醫家也主張依靠有經驗的穩婆來處理難產。而至清代，穩婆則被醫家主張排除在利用手法助產的技術領域之外，從而被認爲只應從事簡單的「接」

慶元輯，田思勝校：《三三醫書》第1集，北京：中國中醫藥出版社，1998年，第608頁。

〔註176〕（清）蕭墳著，姜典華校注：《女科經綸》卷五，北京：中國中醫藥出版社，1997年，第122頁。

〔註177〕（美）費俠莉著，甄橙主譯：《繁盛之陰：中國醫學史中的性（960～1665）》，南京：江蘇人民出版社，2006年，第250、253頁。

〔註178〕（美）費俠莉著，甄橙主譯：《繁盛之陰：中國醫學史中的性（960～1665）》，南京：江蘇人民出版社，2006年，第254頁。

和「收」的工作；醫家也總是表現出對穩婆的經驗完全不信任和不屑的態度。

　　鑒於我們只能看到男性醫者的單方面記述，因此對於傳統穩婆所具有的接生能力，需要保持一種警醒態度。〔註179〕李貞德即說，古代醫者多為男性，其實很少直接參與生產，頂多再難產時才被請來，對女性看產者能力的評估是否公允，向來是婦產科學史的懸案。產婆既無文字流傳記載接生技術，在婦產科學史的研究中，便沒有自己的聲音。因此醫者指責助產者造成難產之說，或許只能當做參考。醫學史的研究指出，醫者在宋代攀附儒士階層，企圖提升自己的社會地位。而婦產醫學也在宋代逐漸形成專科。醫者和產婆之間的競爭，不難想見。產婆自元代以降，即被列入「三姑六婆」之中，社會地位和評價都不高，與醫者的偏見和責難或不無關係。〔註180〕另外，對於男性醫者自身的能力和知識水平，我們也需要保持警醒態度。在明清筆記、文集和醫書中多有庸醫的論述。由於明清時期國家對於醫療事業權威管控的缺失，加之社會經濟文化等因素的影響，明清時期醫生已經漸趨成為一種開放的職業，醫者身份多樣，行醫目的各異。以文化程度較高的江南為例，掌握粗淺的醫學知識就可開局行醫。〔註181〕所以，作為穩婆技術的評判者——男性醫者自身就是個良莠混雜的群體，因此對他們的記述，需保持警惕。

　　綜上，從傳統醫書可見，從宋至清，穩婆的地位處於下降過程，從明代被排斥出正統醫學領域（即對於醫家來說，產婆屬於非我族類），到清代被排斥出手法助產的經驗領域。這也反映出醫學強調理論上的理想狀態——「瓜熟蒂落」的自然分娩，而逐漸與實踐層面脫節。雖然在實踐領域，穩婆的助產手法應用廣泛且有所發展，但是醫家卻執著於描述「瓜熟蒂落」的理想境界，以至認為所有外力幫助皆不必要，這其實是醫家對造成難產的生理原因

〔註179〕研究近代助產改革的學者往往陷入其中。一些研究者對於助產士的處境是較為同情的，依據的材料來源大概都是推行助產教育的人士所寫，對助產士的現實處境比較遺憾，而分析原因則仍舊歸罪到穩婆、以及民眾倚重穩婆的傳統觀念。傅大為也指出，研究者不免複製在「近代化」建構歷程中的重要手段：污名化「前近代化」的對應事物：例如傳統產婆。參見傅大為：《亞細亞的新身體：性別、醫療與近代臺灣》，臺北：群學出版有限公司，2005年，第93頁。

〔註180〕李貞德：《漢唐之間醫書中的生產之道》，原載《中央研究院歷史語言研究所集刊》第67本第3分（1996年），收入李建民主編：《生命與醫療》，北京：中國大百科全書出版社，2005年，第89頁。

〔註181〕楊曉越、余新忠：《醫生也「瘋狂」：明清笑話中的庸醫形象探析》，《安徽史學》2017年第1期，第66頁。

的有意趨避。從第二章對穩婆接生知識和技藝的總結來看，或許這個群體欠缺人體哲學和醫學理論層面的掌握，但是就其治療方法看，與醫學文獻記載並無太大區別，其很多技術，包括藥方、針刺、抹鹽、塗油、一些手法、診斷臨產期脈法，都是醫學文獻記載相同。這也說明，穩婆有關助產手法的經驗需要得到承認和肯定。而其受到醫者的責難與非議其實是男性醫者將穩婆作爲傳統醫學接生醫術局限的替罪羔羊。

第四章 穩婆在其他文本中的形象

　　此處其他文本主要以文學作品爲主，另外還包括少數的日記和近代報刊文章。穩婆因是三姑六婆之屬，在衣若蘭的分析中，文人筆下的「三姑六婆」呈現出巧爲詞說、搬弄是非，貪財好色、盜騙財務，惑亂人心、媒介姦淫的刻板印象。〔註1〕相比醫者在醫學文本中的記錄，其他文本中的穩婆形象更能體現出社會文化觀念。因此，我們試圖挖掘穩婆在其他文本中的形象。

第一節　良善之輩

一、婦女交往間的活躍角色

　　在文學作品之中，對於三姑六婆的描寫並不少見，從中可見這個群體的活動相當活躍。不僅她們的職業角色符合社會的需要，而且也受到眾多身居閨門婦女的歡迎。雖然研究表明古代婦女生活中也存在形式多樣的交遊活動，以及男女之間比較隨意的交往活動，但是以今天的眼光看，當時閨門婦女總體上還是缺乏自由交往空間，三姑六婆這類人群便填補了一些生活空白。〔註2〕然而，這個姑婆群體相當龐雜，我們很容易對這個群體一以概之。其實，這個群體之內不同角色之間也會有形式多樣的交往活動。而且，以穩

〔註1〕 衣若蘭：《三姑六婆——明代婦女與社會的探索》，臺北：稻香出版社，2002年，第18～33頁。

〔註2〕 張國剛主編，余新忠著：《中國家庭史 第四卷明清時期》，廣州：廣東人民出版社，2007年，第194～200頁。

婆角色來看，因其主要從事接生的事務，與婦女交往的形式似與其她姑婆又有所不同。

明朝末年小說《醒世姻緣傳》對接生婆徐老娘的活動著墨很多，這是因為日後涉及到的一個官司需要徐老娘作為重要的證人。而在徐老娘出現的幾處場合，作者向我們展示了以女性群體作為主場的畫面，是一種鄉土社會特有的熱鬧的輕鬆氛圍，一種眾「婦客」親眷嬉笑閒談並不乏粗鄙之語的場景。小說的第二十一回《片雲僧投胎報德　春鶯女誕子延宗》描寫晁鄉宦的遺孀小妾春鶯即將生子，晁夫人請來穩婆徐氏在家守著產婦待產，徐老娘從孩子出生、洗三到滿月，都是不可或缺的一位助手。作者的描寫非常細緻生動，濃厚的生活氣息彷彿撲面而來。現分別摘錄於下。首先是生產之前的晚上，晁夫人請來收生婆徐氏和一個極相熟的算命女先，大家坐在炕上聊天打諢，等候時辰：

> 再說春鶯到了十一月半後，晁夫人便日日指望他分娩，就喚了前日大尹薦的收生婆老徐日夜在家守住，不放出去，恐怕一時間尋他不著；另在晁夫人住房重裏間內收拾了暖房，打了回洞的暖炕，預先尋下兩個奶子伺候，恐怕春鶯年紀尚小，不會看管孩兒。從十一月十五日等起，一日一日的過去，不見動靜。晁夫人只恐怕過了月分，被人猜疑。直到了十二月十五日晚間方覺得腰酸肚痛起來。晁夫人也就不曾睡覺。又喚了一個常來走動的算命女先，三個都在熱炕上坐等。
>
> 春鶯漸漸疼得緊了。仔細聽了更鼓，交過二更來了。女先道：「放著這戌時極好，可不生下來，投性等十六日子時罷。這子時比戌時好許多哩。」還與春鶯要道：「好姐姐，你務必的夾緊著些，可別要在亥時生將下來。」大家笑說：「這是什麼東西，也教你夾得住的！」
>
> 晁夫人打了個呵欠。徐老娘拉過一個枕頭來，說：「奶奶，你且打個盹兒，等我守著，有信兒請你老人家不遲。」晁夫人躺下。……
>
> 〔註3〕

生產時候的場景：

〔註3〕　（明）西周生輯著：《醒世姻緣傳》（上），濟南：齊魯書社，1980年，第269～270頁。

正說著，春鶯疼得怪哭。徐老娘跑不迭的進去，突的一聲，生
下一個孩兒。徐老娘接到手裏，說道：「奶奶大喜，一位極好的相公！」
女先聽那更鼓正打三更二點，卻正是子時不差。……看著斷了臍帶，
埋了衣胞，打發春鶯吃了定心湯，安排到炕上靠著枕頭坐的。〔註4〕

剛剛生產之後，晁夫人與收生婆徐氏互敬喜酒，表示慶賀：

那個小孩子才下草，也不知道羞明，掙著兩個眼狄良突盧的亂
看。把眾人喜得慌了。大家同徐老娘吃了些飯，晁夫人親與徐老娘
遞了一杯喜酒，送了二兩喜銀、一匹紅段、一對銀花。徐老娘也與
晁夫人回敬了喜酒。也與女先三錢銀子。收拾完了，也就交過五更，
算計還大家休息一會。誰知著了喜歡的人也能睡不著覺。

洗三之日，是一場眾女眷的熱鬧集會：

到了三日，送粥米的擁擠不開，預先定了廚子，擺酒待客：叫
了莊上的婆娘都來助忙，發麵做饃饃，要那一日捨與貧人食用：又
叫外面也擺下酒席，要請那晁思才這八個族人，裏邊也還要請那些
打槍的十四個惡婦。先一日都著人去請過了。到了十八日，把徐老
娘接得到了，送粥米的那些親眷漸漸的到齊，都看著與孩子洗了三。
〔註5〕

滿月之日，仍舊延續了洗三之日的熱鬧場面，晁夫人甚至還請來十多個
彈詞唱曲的女先來助興：

把些女客都請到席上，晁夫人逐位遞了酒，安了席，依次序坐
下。十來個女先彈起琵琶弦子琥珀詞，放開剌叭喉嚨，你強我勝的
拽脖子爭著往前唱。徐老娘抱著小和尚來到，說：「且住了唱罷，俺
那小師傅兒要來參見哩。」

徐老娘把小和尚抱到跟前，月白腦塔上邊頂著個瓢帽子，穿著
淺月白襖，下邊使藍布綿褲子裹著，端詳著也不怎麼個孩子。〔註6〕

以上摘錄的一些細節描寫中，都表明穩婆徐氏是個態度隨和而憨厚的

〔註4〕（明）西周生輯著：《醒世姻緣傳》（上），濟南：齊魯書社，1980年，第270
～271頁。

〔註5〕（明）西周生輯著：《醒世姻緣傳》（上），濟南：齊魯書社，1980年，第273
頁。

〔註6〕（明）西周生輯著：《醒世姻緣傳》（上），濟南：齊魯書社，1980年，第278
頁。

人。比如在產前的熬夜等待中，徐老娘、算命女先和晃夫人等人都在熱炕上坐著，徐老娘爲晃夫人拉過來一個枕頭讓其休息一下；再比如滿月的時候，徐老娘抱著孩子出來接受眾人的「參見」，都讓徐老娘的形象如同家眷一般親切。尤其在小說前文將同族人描寫成勢利與冷漠的情勢下，徐老娘的所作所爲都更顯溫情。

另外我們還可以瞭解到民間女性圍繞生子事件所形成的一個社交圈〔註7〕：即由女主人、穩婆、奶媽、算命女先、說書彈唱女先、眾婦客親眷等人所形成的群體。眾人之間談話言語俚俗，反映了下層女性群體之間的交往情形和生活狀態。其中，穩婆是接生、洗三、滿月等儀式活動的主持者，是活動中的主要角色，並因此得到相當的尊敬（例如晃夫人即產家主人親自給穩婆遞了喜酒；再如在滿月之日有十多個女先彈唱助興，穩婆抱孩子出來之後命她們暫且停住）。

圍繞生子事件的儀式活動也往往是三姑六婆集會的日子。清代小說《歧路燈》第二十七回說，王氏家裏生了孩子，到了洗三之日，請了街坊鄰舍都來吃湯餅，接生婆宋婆與薛媒婆也來到。雖然王氏並沒有請薛媒婆，但是宋穩婆露口於薛媒婆，薛媒婆說：「這（婚事）是我說的，我也去吃麵去，討個喜封兒。」〔註8〕當日，宅子後邊的婦客，包括地藏庵范姑子及宋穩婆、薛媒婆，整整鬧了一天。〔註9〕

清代小說《金石緣》第十四回《復西安欣逢親父 到揚州喜得麟兒》也描寫了穩婆與產家之間的交往。故事梗概如下：產婦是將軍之妻，隨父母出行，

<hr>

〔註7〕 Adrian Wilson 的著作《男性助產師的產生：英國的分娩，1660～1770》認爲由於傳統的分娩是一種女人間的儀式性活動，它賦予了產婆在生產過程中的權威。產婆、產婦及街坊鄰居婦人的小道消息（gossip）所構成的生產文化，可算是傳統女性集體文化中的一部分。參見蔣竹山：《從產婆到男性助產士：評介三本近代歐洲助產士與婦科醫學的專著》，《近代中國婦女史研究》1999年第7期（臺北），第234～235頁。關於生育，西方最有名的就是關於「gossip」的說法：它指的是年長而有接生經驗與知識的婦女小團體，常以經驗豐富的產婆爲中心，在鄰近的婦女生育時，圍繞著她而進行照顧的醫療/儀式圈子。但是這種 gossip，在西方近代醫學崛起、男性助產士與婦產科醫師大幅發展之後，就逐漸被擠壓到邊緣，於是產婆逐漸消失，gossip 反而演變成女性閒聊小道消息的通俗意義。參見傅大爲：《亞細亞的新身體：性別、醫療與近代臺灣》，臺北：群學出版有限公司，2005年，第85頁。

〔註8〕 （清）李綠園：《歧路燈》，濟南：齊魯書社，1998年，第157頁。

〔註9〕 （清）李綠園：《歧路燈》，濟南：齊魯書社，1998年，第162頁。

行至揚州，在船上即將分娩，因此請來當地一穩婆接生。接生完畢後，因產婦身體虛弱，無乳餵養，產婦母親便詢問產婆是否有乳母可以推薦。穩婆想到一個人選，但不知是否合適，便講明原委：其鄰居沈媒婆是一官媒，有一尚未出手的婦人是官宦人家之妻，因公公犯了罪被官府發到官媒處官賣，此婦人又帶一丫頭，兩人一起賣需要重價。產婦母親同意後，穩婆便帶產婦父親石道全去看看那位婦人情況。故事中有穩婆的大段對白，通過其與產婦父母、與自己丈夫的對話，作者刻畫了一個做事周到、溫厚老實的形象。穩婆也自述與媒婆相比，有話直說，不會花言巧語。值得注意的是，產婦父親石道全是一名醫生，產婦腹痛之後是石道全爲之把脈確定即將分娩。穩婆與作爲醫生的產婦父親之間未見相互詆毀以及緊張關係：

> 一日，船到揚州，夫人忽然腹痛難忍。嚇得周氏驚慌，急叫丈夫來看。道全將女兒脈一看，便道：「我兒恭喜！要分娩了。必然是個男喜。」速叫住船，快喚穩婆。未幾，穩婆叫到，又過了一會，方才產下，果是一個公子。大家歡喜，只夫人身子虛弱，產後不就有乳。周氏道：「你官人出門時，曾對你說：生了兒子，須雇乳母。今到家尚有數日，何不就在此地雇了帶回。道全道：「此言甚是有理。」因對穩婆道：「媽媽，你此地急切要雇乳母，可有麼？」穩婆道：「這個論不得，出來做乳母的，鄉間人多，有起來要幾十個也有，沒有起來，急切哪裏去尋？至少也得三天五天，到各媒婆家訪問，或者有也不可知。」道全道：「我們就要開船的，哪裏等得。」穩婆又一想，道：「有倒有一個極好的在此，只怕夫人不要。」夫人道：「我正要雇，所以問你。既有極好的，怎麼倒不要？」穩婆道：「好是果然，極好的奶也有，一說也就成，只有幾種不合適，所以說恐夫人不要。」夫人道：「據你說，奶又有的，人又好的，有什不合適？」穩婆道：「這個女子，不是本處人，是個官宦人家媳婦，她娘家也是蘇州人。只因公公犯了事，婆婆丈夫都死了。虧欠了官銀，官府發來官賣的。我間壁沈媒婆，是個官媒，發在她家，半個月了，急切要出脫。豈不一說就成的？我常到沈家，見她乳漿甚多，只相貌生得十分標緻，年紀只好二十多歲，恐老爺回來看見，毛手毛腳起來，夫人可要吃醋，這一樣不合適處。二則雇一個乳娘，至多十四五兩銀子，還不要全付她。這是官賣抵贓的，丈夫又沒有，或要討她終

身服役，或討她配人生男育女，子子孫孫都是你家奴婢，價錢雖貴，也是值的，夫人要雇乳娘，怎肯出重價？故又不合適。」夫人道：「要多少價錢？」穩婆道：「聞她要賣六十金紋銀，還要部砝在外。一個小丫頭，要二十金，一齊要賣。」夫人道：「若果然好，價錢也不算多。況我原要長久的，省得年滿回去了，孩子哭哭啼啼。若說標緻更好，孩子吃了她乳，每每要像她。至於慮我家老爺見了不正經，我家老爺決不是這樣人。我也不是個妒婦，有什吃醋。就煩媽媽去一說，若可以成，就成了她罷。」

穩婆道：「老身是最直的，有話就直說出來了。不比這些媒婆的口，夫人莫怪。既夫人要討，人是包管好的。上去路遠，往來煩難，何不太爺帶了銀子，同老身去一看。若果好，就同沈媒婆當官交了銀子，領了官憑，叫乘小轎抬了下船，豈不便益？」夫人道：「既如此說，就請爹爹去一看。若好，就成了罷。」道全道：「我上去是極易的，只恐眼力不濟，看差了，誤了你的事。」夫人道：「爹爹說哪裏話！父女總是一體的。爹爹看了好，自然是好。有什誤事？」道全道：「如此，就去便了。」

夫人賞了穩婆五錢銀子，吃罷午飯，要叫轎來抬了道全去。道全道：「不消，我是走得動的。」夫人就取出紋銀八十兩一包，外又將碎銀十兩，付道全帶去，恐在外有些費用。道全接銀袋了，就同穩婆上岸，轉彎抹角，足足走了四五里，方到穩婆家。穩婆請道全坐了，就去取一杯茶奉上，說：「太爺請茶。老身先過去說一聲來，請太爺去看。」道全道：「我要緊下船，你快去說了就來。」穩婆道：「我曉得，不消太爺吩咐。」說完，正要出門，只見穩婆的老公進來，道：「你到哪裏去？這位太爺是誰？」穩婆道：「這是征西大元帥夫人的太爺，夫人在船上生了一位公子，要雇一個乳母，又即刻就要開船。我說：急切哪能湊巧？想起沈家前日發來官賣的婦人，乳漿倒甚好。方才說起，夫人就請太爺同我來一看，看中就要討她。」老兒道：「你又多嘴了。這個婦人並這個小丫頭，要八十兩足紋銀，連使費要到九十金，夫人不過要雇乳母，怎肯出此重價？你話也不說明，就來多事了。」穩婆望著老公臉上一啐，道：「你這老老，真是坐井觀天，只曉得說這小家子話，可不先被太爺笑壞了。她是一

位大元帥的夫人，整千整萬也只平常，希罕這幾十兩銀子，方才的話，我已都細細對夫人說了。她說：只要人好有奶，價錢也不爲多。故請太爺同來的，銀子也帶在此了。誰要你這癡老老，虛吃力，假驚慌，埋怨死了人。」

老兒聞言，陪笑道：「何不早對我說，這般來得湊巧，剛剛差人在他家大鬧說，已經發來半月，如何沒有銀子去交，定要帶那婦人與媒婆去比。嚇得那婦人尋死覓活，我方才也勸了一會兒來。差人還在吵鬧，把不得即刻有人買去。如今去說，再無不成的。」穩婆聽了大喜，叫老公陪了道全，自己過去。不一盞茶時，只見穩婆笑嘻嘻地進來，道：「已說了。不但差人、媒婆歡喜，那婦人聽說了，與小丫頭兩個都大喜道：『有出頭日了！』又再三扯住我，央求說：『不論什麼人家，情願爲奴爲婢，小心服役，只求早成。』請太爺就去一看。若好，便即刻交銀，抬人下船便了。」道全就與穩婆同去一看。見那婦人果然生得標緻，隨欲交銀停妥。〔註10〕

故事中提到產家尋找乳母，可以到各媒婆家裏去問，因乳母多是出來尋求生計的鄉下人，所以找起來時易時難。這也說明媒婆的業務不只是說媒，還可提供乳母等需求來源。故事中穩婆與沈媒婆是鄰居，所以便知道一些乳母的信息，並且很快提供給了產家。我們從中可知，圍繞生子等相關事件，穩婆充當了女性之間交往的中間環節，同時也是某些家常事務的信息傳播者和提供者。也可知，概因婚姻生子事件相連，穩婆與媒婆之間交往比較密切，也總是極爲相熟。而與媒婆等其她姑婆相比，穩婆少了些花言巧語、插科打諢的色彩，多了些忠厚老實的性格特點。

二、鄰家老婦

在家庭女性社交圈中，穩婆常常充當可以信賴、熱心幫忙、溫厚老實的角色，或者說是溫情的鄰里角色，使我們看到穩婆不同於其她姑婆之屬的一種形象：她們是坊間相熟的鄰里，有著不同的性格，但尚屬良善之輩。

老舍在小說《正紅旗下》描寫一個被稱爲「老白姥姥」的穩婆：

老白姥姥，五十多歲的一位矮白胖子。她的腰背筆直，乾淨利

〔註10〕陳華昌、黃道京主編：《中國古代禁燬小說文庫：金石緣》，西安：太白文藝出版社，1996年，第109～112頁。

落，使人一見就相信，他一天接下十個八個男女娃娃必定勝任愉快。他相當的和藹，可自有她的威嚴——我們這一帶的二十來歲的男女青年，都不敢跟她開個小玩笑，怕她提起：別忘了誰給你洗的三！他穿得很素淨大方，只在俏美的緞子「帽條兒」後面斜插著一朵明豔的紅娟石榴花。〔註11〕

可見老白姥姥是一個相當和藹，同時也自有威嚴的人物。

近代《大公報》記者曾採訪過一位接生婆陳姥姥，陳姥姥剛剛為救濟院一位突然分娩的產婦接生，並且據說手藝還不差。陳姥姥對記者說「先生，你多少和氣，以後請多招照顧一點生意。我們也並不是專為賺幾個錢，這也是救人的生命。窮苦的人家，就是給我們錢，我們也不肯拿的。救了母子兩條性命，我們十分的快樂」。〔註12〕可見其對窮人具有良善之心。

在近代的一篇小說《改造產婆》裏，主角老朱婆是一位被作者稱為「毀譽參半」的人物。老朱婆吃得很胖，厚嘴唇，大下巴，腮裏至少有四斤肉，所以她有個外號叫「胖豬」。但這外號人們卻只在背地裏使用，很少敢於當她的面說出來。人們曉得，生產是一件大事，好像兩條性命都在她手裏握著一樣。即便在這方面看得不成問題，也不肯得罪她。因為她是「串千家門，吃千家飯」的人，不好惹。老朱婆總是自我誇耀她的接生記錄以及所得到的謝禮。但是作者也寫她「不肯傷損到別人」：

> 他還有一樣好處，對別人的事，總是熱心幫忙，當然，她希望多收些謝禮，但是萬一遇到一個窮人家，她卻也慷慨，甚而連送接生的定錢也不要的，那時她就說：「你這人，跟我客氣什麼？我什麼沒吃過，什麼沒見過？不能在乎你這幾個錢，你買點米不好嗎？到時候我去，你放心吧！」

> 因此有些窮苦人家，對於老朱婆就特別好些，其中婦女們更特別尊敬她，簡直把她當做這地方的女聖人。嘴裏的稱呼，就不是泛泛的客氣，而是誠懇的敬意了。比如看見她匆匆忙忙的在街上走了過來，就是喊著：「婆婆，又在辛苦了？歇一息再走吧！」她照例是

〔註11〕老舍：《正紅旗下》，人民文學出版社，1980年，第48頁。
〔註12〕佚名：《專門接生的陳姥姥》，天津《大公報‧社會花絮》1930年3月3日，收入陳益民編：《民國名家隨筆叢書 陋俗與惡習》，天津：天津人民出版社，2011年，第43頁。

笑一笑説：「忙著哩，等閒了來。這個耽誤不得，寧教盆等人，不教
人等盆呀。」倘若她不忙，那些婦人就一定會拉她進屋，談上一陣
子。等送她走時，還要請她過天來耍。〔註13〕

同陳姥姥一樣，朱婆對窮人也具有慷慨良善之心。這雖是小說，但也能
反映作者對生活的觀察，塑造的人物形象更爲豐滿：喜歡到處誇耀，但心底
善良；被人拿外形開玩笑，但也受到相當的尊敬。

清末思想家吳虞在日記中記錄了其妻子產子當日的情形，給產婦接生的
是街坊羅姓產婆，五十多歲。吳虞雖然對中國的接生業發表了一番看法，但
是對羅姓產婆還較滿意，評價其「尚屬穩練」。下文爲他的日記內容：

十九日　星期二　陰　晨接西玉龍街大福建營側近羅產婆來
視，據云八月月份未完足。小兒不甚強健，能安穩，令稍久較好。……
產婆一業，各國皆爲專門，吾國乃視爲卑業，故執業者多屬下流社
會之婦女，絕無知識。羅姓年五十餘，人尚穩練。……今日能產，
平安清吉，則余之幸福矣。延至午後仍添一女，然大人無恙，即余
之大慶，不敢怨也。〔註14〕

近代一位助產士對穩婆有過這樣的描述：「記得父親曾經跟我說過：已故
的一位遠房親戚，是一個老婦人，她曾做了一生艱辛茹苦的接生生活，只因
他有著博愛犧牲的精神，忠誠坦直的性情，能出入於貧窮窖裏，人們對他除
讚揚手術純熟之外，並有『地獄菩薩』之稱，於是這位良善的老人在我的心
目中成了一個值得羨佩的人物了！」〔註15〕可見，這位助產士父親口中描述
的收生婆在人們心中是一位善良、有愛心、願意付出、自我犧牲的人物，並
有「地獄菩薩」的美名，因其往往救產婦性命於危亡關頭，所以受到人們的
尊敬和愛戴。

以上材料表明，穩婆之中不乏因技術好而受人信賴，同時又樂善好施而
受人愛戴之輩。

〔註13〕馬麗：《改造產婆》，顧頡剛主編：《民眾週刊》1948 年第 2 卷第 1 期，第 24
　　　頁。
〔註14〕吳虞：《吳虞日記》（上冊），成都：四川人民出版社，1984 年，第 222～223
　　　頁。
〔註15〕龐玉芸：《我爲什麼選擇進助產學校》，《淮沿助產學報》1948 年第 1 卷第 1
　　　期，第 37 頁。

第二節　富有喜劇色彩的滑稽人物

《醒世姻緣傳》第二十回《晁大舍回家託夢　徐大尹過路除凶》描寫徐老娘的第一次出場就頗帶有詼諧幽默的趣味：

> 大尹叫本宅的家人媳婦盡都出來，一個家插捶拉拉來到。大尹叫把這些婦人身上仔細搜簡。也還有搜出環子的，丁香的，手鐲釵子的，珠篐的，也還不少。大尹見了數，俱教交付夫人，又叫人快去左近邊叫一個收生婦人來。把些眾人心裏胡亂疑猜，不曉得是為甚的。那些婦人心裏忖道：「這一定疑我們產門裏邊還有藏得甚麼對象，好叫老娘婆伸進手去掏取。」面面相覷，慌做一快。不多時，叫到了一個收生的婦人。大尹問說：「你是個蓐婦麼？」那婦人不懂得甚麼叫是蓐婦。左右說：「老爺問你是收生婆不是？」那婦人說：「是。」〔註16〕

第二十一回描寫了在孩子洗三之日，「族中的婆娘們」在談笑風生之中仍不忘提起當時大尹喚穩婆來的段子。雖然言語鄙俗不登大雅之堂，但或許反映了一種真實的場景。而穩婆的角色很容易成為眾婦人的說笑話題。

> 晁無晏老婆說：「只是那一日說聲叫老娘婆，我那頭就轟的一聲，說：『這是待怎麼處置哩！』七奶奶插插著說：『沒帳！他見翻出點子甚麼來了？一定說咱產門裏頭有藏著的東西，叫老娘婆伸進手去掏哩！』叫我說：『呀，這是甚麼去處，叫人掏嗤掏嗤的？』後來才知道是看春姐。」把晁夫人合眾女眷們倒笑了一陣。〔註17〕

小說作者西周生欲在穩婆這個角色上體現出滑稽感，而很多文學作品中展示的穩婆形象都是一種具有滑稽色彩的人物，起到愉悅觀眾的效果。例如《金瓶梅》中產婆蔡老娘的第一次出場以一首打油詩作為開場：

> 我做老娘姓蔡，兩隻腳兒能快。身穿怪綠喬紅，各樣鬏髻歪戴。嵌絲環子鮮明，閃黃手帕符擦。入門利市花紅，坐下就要管待。不拘貴宅嬌娘，那管皇親國太。教他任意端詳，被他褪衣刮劃。橫生就用刀割，難產須將拳揣。不管臍帶包衣，著忙用手撕壞。活時來

〔註16〕（明）西周生輯著：《醒世姻緣傳》（上），濟南：齊魯書社，1980年，第264頁。

〔註17〕（明）西周生輯著：《醒世姻緣傳》（上），濟南：齊魯書社，1980年，第274頁。

洗三朝，死了走的偏快。因此主顧偏多，請的時常不在。〔註18〕

　　這是蔡老娘在小說中第一次出場時的自我介紹。蔡老娘出場之前的場景是：西門慶與諸妻妾在花園飲酒聽唱詞曲，李瓶兒在酒席上只是把眉頭皺著，也沒等唱完，便回房中去了。月娘擔心，使小玉到房中去瞧。小玉回來說「六娘害肚裏疼，在坑上打滾哩。」西門慶知李瓶兒就要生產，忙令人快去請蔡老娘。等了好久，這位接生婆才到。蔡老娘先跪下磕了個頭，月娘道：「姥姥，生受你。怎的這咱才來？」蔡老娘便以這段韻文作了自我介紹。而類似的打油詩在小說中還出現在第六十一回趙太醫的自我介紹（「我做太醫姓趙，門前常有人叫」）和第四十回趙裁縫的自我介紹（「我做裁縫姓趙」）中。有研究者指出，「我做太醫姓趙」的這種自嘲式詩詞照搬自明代戲劇《寶劍記》第二十八齣，趙太醫的道白只有個別文字差異。在這齣戲中，場面完全是喜劇性的，患病的高球的兒子高朋接受一位庸醫的診治，戲劇性色彩則完全體現在這位庸醫的胡亂診治中。趙太醫開場的打油詩，向觀眾披露了自己是何許人的作用。通常只有丑角或反面角色才配上用這樣的打油詩。顯而易見，這樣一種陳規用在小說之中並非易事。因為它在小說之中穿插進來顯得有些彆扭。趙太醫說完之後，我們被告知「眾人聽了，都呵呵大笑」，這也許是預期之中劇場觀眾會做出的反應。〔註19〕而蔡老娘出場時的自我介紹也是「自嘲」式的，滿口胡言亂語，對自己的接生本領進行了全面的貶低。一般來說，在戲曲中這種程式化的「出場詩」由於違反生活的邏輯，往往並不是塑造人物性格的手段，其作用僅僅是表達某種諷刺意圖並引起觀眾的愉悅。其諷刺對象常常不是某一個人，而是某一類人。像蔡老娘的這種自我醜化和自我糟塌，主要是表現作者對那些愚昧無知、不負責任的收生婆的尖銳諷刺，倒不一定就是指蔡老娘。從下文的情節看，她為李瓶兒接生按部就班，有板有眼，母子均告平安，並沒有發生她自己說的那些可怕情景。〔註20〕

　　穩婆的自我諷刺式開場白在很多小說或者劇作中都有出現。比如廈門高甲戲《狸貓換太子》中的產婆出場也是延續了一種滑稽的說辭：

〔註18〕（明）蘭陵笑笑生著：《金瓶梅詞話》上，北京：人民文學出版社，2000年，第347頁。

〔註19〕（美）帕特里克・D・韓南著，包振南翻譯：《〈金瓶梅〉版本及素材來源研究》，包振南等編選：《〈金瓶梅〉及其他》，長春：吉林文史出版社，1991，第122～123頁。

〔註20〕孟昭連著：《金瓶梅詩詞解析》，長春：吉林文史出版社，1991年，第194頁。

穩婆：我來了！

（念）穩婆啊穩婆！

祖傳八代收生婆，

緊腳捷手人阿諛。

奇症怪胎我都有學，

橫生倒逆、小產打胎我都會做。

王公大臣收生都來報，

說我手抱嬰兒個個無差錯。

劉娘娘聞名，郭公公擔保。

知影我手段第一好。

偷樑換柱設圈套，

剝皮狸貓換出嬰兒去投河。

才說李妃生下妖孽罪難逃，

進宮去將戲法做，

大功告成富貴免煩惱。

劉娘娘升做正宮坐寶座。

我穩婆搖身變成了財主婆，

就可起厝買田造樓閣，

吃魚吃肉穿綢穿緞穿綾羅。

騎馬坐轎好迌迌。

吃穿用都免驚無。

活甲一百外歲都還袂跋倒。

阿彌陀佛神明保庇我子子孫孫都在嗨哆嗦啊嗨哆嗦（民間俗語
即快樂無憂之意）〔註21〕

　　明代劇目《一片石》中講述了書生薛天目等人尋訪明代婁妃的故事，在
自序中蔣士銓提到「前明寧庶人婁妃沉江後，為南昌人私葬。二百年來，無
有志者」。〔註22〕婁妃是明代上饒人婁諒之女，嫁寧王朱宸濠為妃，有賢德。

〔註21〕 伍晉、陳麗編：《廈門高甲戲優秀傳統劇目選‧狸貓換太子——拷寇珠》，北
　　　　京：中國戲劇出版社，2009年，第293～294頁。

〔註22〕 （清）蔣士銓撰，周妙中點校：《蔣士銓戲曲集‧一片石》，北京：中華書局，
　　　　1993年，第341頁。

寧王起兵謀反，嬖妃屢諫不聽，兵敗被殺。蔣士銓著《一片石》哀悼此妃。
劇中待薛生說要找「寧王的嬖娘娘」，糊裏糊塗的酒保竟把他帶到一個名叫「劉
娘娘」的接生婆家裏去了：

> （丑）來此是了。劉娘娘在家麼？（中淨扮跎婦，拄杖上）慣
> 向床前摩痛腹，善於盆裏別啼聲。那個叫老娘？酒官官，敢是你個
> 家主婆發動哉？（丑）不是。有個相公來拜。相公請進，這就是劉
> 娘娘。（生驚介）呀！怎麼是他？（中淨）除了老娘，哪裏還有別個？
> （丑）她是蘇州劉娘娘，會接生的。（生向丑介）啐！我問的是寧王
> 的嬖娘娘，並不是活人。（中淨哭介）弗錯。我有個老姐姐，嫁在宜
> 黃，今年混塘裏滑浴浸煞哉。你要見他做儔個？（生）咳！豈有此
> 理。酒保去罷。（中淨）你家沒有兒子生，眞頭戲謔老娘，哄我與你
> 白嚼蛆。我要與你算帳。咳呀！腰痛煞哉。（丑）罷了。我扶你老人
> 家到後面去，替你敲敲背罷。相公請回。莫怪了。（丑扶中淨同下）
> （生呆介）這是那裡說起！〔註23〕

這一齣喜劇源自作者將王妃與接生婆兩種形象造成衝突，這種詼諧的寫
法使得劇中的喜劇氣氛倍增。

如果要將產婆的這種丑角形象的塑造追根溯源，我們從元代戲劇中就可
見塑造的產婆便具有滑稽感的形象效果。以元雜劇《灰欄記》中產婆的語言
爲例：

> 【么篇】現放著收生的劉四嬸，剃胎頭的張大嫂，俺孩兒未經
> 滿月早問道我十數遭。今日個浪包婁到公庭混賴著您，街坊每常好
> 是不合天道，得這些含錢直恁般使的堅牢。（云）相公，則問這兩個
> 老娘，他須知道。（趙令史云）兀那老娘，這個孩兒是誰養的？（劉
> 丑云）我老娘收生，一日至少也收七個八個，這等年深歲久的事，
> 那裡記得？（趙令史云）這孩兒只得五歲，也不爲久遠，你只說實
> 是誰養的？（劉丑云）待我想來。那一日產房裏，關得黑洞洞的，
> 也不看見人的嘴臉，但是我手裏摸去，那產門像是大娘子的。（趙令
> 史云）嗵！張老娘你說。（張丑云）這一日他家接我去與小廝剃胎頭，
> 是大娘子抱在懷裏，則見她白鬆鬆兩隻料袋也似的大奶奶，必定是

〔註23〕　（清）蔣士銓撰，周妙中點校：《蔣士銓戲曲集・一片石》，北京：中華書局，
1993年，第355頁。

養兒子的，才有這奶食，豈不是大娘子養的？（正旦云）你兩個老娘，怎麼都這般向著他也？（唱）〔註24〕

文中產婆的語言十分粗鄙且口語化，也塑造出穩婆這種市井底層婦女的形象。

第三節　卑污的小人

一、殺嬰、換子

明代沈長卿說他家的收生婆姚氏做了一件有陰德的事情，即通過沈長卿的訊問，姚氏告訴了他穩婆行業隱藏的一些秘密：「嫡妾相妒，每伺其產時，賄囑收生婆害其性命，甚且終於絕嗣。」沈長卿聽後非常吃驚，特將此告誡於世人：「為人父為人夫者不可不知」。〔註25〕直到民初，仍有人呼籲產家，必須謹慎防範穩婆暗中進行「墮胎、換子、殺兒」等「喪害天理」之事。〔註26〕

收生婆姚氏對沈長卿所說嫡妾相妒，是多妻家庭內婦女間不可避免的矛盾。〔註27〕傳統道德教化不論是以烈女傳或是以女誡的形式表現，都教導婦女順從之大德，目的也在維護父系家族的和諧與綿延。在傳統妾制的壓力下，心有不甘的婦女經常以嫉妒表示抗議。雖然歷代的女教書都以嫉妒為戒，法律、宗教也企圖懲治妒婦，然而嫉妒可說與妾制相始終。〔註28〕另外，姒娣之間也會經常因為家產分割而有齟齬。

產婆介入這種家庭矛盾之間可以大致分為兩種情況。第一種情況，主要是妻妾之間的矛盾通常會因為子嗣問題而激化，懷有強烈嫉妒之心的一方就

〔註24〕 李行甫：《包待制智賺灰欄記》，張月中、王鋼主編：《全元曲 下》，鄭州：中州古籍出版社，1996年，第951頁。

〔註25〕 （明）沈長卿：《沈氏日旦》卷十，《續修四庫全書·子部·雜家類》1131冊，上海：上海古籍出版社，2002年，第563頁。

〔註26〕 周春燕：《女體與國族：強國強種與近代中國的婦女衛生（1895～1949）》，臺北：國立政治大學歷史學系，2010年，第267～268頁。

〔註27〕 研究者認為，娶妾家庭在明清社會中比例很低，一般不超過5%。所以對於大多數家庭來說，妻妾關係問題並不存在。然而這是古代社會關係中比較有特色的內容。張國剛主編，余新忠著：《中國家庭史 第四卷明清時期》，廣州：廣東人民出版社，2007年，第313頁。

〔註28〕 李貞德：《超越父系家族的藩籬——臺灣地區「中國婦女史研究」（1945～1995）》，《新史學》七卷二期1996年6月，第147頁。

會借產婆之手殺嬰，完成女性之間的報復。報復用殺嬰的手段來呈現，而產婆成爲妻妾之間嫉妒或者仇恨的替罪羊。例如妾懷孕，妻妒妾，產婆受妻賄賂殺掉妾所懷胎兒。這種行徑往往遭受嚴屬譴責，而妻或者產婆也會受到報應。這類故事的主旨主要是宣揚和塑造一種容讓的婦德，即對於「妒婦」的蔑視和譴責，告誡妻妾之間不要嫉妒。以下的幾個故事可以說明這種情況。

《新齊諧》卷十八「湯翰林」的故事說妾因懷孕遭到妻子妒忌，因而在生產之後被產婆加害身亡，妾因此化爲冤鬼作祟。

> 　　錢塘湯翰林其五，未遇時，應試貢院，僦屋而居，苦其狹小。見旁有大宅，封鎖甚固，杳無人居，訪之鄰人，云：「此杭州太守柴公屋也，有惡鬼作祟，以故無人承買。」湯素有膽，曰：「借居可乎？」鄰人笑其狂，亦無阻者。湯遂開鎖啓門入，見樓上有二桌四椅，樓西有竹箱，雖久無人居，而塵埃不積。湯心喜，即挈行李登樓，手一壺一棍，秉燭讀書。
>
> 　　至三鼓，陰風起於窗外，燈焰縮小，有披髮女子赤身噴血而進。湯揮以棍，女憫然曰：「貴人在此，妾誤矣。」仍從窗出。湯喜鬼已出，將解衣安寢。忽樓西廂內籔籔有聲，視之，則此女從西廂出，手執裙襖豔色衣並梳篋等物，若將膏沐者。湯愈無恐，且飲且讀書。
>
> 　　有頃，女子梳妝畢，著豔衣冉冉至前，跪訴曰：「妾負奇冤，非公不能爲我白者。妾姓朱，名筆花，杭州柴太守妾也。正妻而狡，知太守愛妾，不敢加害。值妾產子時，賄收生婆於落胎後將生桐油塗我產宮，潰爛而亡。妾兒名某，正妻取以爲子，至今雖長成，並不知爲妾之子。十年後，君爲湖北主考，子當出公門下，公須以妾冤告之。妾屍猶埋此樓之東牆井邊，有八角磚爲記，可命其來此改葬生母。」並指竹箱曰：「此皆妾藏首飾盦具處也。妾亡時太守哀痛之至，臨去吩咐家人，勿持我箱還家，恐觸目心傷故也。後有來竊取者，妾以陰風喝退之，今此中尚存三百金，可以奉贈。」湯爲慘然，唯唯而已，後一如其言，樓上怪從此絕。而屋亦轉售。〔註29〕

下面一則故事與上相似，妾因懷孕而遭到妻的妒嫉，但是妻並沒有致妾身亡，而是囑咐穩婆，若妾生男，則用女胎來換，以防止妾生男而威脅自己地位。

〔註29〕（清）袁枚著，沈習康校點：《新齊諧　續新齊諧》，北京：人民文學出版社，1996年，第388～389頁。

刑部郎林某者，四十無子，納一妾，其妻外爲優容而内忮甚。
妾孕且娩，妻囑收生嫗，若得男，幸取他人女來易，且許十金。嫗
利其金，適嫗女亦彌月，豫戒以俟。先一日嫗女得女，次日林男生，
竊易之。以女報，林懊惱不已。妻復強慰解之，陽爲焚香籲天，林
不疑也。無何，嫗醉，泄其事於同部郎王某之妻。王與林最善，聞
之，亟召嫗訊問，嫗不能隱，吐實。王諭其善視兒，仍分月俸贍焉。
逾五六載，遷外秩，詣王辭。王密召兒匿室中，留林飲酒。中林語
以無子之故，王曰卿自有子，那得云無，林以爲戲，已忿詆之，王
笑不已，再三詰問，令召兒出。視之，貌殊肖，已駭，問其故，王
曰：但問卿内。林歸飲泣，以事詰妻，妻始具道始末，且云今已悔
之無及。林乃召嫗及子至，父子相持而哭，仍將嫗女取爲子婦，贍
嫗終身。〔註30〕

另外一個故事比較離奇並不常見，但也同樣有關仝夫女性之間的嫉妒：

張氏生女，數日得危疾，醫不能治。其母深憂之，邀巫嫗測視，
云：「王氏立於前，作祟甚劇。」命設位禱解，許以醮禳不肯去。巫
語撟之曰：「必得長官效人間夫婦決絕，寫離書與之，乃可脱。」撟
之不忍從，張日加困篤。不得已灑淚握筆書之，授巫，即雜紙錢焚
付之。巫曰：「婦人執書展讀，竟慟哭而出矣。」張果愈，生人休死
妻，古未聞也。張與予室爲同堂姊妹，今尚存。〔註31〕

妒婦有時也會遭到丈夫殺害，殺害方式也是趁其分娩之時。《新齊諧》卷
十九一則「燒頭香」的果報故事說，山陰沉姓之妻善妒，沈竟然趁其妻分娩
之時，囑穩婆將二鐵針置於產門之中，致妻殞命，而沈的陰謀全家人並不知
曉。後沈姓每天都趕往城隍廟燒頭香，因世俗神前燒香者以第二支便爲不敬。
一天沈姓終於燒到頭香，點香下拜，卻撲地不起，原來是被其妻鬼魂附身，
前來索命，最終沈姓投地而死。〔註32〕

〔註30〕（明）謝肇淛：《塵餘》卷一，《續修四庫全書・子部・雜家類》第1130冊，
上海：上海古籍出版社，2002年，第173～174頁。

〔註31〕（宋）洪邁：《夷堅丁志》卷十二，「吉撟之妻」，《筆記小說大觀》第八編第
四冊，臺北：新興書局，1981年，第2275頁。

〔註32〕（清）袁枚著，沈習康校點：《新齊諧 續新齊諧》，北京：人民文學出版社，
1996年，第417頁。

　　以上都可歸爲第一種情況，即妻妾之間（甚至妻和前妻之間）的矛盾往往會以產婆殺嬰的手段進行解決。以上的故事都大致顯示了這樣一個脈絡，即女性之間的嫉妒會以未出生的或者剛剛出生的胎兒爲報復對象，或者讓產婦分娩不順利，或者有意致使胎兒或者產婦身亡，或者將男胎換成女胎。產婆作爲家庭鬥爭的局外人，卻在其中則扮演了知情者、參與者的角色，並常常因墮胎殺生果報而遭到厄運，成爲家庭女性鬥爭的替罪羊。

　　這其中大多故事都將產婆塑造成因爲貪財受賄而成爲邪惡事情的幫兇，只有少數故事顯示產婆在此類家庭鬥爭之中具有良知。例如《續金陵瑣事》中一則「妒婦針腸」的故事，收生婆便扮演了一個有良知的角色，將妻子的詭計告知了妾，從而避免了傷亡：

　　　　一吏部無子，妻極妒。妾方坐蓐，乃盤腸生，妻暗將針刺於腸
　　上。妾生子，覺腸有時刺痛難忍，收生婆私告於妾，妾與吏部言之。
　　諸醫束手，訪於一全眞曰：「我能治之。」用磁石大塊從痛處引之，
　　引至於臍。針從臍中出，妾竟無恙。黃蟄南公談。〔註33〕

　　第二種情況，由於子嗣問題涉及家產繼承，因此在產婦分娩之時，不乏讓收生婆偷抱男嬰的故事。清代小說《八洞天》中寫到一個收生婦人，叫做「陰娘娘」：

　　　　那婦人，慣替人家落私胎，做假肚，原是個極邪路的貨兒，也
　　時常在岑金家裏走動的。岑金妻子卞氏，至今無子，恐怕丈夫要娶
　　妾，也曾做過假肚，托這陰娘娘尋個假兒。爭奈那假兒抱到半路就
　　死了，因此做不成。〔註34〕

　　這裡「做假肚」，就是假裝懷孕，然後讓穩婆偷抱男嬰假裝自己所生。另外，《灰闌記》〔註35〕、《醒世姻緣傳》中也都描寫了基於家產繼承而引發的「奪子」之爭。《醒世姻緣傳》第四十六回說晁鄉宦家的街坊魏三因想詐財，謊稱晁鄉宦孀婦晁夫人因爲無子，遭族人欺負搶奪其家產，因此晁夫人讓妾假裝懷孕，後花三兩銀子讓收生婆買了魏三家剛出生的兒子。而對於魏三的

〔註33〕　（明）周暉：《續金陵瑣事》上卷，《筆記小說大觀》第十六編第四冊，臺北：
　　　　　新興書局，1981年，第2131頁。
〔註34〕　（清）五色石主人著：《八洞天》卷四，北京：書目文獻出版社，1985年，第
　　　　　73頁。
〔註35〕　李行甫：《包待制智賺灰闌記》，張月中、王鋼主編：《全元曲》下，鄭州：中
　　　　　州古籍出版社，1996年，第951頁。

這套說詞，縣官說：「這種情況在我們那裡極多，很正常」。〔註36〕雖然並不能將此言看作對實際情況的客觀陳述，但是我們也能隱約知道這類事情似乎並不少見：即為了繼承家產，而偷抱男嬰冒充親生子。

再如下面一個故事是講某氏兄弟二人家境頗為富裕，然而妯娌之間並不和睦。娌懷孕，妯擔心娌生男會分其家產，因此賄賂收生婆在給娌接生時殺死男嬰，遭到老天報應：

> 平陽縣內有某氏，兄弟二人，家頗饒裕，而妯娌不睦。妯有子而娌尚未育，年屆四旬，懷孕，忽喪所天。妯恐娌生男而分其產也，乃謀諸收生婆某曰：「若女，則致生之，若男，可致死之。願以洋銀十二元為謝資。」及產，則男也，收生婆某於斷臍時，將手指掐入兒臍中，立斃。產婦痛兒之不育，遂自經。因謀產而頃刻殺二命，雖假收生婆之手，實則某妯殺之也。越日晚，雷電交作，收生婆某與某妯同時被雷擊。天以二命償二命，天之報施不爽如此。然則平陽之收生婆甚可畏哉。此二十四年七月十四日事也。〔註37〕

第二類的情況與第一類間或有交融，即也參雜了女性家庭成員之間的嫉妒，但是基本都是圍繞男嗣與家產分割問題的矛盾而展開。這類賄囑穩婆殺嬰遭到果報的故事到清末之時非常多見，下面僅舉二例。

《新齊諧》卷八「石灰窯雷」的故事說，湘潭縣西二十里一個叫「石灰窯」的地方，有一戶人家，老翁家境富裕，只有兩女，無兒，因此贅婿相依。老翁到粵西販糧而歸，買了一妾，已經有孕。其次女與丈夫說：「若得男，吾輩豈能分翁家財。」便賄賂穩婆在妾分娩後將男嬰勒死。老翁非常痛心，以為命中無子，解衣將死兒葬於後圃。次女與穩婆心猶未安，便去看視，忽然霹靂一聲，次女中雷而死，死兒卻復蘇過來。穩婆也中雷而焦爛，但還未死，被眾人問出供狀，翌日死亡。〔註38〕

清代齊學裘《見聞隨筆》卷一「雷公顯靈」的故事說，同治四年冬，如皋東鄉有一家人，一生行善卻膝下無兒，便過繼一子為嗣，嗣子成家後，嗣

〔註36〕 （明）西周生輯著：《醒世姻緣傳》（中），濟南：齊魯書社，1980年，第605頁。

〔註37〕 （清）梁恭辰：《北東園筆錄三編‧平陽二事》卷六，《筆記小說大觀》十二編十冊，臺北：新興書局，1981年，第5114～5115頁。

〔註38〕 （清）袁枚著，沈習康校點：《新齊諧 續新齊諧》，北京：人民文學出版社，1996年，第181頁。

母四十餘歲之時忽然有娠，將要分娩。嗣子到百里之外以銀五十兩賄賂一穩婆，若嗣母得男便殺之，數日後嗣母分娩，男嬰落地無聲，顯已被穩婆殺害。不料第三天雷聲大震，穩婆手捧寶銀一錠，與嗣子兩人跪著同被雷劈死，而嬰兒被震活。〔註39〕

這些故事具有勸善懲戒的意圖在內，而穩婆在故事之中也往往呈現貪財害命的負面形象。穩婆無疑也成為此類家庭內部鬥爭的介入者、知情者和參與者。

二、墮胎

根據李中清與王豐的研究，清代中國婦女生育率大大低於中世紀後期乃至近代早期西歐婦女的生育率。而這種現象的原因，李伯重認為是中國婦女採取了控制生育的方法，從而有效節制了生育。李伯重還通過對宋元明清時期江浙地區節育狀況的研究，指出隨著社會、經濟、文化的發展，民間俗文化與高度發達的商業貿易網絡相結合，形成了一個非常有效的民間俗文化傳播網絡，即使是不識字的下層民眾，也無不通過這個網絡受到俗文化的薰陶或獲取有關知識。因此有關生育的知識很容易通過這個網絡傳佈，特別是通過由母女、姊妹、親友、街坊，以及所謂「三姑六婆」者流所組成的女性信息傳播網絡，到達眾所周知。而李伯重認為值得強調的是，「三姑六婆」在這些知識的傳播方面起了主要的作用。在史料中，可見藥婆、醫婆、尼姑、巫婆等人都在銷售墮胎藥。她們其中有些人也常常與江湖醫生相勾結，誘導和幫助婦女墮胎。〔註40〕

從南宋史料可見，當時人民對出售此類藥物的行為，在心理上仍然是有所顧忌的。〔註41〕因此之故，墮胎藥物的商業化程度看來不會很高。到了元代，墮胎藥物進一步商業化，已引起政府的焦慮，因此《元典章》特製專文以禁販賣墮胎藥物。在明代，墮胎藥物的商業化又有更大的發展。杭城中甚

〔註39〕（清）齊學裘：《見聞隨筆》卷一「雷公顯靈」，《續修四庫全書・子部・雜家類》1181 冊，上海：上海古籍出版社，2002 年，第 45～46 頁。

〔註40〕 參見李伯重：《墮胎、避孕與絕育：宋元明清時期江浙地區的節育方法及其運用與傳播》，李伯重著：《多視角看江南經濟史（1250～1850）》，北京：生活・讀書・新知三聯書店，2003 年，第 205～210 頁。

〔註41〕 參見劉靜貞：《從損子壞胎的報應傳說看宋代婦女的生育問題》》，《大陸雜誌》第 90 卷第 1 期。

至有標榜通衢，賣打胎絕產之方為業者。到了清代，墮胎藥物的銷售更深入到了城鄉各地。為方便運銷，商人還將墮胎藥物大量製成丸藥，價格也不甚昂貴，使得節育藥物的獲得成為一件相對容易的事。〔註42〕

　　而正因為至清代，墮胎之事更為普遍，同時有關墮胎果報的故事也屢見不鮮。下文即是一例：

> 　　邑西偏有村曰河南浦村，婦李氏性蕩，夫卒，婦日與里中惡少狎，未幾遂妊，踰五月矣。鄰婦楊氏者能墮胎，以此漁利，婦素與昵，至是與以番錢五枚乞為之謀。婦受之，留與晚飯且飲以酒，婦醉矣。草草下手，胎未墮而李已死。乃呼其夫共縛以石而沉諸河，人無知者。越六年婦偶自鄰村收生回，才入門忽自摑其頰罵曰：「老娼婦，汝嘗為我言為某某墮胎，其人後俱無恙，我故以性命交於汝手。豈料汝毫不經心，乃以沸湯漬草鞋取而摩之，我所以低聲呼痛者，恐為人知覺故也。豈猶是尋常腹痛哉？而汝猶力摩不已，致予腹中胎上沖而死。且汝既騙余錢，而致余於死，即買棺以葬余屍，或猶可恕，乃墜以石而沉諸河，使骨月俱葬魚腹，此仇尚可恕乎？」語畢，口吐白沫而僕，其夫為之叩首乞哀，許以拜懺超薦。婦忽瞋目曰：「老龜精尚欲以巧言解釋耶？余向以一時不能登陸，故飲恨至今，才得吐此惡氣。汝婦可死余，余獨不可死汝婦乎？」蓋凡溺鬼，必三年而後上岸，又三年始得索代方。沉屍時李氣猶未絕，故至此乃登陸索命也。於是其婦狂益甚跳擲叫號或攢眉捧心大聲呼痛，目上視作李氏臨死狀。至夜半竟死。此嘉慶間事，余得之吳香圃云。〔註43〕

　　故事中的產婆因墮胎致使李姓婦女死亡，也因此遭到死去產婦的冤魂報應，最終難逃死亡厄運。下面的故事也同樣是產婆受到墮胎的果報，其因出售墮胎藥致富，也最終因為墮胎藥而身亡。

> 　　蘇有某媼者，乳醫也。為狾犬所齧，腹膨亨如孕者，旋聞腹中有小犬吠聲，舉家惶駭，而媼不以為意，曰：「男子如此則殆矣。我

〔註42〕 李伯重：《墮胎、避孕與絕育：宋元明清時期江浙地區的節育方法及其運用與傳播》，李伯重著：《多視角看江南經濟史（1250～1850）》，北京：生活・讀書・新知三聯書店，2003年，第210頁。

〔註43〕 （清）朱梅叔：《埋憂集・墮胎》卷四，長沙：嶽麓書社，1985年，第82～83頁。

女身也，何害？」久之，腹痛欲裂，媼出鑰授其子婦，使啓櫝取一瓶，傾出朱丸九十餘，和水吞之，食頃，血湧如注，連產小犬五，家人皆喜曰：「其毒盡去矣。」然血竟奔潰不止，腸腑流出。媼暈絕，復蘇，命子婦盡取瓶中藥投之廁中，曰：「此墮胎藥也。我以此起家，亦以此送命矣。」言訖而死。〔註44〕

產婆因給人墮胎而致身亡惡報，有的甚至全家都遭死亡厄運，清代楊雪崖《聞見錄》曾記載了一則順治初年穩婆「墮胎惡報」的事：

崑山穩婆范氏，專爲墮胎。未及一年，一家十一口，俱患異症相繼死。范忽夢四青衣執牌云：「拿墮胎首犯！」遂得疾，旦夕叫號。告鄰人曰：「今日方知淫、殺二業最重。大家女婢，爲主人逼通。主母妒忌，必欲墮胎。更有閨女、孀婦，失身懷孕。尼姑亦所不免。或兒女太多，或生產艱難，俱來尋告。只緣貪財，故手害多命。吾做得幾何家事，替別人造如此惡業，凡用吾者，若非子孫滅絕，定是家業凋零，俱不得善報，只有好善人家，不用吾幹此事，俱富貴昌盛，吾死後無數冤對來尋，悔已遲矣。」言終而死。順治初年事。
〔註45〕

清代小說《八洞天》中描寫收生婆陰娘娘說「那婦人，慣替人家落私胎，做假肚，原是個極邪路的貨兒。」〔註46〕作者稱其「極邪路的貨兒」，顯然也是對這位收生婆持一種批判態度。

而文學作品中產婆替人墮胎的故事，與前一章所述醫家對產婆零割胎兒而下的批判一道，共同塑造了產婆殺害嬰兒的劊子手的形象。

三、貪財

在一些故事中，產婆往往是因貪財而做出傷害人命的事情。其中經常受譴責的兩種情況，一是盜胎盤，二是直接偷盜財物。這些故事都塑造出穩婆貪圖財物的小人形象。例如下面的故事，產婆偷了產家五兩銀子，洗三之日又向產家索銀未給，竟然以傷害小兒來報復，最終遭致天譴：

〔註44〕　（清）俞樾：《耳郵》卷三，《筆記小說大觀》第一編第十冊，臺北：新興書局，1981年，第6280頁。

〔註45〕　（清）吳震方《說鈴‧果報聞見錄》，《筆記小說大觀》第三編第十冊，臺北：新興書局，1981年，第6596頁。

〔註46〕　五色石主人著：《八洞天》，北京：書目文獻出版社，1985年，第73頁。

浙江平陽縣村民某，夫婦二人素行善事，中年無子，禱於神，甫得一男。其婦未產之先一月，村民以事須出外，留洋銀十元付婦，以備生產之用，婦藏之櫥中。次月，婦娠得男，延穩婆收生，穩婆向婦乞一舊衣為謝。婦曰：「我不能下床，汝自向櫥中取一領去。」穩婆開櫥，適見銀，遂暗竊其五而去。次日，其夫歸，檢銀失其半，婦知為穩婆所偷。第三日，穩婆以洗兒來，向之索銀不承，遂至口角。穩婆懷恨暗以小針插入兒髮際，兒啼哭不休，既而奄奄一息，婦憤極而縊，幸鄰婦急救而蘇。是日，天氣晴明，忽陰雲四合。雷電交作，則穩婆某跪於門外，手執洋銀五元、針一枚自首，余實竊某洋銀，不應將針刺入兒囟門，今拔之可活也。言方已，竟擊斃戶外矣。於是喧傳其事，達縣署，並據地鄰報縣收埋。時知縣事者，為浦城劉寶樹鍾琪，三十年前家大人掌教時舊徒也。此道光二十四年夏間事。〔註47〕

產婆還經常因為偷盜胎盤而受到譴責，《五雜組》卷五記載到：

桂州婦人生子，輒取其衣胞，洗淨細切，五味調和，烹之以享親友。此夷俗也。然余習見富貴之家取紫河車為丸，千錢一具，皆密令穩婆盜出，血肉腥穢，以為至寶，不亦可怪之甚耶？紫河車，欲得首胎生男者為佳。相傳胞衣為人取去，兒必不育，故中家以上，防收生嫗如防盜。然而嫗貪厚利，百計潛易以出。〔註48〕

卷十一又載：「聞胞衣為人所烹者，子多不育，故產蓐之家，防之如仇。惟有無賴乳嫗，貪人財賄，乘間竊之，以希厚直耳。」〔註49〕偷去小兒胞衣，如同害小兒性命，因此產乳之家防產婆如同防盜賊一樣。

另外，晚清畫報中也常有穩婆敲詐勒索的故事。例如下圖：

〔註47〕（清）梁恭辰：《北東園筆錄三編・平陽二事》卷六，《筆記小說大觀》十二編十冊，臺北：新興書局，1981年，第5114～5115頁。

〔註48〕《五雜組》卷五人部一，《筆記小說大觀》第八編第七冊，臺北：新興書局，1981年，第3527～3528頁。

〔註49〕《五雜組》卷十一物三，《筆記小說大觀》第八編第七冊，臺北：新興書局，1981年，第4094～4095頁。

此畫旁配有文字說明：「婦女胎孕感受不正之氣，所產似怪非怪，古人記
載之中恒有之。據報稱，京師宣武門內學院胡同，有旗婦懷胎滿月，延穩婆
收生，不料產下呱呱者，藍面赤髮，頭生兩角，獠牙出吻外。穩婆藉此索錢，
由數貫以至數十貫，始怏怏而去。事之有無不可知，而小人之遇事生風，因
風皺波，則實意中事。古人云：借助小人之力，雖小必倍，其償不滿，其欲
不止，即滿其欲，亦不已旨哉。斯言小人之不可一日居也，如此。」〔註50〕

以上穩婆偷盜錢物或者小兒胎盤，以及向產家敲詐勒索的行為，都塑造
了一種貪財、唯利是圖的小人形象。

第四節　與穩婆伴隨的魍魅色彩

這一小節屬於婦女和鬼怪的主題，大概包括兩個方面，一個是產婆進入
鬼世界給鬼接生的主題，一個是鬼胎的主題。對於第一個主題，文學作品中
的事例有很多，例如清代小說《八洞天》裏陰娘娘便因為給鬼收了生，後來
得病死了。〔註51〕另外因技術高超而出名的產婆被鬼請去接生的故事在筆記

〔註50〕盧群點校、評說：《北京舊聞　晚清社會新聞圖錄　自點石齋畫報》，蘇州：古
　　　　吳軒出版社，2003年，第127頁。吳友如等繪：《點石齋畫報・大可堂版》第
　　　　6冊，上海：上海畫報出版社，2001年，第98頁。
〔註51〕（清）五色石主人著：《八洞天》卷四「續在原」，北京：書目文獻出版社，
　　　　1985年，第73頁。

小說中屢見不鮮。現將這類故事摘錄於下：

　　姑蘇閶閭子城西有薛家墩，其地野曠多鬼。上塘有翁老娘，老
蓐醫也。弘治間春夕，聞有人扣門，云：「請收生。」翁啓視，二男
子邀去。行過上新橋，茫茫導至其家。人物繁夥，嘈雜滿室。室中
張燈，一婦人臨蓐艱苦，翁爲治之，產一嬰兒。其家大喜，飲食之，
酬以雙雞段帛，復令二男子護歸，四鼓矣。翁就寢恍恍及旦，視雙
雞乃二蝦蟆，段帛乃楮衣也。是曉翁憶舊道，求之無覓。其居薛家
墩者曰：「夜聞鬼聲笑謔，鼓樂喧鬧，若有燕慶者然。」〔註52〕

　　餘杭收生婦王老娘半夜聞扣門聲急，啓視，則喚收生者也。有
淡青色燈一對引之上船，其行如飛。至其家，坐蓐者乃一紅衣婦人，
稱曰大娘，其姑稱太太者，與收生婦共食。食畢，臨盆產一子。其
姑與銀半錠，大娘又私贈銀五錢，復以原舟送之。歸天尚未明也，
少寢覺腹痛異常，嘔吐狼籍，皆樹葉也。因疑產子者非人，檢其所
贈，乃冥鏹半錠也。唯大娘之銀則朱提焉，疑爲殮時受捨之物耳。
述異記。〔註53〕

　　杭州清波門，穩婆徐姓，老於收生，凡有難產，或瀕殆者，能
轉危爲安，應手立效，故巨室臨蓐，必迎致之。一日，薄暮，有人坌
息而至，問：「此是收生徐老否？」曰：「然。」其人曰：「家小主母
坐草兩日，而胎未下，勢甚急。知老好手，特令相迎，肩輿在門，請
速去。」徐不暇詳詰，倉促登輿，出城已昏黑。途徑莫辨，約數里，
其人曰：「至矣。」見一巨宅，閎壯麗。從角門入，有老翁彷徨室中，
見其人問曰：「收生來乎？」曰：「來矣。」翁有喜色，謂徐曰：「寅
夜相招，累姥蒙犯霜露，心殊不安。」徐笑曰：「我輩衣食在是，豈
敢憚勞。十二時中生育不絕，誰家娘子能自主白日誕麟耶？」即有婢
嫗自內出，炳巨燭，導入臥室，……始悟遇鬼，病累月而瘥，後有昏
夜邀其收生者，非素習之家，悉辭不往，蓋有鑒於此云。〔註54〕

〔註52〕（明）沈節甫：《中國文獻珍本叢刊 紀錄彙編》，全國圖書館文獻縮微複製中
　　　　心，1994年，第2349頁。
〔註53〕李永祜主編：《奩史選注 中國古代婦女生活大觀》卷六十一「術業門 三姑六
　　　　婆」，北京：中國人民大學出版社，1994年，第645頁。
〔註54〕（清）陸長春：《香飲樓賓談》卷一「徐穩婆」，《筆記小說大觀》第二編第十
　　　　冊，臺北：新興書局，1981年，第6128頁。

乳醫趙十五嫂聞人扣門請收生，趙遽隨行步稍遲，其人負之而去，奔馳如風，至石崖下謂趙曰：「吾乃虎也。緣吾妻臨蓐危困，知媼善此技，所以相邀。」便引入洞中，見牝虎委頓，趙於洞外摘嫩藥數葉揉碎窒虎鼻，即噴嚏數聲，旋產三子，牝虎即負趙歸。〔註55〕

萬曆丙申，杭城撫臺後有施婆業收生，忽於市遇二人招之往茶坊嶺收生。至則暝矣。其家重門巨室，侍從飲食，皆如人世。有美婦產甚艱，婆為收之。給以金錢及裙一件，但見炊者以人肘足納灶中作薪，大懼，辭出。至清波門外，天已明，其家正失婆。尋得，問所往，曰：「往茶坊嶺收生歸也。」眾曰：「此地為墓所，安有產者？」視金錢，皆楮。眾往察其地，果有墓，墓外有血水。乃蘇太學家婦墓。而裙，其葬衣。因發墓，產有兒，亦死矣。婆但病月餘，亦無恙。馬健甫談。〔註56〕

蘇易者，廣陵婦人，善看產。夜忽為虎所取，行六七里，至大壙，見有牝當產，不得解。易為探出之，有三子。生畢，負易還。按此即今所謂收生婆也。古謂之乳醫，乃俗語又有看產之名，且此婦竟以善看產傳名，宜表出之。〔註57〕

各種誌異形成一個神秘的語言環境，進入鬼界接生的產婆往往是因接生技術好而聞名的產婆，故事似乎是在表達，產婆的有名程度連鬼界也知曉了。這種故事即使在現代也仍有遺存。例如賀蕭等人在陝西農村田野調查中的名產婆劉希罕是一位被塑造成的勞動模範典型，但是鄉間卻流傳著她因到鬼界接生而「接生接死了」這樣的說法，帶有一種神秘和恐懼的氣氛。村民們關於她的傳說反映了古老而強烈的群體恐懼，而劉西罕的個人恐懼只能在害怕被當作迷信受到政府批判的另一恐懼之下保持沉默。〔註58〕可見名產婆被請到鬼界接生的故事作為一種傳說一直延續到近代，這反映了接生這項事務本身所帶有的不祥之感，其不祥可能來源於胎產之事的不確定性以及污穢觀

〔註55〕　（宋）洪邁：《夷堅志補》卷四「趙乳醫」，《筆記小說大觀》第八編第五冊，臺北：新興書局，1981 年，第 2454～2455 頁。

〔註56〕　（明）王同軌著，呂友仁、孫順霖校點：《耳談類增》卷四十三外紀鬼篇中，「收生者施婆」，鄭州：中州古籍出版社，1994 年，第 371～372 頁。

〔註57〕　（清）俞樾：《茶香室叢鈔》第三冊，卷二十一「蘇易」，北京：中華書局，1995 年，第 1310 頁。

〔註58〕　（美）賀蕭：《生育的故事：1950 年代中國農村接生員》，王政、陳雁主編：《百年中國女權思潮研究》，復旦大學 2005 年，第 323～327 頁。

念。當然，有學者還有另外的解釋，即從鬼怪文學的角度來看，鬼故事中對於鬼生子的情節著實感興趣，這反映出鬼類對傳宗接代之事也充滿了熱情，對子女也富有親愛之熱忱。顯然這是人類的一種移情表現。〔註 59〕同時，這些故事也從側面揭示出社會生活，〔註 60〕即收生經驗豐富之穩婆往往能夠解除產婦產厄之痛苦。但是從對穩婆造成的影響來看，穩婆自身卻處於一種與魍魅相連的恐怖氣氛，往往最終或病或死。而近代的社會調查（劉希罕的例子）也證實了此類故事會對產婆造成一種緊張的心理影響。

第二個主題是有關鬼胎的傳統觀念，即接生出的胎兒不是人形，而是各種奇怪之物。鬼胎有學者專門進行過研究，這是古代特有胎孕觀念的產物。鬼胎代表胎孕的不確定性，在古代「胎」的含義是任何生長在子宮內之物，有「痰胎」、「氣胎」、「水胎」、「血胎」等等，「鬼胎」實指一種阻滯。〔註 61〕江紹源在《中國禮俗迷信》中總結鬼胎之說構成有四：一是鬼魅樂與婦人交，二是以之解釋夢合野男子，三是以之解釋怪胎，四是以之解釋不明痞塊膨脹等病。雖很早便有人懷疑此說，但傳統醫籍多加以辯證，可見信者之多。〔註 62〕這類故事在筆記小說中不勝枚舉，僅舉二例：

> 乾道五年，餘杭縣人余主簿妻趙產子，青面毛身兩肉角，獰惡可怖即日殺之，未幾同邑文氏婦生子絕與前類，而兩面相向大非凡所聞見比亦殺之。而賂乳醫錢三十千使勿言，然外人悉知之矣。已而一圍人妻復生一物，亦然，三家之怪相去不兩年，所居只一二里內，豈非一氣所沴乎。王三恕說。〔註 63〕

> 弘治中，常熟縣民婦生兒，一身兩頭，出胎即死，人爭往觀，有與之錢者，民貧覷久得利，乃醃而藏之，乳醫周媼者爲予言，曾爲人家看產兒，有四頭連綴一項，驚懼殺之。〔註 64〕

〔註 59〕 程章燦：《話鬼——「讀鬼節」之二》，《文史知識》1999 年第 2 期，第 87 頁。

〔註 60〕 祁連休、程薔、呂微主編：《中國民間文學史》，石家莊：河北教育出版社，2008 年，第 346 頁。

〔註 61〕 吳一立著，林欣儀翻譯：《鬼胎、假妊娠與中國古典醫學中的醫療不確定性》，鄧小南、王政、游鑒明主編：《中國婦女史研究讀本》，北京：北京大學出版社，2011 年，第 74 頁。

〔註 62〕 江紹原著：《中國禮俗迷信》，天津：渤海灣出版公司，1989 年，第 61 頁。

〔註 63〕 《夷堅丙志》卷十六「餘杭三夜叉」，《筆記小說大觀》第八編第四冊，臺北：新興書局，1981 年，第 2050～2051 頁。

〔註 64〕 （明）陸粲：《庚巳編》卷一「人屙」，《筆記小說大觀》第十六編第五冊，臺北：新興書局，1981 年，第 2617 頁。

近代報刊仍舊喜以此類題材作爲逸聞。例如下幅名爲「婦人生蛋趣聞」

（《天津畫報》中華民國十四年五月二十五號　第1366號）

下幅名爲「婦人怪產奇聞」：

（《天津畫報》中華民國十四年四月十四號，第1325號。）

第五節　餘論：穩婆形象體現的社會觀念

因生育是社會中經常性的事件，所以穩婆往往和家庭之中婦女來往密切，產家往往也會重複請同一穩婆來幫忙。例如《夷堅志》中記載一位「屈老娘」，是武陵城東宋氏家族的慣用穩婆，八十多歲還爲宋家主持洗兒儀式。在洗兒過程中，屈老娘盤腿坐在床榻之上，懷抱嬰兒，「凝然不動，面色漸變」，最後竟然在宋家姻眷的靜候觀看中，漸漸死去。〔註65〕

又因每一次生育都包括分娩時接生、洗三、滿月等一套程序，而產婆要完成這一套程序，需要進出產婦之家數次，在這過程中，產婆與產家女眷都建立了較爲熟悉的關係。圍繞生子事件，產家女眷以及包括三姑六婆在內的婦女之屬往往藉由「洗三」、「滿月」之日而聚集一堂，呈現熱鬧場景。這也是婦女社交生活中一重要內容。

因添子對一個家庭來說是一件大事和喜事，因此產婆在接生之前和順利接生之後，都會得到產家相應的尊敬和感謝，產婆也往往因此在鄰里間享有一定威嚴。在一些記載中，產婆具有良善之心，對窮苦人家生產往往熱心助產，且不收報酬。因此，獲得窮苦人家的尊敬之心自不必說。

而在另外一些故事中，產婆成爲一些惡婦的幫兇。通過爬梳史料，我們可知產婆的負面形象大多出於墮胎果報的故事當中，或者諸如因貪財而傷害婦嬰、私換嬰兒之類的故事中，這些故事大多反映了社會所要求的一種倫理規範。即對建立婦德的要求：故事作者告誡女性身爲人婦，應該具有何種婦德，應該怎樣處理妻妾或者妯娌之間的關係。穩婆其實並不是作者批判的主要目標，而是以缺乏婦德之婦（尤其是妒婦）的替罪羊的身份出現。圍繞分娩構建這些故事，一是分娩本身具有很高的危險性，二是分娩的環境具有隱秘性。在強化正統女性道德行爲規範的過程中，這類妒婦以及穩婆會遭報應的故事大量湧現，穩婆的負面形象———一種貪財殘忍的形象被廣泛傳播。

產婆成爲惡婦幫兇的故事其實也從反面證實了家庭女性對其一定程度的依靠和信賴。但也正是因爲如此，家庭內婦女與家庭外產婆之間的親密關係往往被男性家庭成員所打破。男性認爲三姑六婆之屬，會破壞家風，因此要嚴防內外。希望通過規範家庭女性的社交圈，來建立一種可以控制的規範而有序的秩序，而外來的女性會破壞這種秩序。三姑六婆，包括收生婆在內的

〔註65〕　（宋）洪邁：《夷堅志》卷三十七，《筆記小說大觀》第二十一編第四冊，臺北：新興書局，1981年，第2509頁。

人群成爲被防範的對象。〔註 66〕

例如《濟公傳》第一百八十二回《吳氏遇害奉諭捉賊　濟公耍笑審問崔玉》中，黃義的嫂子吳氏因丈夫在外做生意，便留一位道姑住在家中，結果轉天出了命案，被開腹取胎，黃義向官府報告說：「回稟老爺，我哥哥走後，次日我送了兩弔錢去，見我嫂子家中有個二十多歲的道姑。我說我嫂子不應讓三婆六姑進家中，我嫂子還不願意，我就回鋪子了，覺著心神不定。次日我又去，就叫不開門，進去一看，就被人害了。」〔註 67〕此故事中，一是反映出婦女喜與三姑六婆往來，留道姑住在家中，可見對其信任和依賴的程度。二是反映出男性對此群體的牴觸之情，而小說將道姑描寫成容易被兇手扮演繼而混入婦女之家的角色，也正是男性對三姑六婆形象的一種塑造。

有關穩婆的魑魅色彩在歷來筆記小說以及民間傳說中多有流傳，這也反映了圍繞生育事件所具有的污穢色彩。《歧路燈》第七十五回載：

> 巫翠姐臨盆，鬧了半更，大有艱產之苦。紹聞到前邊賬房，把道士捏了一把。道士跟到廳簷下，問道：「山主何事？」紹聞道：「老仙長通醫道否？」道士道：「符籙禁咒、推拿針灸，下而望聞問切，一切濟入之厄，俱有仙傳。」紹聞方道了「房下分娩」四個字，道士道：「唬煞我也！你這話若在丹灶邊說，登時房子就轟了。你自去料理，我去看丹灶去。了不得！了不得！」這紹聞自回後邊，另作接穩婆、問妙方之事。遲了一更，生了一個相公。〔註 68〕

道士緣何對「分娩」之事如此牴觸？想必是因爲分娩具有的污穢色彩，對神明來說極爲不敬。文獻中也見「婦女不宜入神祠」〔註 69〕的記載。另外一篇故事也反映出宗教場所對女性拜香的厭惡，故事借神之口說：

> 最惡婦人女子，不守閨閫之訓，以焚香爲神可媚，以頂禮爲福可邀，塗粉施朱，莊嚴其外相，而適足以誨淫。靚妝袪服，躧潔其

〔註 66〕三姑六婆之所以遭到正統思想蔑視和痛斥，除了她們作爲婦女不守婦道，拋頭露面外，主要還因爲她們往往盜騙財務，誘惑人心。張國剛主編，余新忠著：《中國家庭史　第四卷明清時期》，廣州：廣東人民出版社，2007 年，第200 頁。

〔註 67〕（清）郭小亭撰：《濟公全傳》，天津：天津古籍出版社，2006 年，第 486 頁。

〔註 68〕（清）李綠園：《歧路燈》第七十五回，濟南：齊魯書社，1998 年，第 455 頁。

〔註 69〕（明）王圻：《稗史彙編》卷一百三十二，《筆記小說大觀》第三編第六冊，臺北：新興書局，1981 年，第 4121 頁。

儀容，而不免於藏垢，升階入殿，瞻像褰帷，以五尺之軀，隱難言
之垢，白髮之婆猶可恕，綠鬢之媛最甚憎。共度良宵，詎免春藏玉
洞；未絕天癸，難保月浸鴻溝。神之所懼者，尤在於此。而村姑田
婦，衣麻紵之裙衫，漬嬰兒之溲便，骸垢莫浴，足繭不脫，其暗香
之習習，又與向之男子，夾雜而迭作，蓋帷木偶者能堪之。有像即
有神，人且避之惟恐不亟，豈神獨能安享哉？〔註70〕

臺灣學者李貞德認為，分娩禁忌源於對神靈的崇拜所產生的恐懼。產乳
不吉，主要來自分娩血水污穢，容易觸忌犯神。〔註71〕《內闈》中也提到與
生育有關的民間信仰：其一，某個特定的嬰兒不是一般的孩子，而是送來讓
父母傷心痛苦的孽障，多半因父母曾經犯下的罪孽而遭到這樣的報應；其二，
懷孕是阻擋母親再生的不潔或污穢的事。〔註72〕

因產育所具有的污穢觀念，使得穩婆也玷染這一「污穢」的力量。《清稗
類鈔》中記載一位陳氏婦女有潔癖，說：

> 海寧陳家有孀婦某氏，富而有潔癖。嘗駕舟赴鄧尉探梅，行數
> 里，於船窗內見他舟傾糞溺於河，己舟方汲水為炊，遂命返棹。婢
> 媼力言己炊乃自攜雪水，已早熟。不聽，竟歸。氏平日飲食淡泊，
> 一切腥膩從不沾唇，嫌穢濁也。最憎穩婆，望而卻走，去後，必覓
> 其茶杯棄之。所用物或為婦人所跨，即棄不用，以其穢也。或以此
> 物適加他物上，則又大聲疾呼，謂以穢遇穢也。晨起，面巾不用布，
> 以績時出婦人跨下，不可施之頭面，以竹紙拭之。日啖蓮實、山藥
> 及香稻米粥等物而已。此康、雍間事也。〔註73〕

穩婆成為這位有潔癖婦女的最憎之物，說明在社會觀念中，穩婆具有的
污穢力量之強。以潔淨為本，禁忌污穢，本是婦女「四德」的禮教內容之一。
班昭在《女戒》中最早提出婦容的合禮標準：婦容不是指「顏色美麗」，而是

〔註70〕　（清）長白浩歌子著，陳果標點：《螢窗異草三編》卷一「唐城隍」，重慶：
　　　　　重慶出版社，2005年，第286～287頁。
〔註71〕　李貞德：《漢唐之間醫書中的生產之道》，原載《中央研究院歷史語言研究所
　　　　　集刊》第67本第3分（1996年），收入李建民主編：《生命與醫療》，北京：
　　　　　中國大百科全書出版社，2005年，90～94頁。
〔註72〕　（美）伊沛霞著，胡志宏譯：《內闈：宋代的婚姻和婦女生活》，南京：江蘇
　　　　　人民出版社，2004年，第154頁。
〔註73〕　（清）徐珂：《清稗類鈔》第七冊「異稟類」，北京：中華書局，1986年，第
　　　　　3421頁。

日常生活中做到「盥浣塵穢，服飾鮮潔，沐浴以時，身不垢辱，是爲婦容」。
〔註74〕也就是「婦容」是對女性潔淨的要求。而在日常生活中，此「潔淨」
也嘗嘗跨越衛生學上的意義，具有與「污穢」同樣的禁忌意味。

穩婆做些墮胎、偷盜胎盤、小偷小摸之舉，或許是受到三姑六婆整體刻
板形象的影響。衣若蘭在其論著《三姑六婆——明代婦女與社會的探索》中
歸納了三姑六婆的刻板印象，即三個方面：「巧爲詞說、搬弄是非」，「貪財好
利、盜騙財物」，「惑亂人心、媒介姦淫」。在一些故事中，穩婆也難逃「貪財
好利」形象。除此，穩婆還被賦予了「三姑六婆」群體的其他形象。例如下
面一個故事便說穩婆具有「巧爲詞說」的特點：

> 收生婆者，六婆之一也。心黠而口利。有業園叟，家道饒裕而
> 無子，納妾乃生女，頗不樂。婆曰：「先花後果，一定之理。且種豆
> 得豆，種瓜得瓜，老翁可曾種扁豆而得葫蘆乎？」逾兩年又生女，
> 叟愈憤懣。婆曰：「花有重開日，天時也。人無再少年，人道也。且
> 樹密多收果，梢頭結大瓜，老翁趁此精力，盍再購一房，以圖多育。」
> 叟如其言，數月便生一子，心雖喜而不能無疑。婆曰：「虧老翁種了
> 一輩子的園子，把歌兒都忘了。桃三杏四梨五年，棗子當年便還錢。
> 木性然也。棗子者，早兒也。早養兒，早得濟。正月入門，八月養
> 子，恰與棗子只春種秋實相符，何疑之有？」叟曰：「所言也是。但
> 汝何以知這些種園話頭？」婆曰：「不瞞老翁說，我新嫁者，也是種
> 園之老頭兒。俗語云：八十媽媽嫁到菜園裏，只圖吃好菜，不圖養
> 孩子。這些話頭都是老頭兒與兒孫輩所念誦，我耳熟焉，故能詳也。」

〔註75〕

另外，三姑六婆常被批評爲媒介姦淫之屬，其實小說中做淫媒的常是道
姑、賣婆、媒婆之類，而穩婆甚少涉及此類傷風敗俗之舉。然而，因穩婆屬
六婆之一，所以也被認爲具有姦淫不正之風。例如一個「穩婆苦節」的故事
說：上海城隍廟威德靈感，十分出名。道光丙戌年間，縣裏發起採訪、徵集
節婦孝子事蹟的善舉。凡是無力上表請求掛旌表揚的節婦孝子，眾人就把姓

〔註74〕 郭錦桴：《中國女性禁忌》，石家莊：河北人民出版社，1991 年，第 78～80
頁。

〔註75〕 （清）李光庭：《鄉言解頤》卷三「人部」，《清代筆記史料叢刊》，北京：中
華書局，1982 年，第 38～39 頁。

名彙集起來造冊，上報有關上級府縣衙司，建一總坊，刻上其名以示表彰。
這項工作開始時，在蕊珠書院設立了負責此事的總局，由幾位當地知名紳士
作董事。大家在討論中都表示，這是件有關當地風化之大事，不能挾雜少許
私人成見，就把城隍塑像，恭請到局裏供奉。參與此事的全部人員，在神像
前立誓，表示秉公作事。一天，有人前來舉薦一位節婦。詢問這位節婦家世，
說是個穩婆，董事王生笑道：「安有穩婆而能守節者？」眾以為然，此事作罷。
當晚王生夢見一黑衣人，召他進了縣城隍花廳，城隍嚴厲責備他不辨眞偽，
信口雌黃，謗誣貞節，讓他一早去文廟旁打聽，就會得到詳情。王生等到天
亮，果見一掃地老人，便以穩婆守節事向他詢問，老人說：

> 相公幸問我，他人勿知也。此眞烈婦，眞苦節，我四十年來，與之比屋
> 居，其家世業收生。婦有姿色，少寡無子，翁姑父母，勸之改適，誓勿從。
> 以姑年邁，不能為人接生，婦承其業，以養翁姑，頗盡孝。嘗為婦家接生，
> 巨家子豔其色，逼姦之，誓死勿從，以計脫歸。巨家子復以多金啖其翁姑。
> 翁姑皆勸之，婦割一耳以獻，使得自全。吾與比鄰多年，自少至老，未見其
> 與男子戲謔。似此節烈，未知應得旌表否。

王生聽後便將所聞遍告同人，將穩婆名登於冊。〔註76〕此故事之所以突
出守節之人為穩婆的身份，正是從反面反映出人們認為穩婆屬於姦淫之媒的
刻板印象。而不論穩婆被刻畫為殺嬰的劊子手，還是偷盜、勒索、貪財的小
人，或是污穢、姦淫的不正之婦，都是日常的道德教化將其塑造成為了婦德
教育的反面教材。

〔註76〕（清）梁恭辰輯：《勸誡錄類編》第十九章「婦女之勸誡・穩婆苦節」，《筆記
小說大觀》第十二編第一冊，臺北：新興書局，1981 年，第 582～583 頁。

第五章 晚清以降穩婆境遇及形象的變化

第一節 晚清以降婦嬰衛生行政的出現

一、「衛生」含義的擴展

　　晚清以降，中國社會轉型被稱為現代化或者近代化。中國人的生死及身體也開始進入國家行政視野。西方經驗是：各個國家致力於建立一個將工業化、教育、警察和實驗室科學與個人健康相聯繫的網絡，以形成國家層面的健康狀態。這種西方經驗被日本明治政府譯為「衛生」。「衛生」是一個古老的漢語詞彙，早在先秦時期就已經出現，其以養生為基本內涵而對於日本明治政府而言，「衛生」把中央政府、科學、醫生、警察和人民結成一個整體，共同努力去保護民族的身體，成為 hygiene 相對應的現代概念。因此，中國傳統詞彙衛生在日人的翻譯下成為「衛生的現代性」。衛生的現代性體現在個人健康與國家、民族、種族等話語糾結在一起。〔註1〕

　　余新忠將近代衛生概念與傳統的差別總結為以下幾點：首先，一方面，近代衛生與傳統相比，明確界定其為謀求增進身體健康的行為，關注點在健

〔註1〕 （美）羅芙芸：《衛生的現代性》，江蘇人民出版社，2007 年，第 146 頁。對於「衛生」一詞的意涵演變過程，可參見余新忠：《晚清「衛生」概念演變探略》一文，收入黃愛平、黃興濤主編：《西學與清代文化》，北京：中華書局，2008 年，第 554～579 頁。

康而非疾病，從而在狹義上將傳統概念中的「醫療」這一含義驅隔了出去。另一方面，由於衛生行政包括對醫政的管理，所以在廣義上，醫療也仍可歸於「衛生」名下，只不過不是指醫療本身，而是指管理醫療活動的行爲。其次，衛生已不只是個人調養行爲，而成爲一門建立在近代實驗科學基礎之上的追求更合理健康的生活方式和環境的專門學問。再次，衛生也不再只是個人私事，而是關涉社會乃至民族國家的公共事務，需要借助社會和國家的力量來加以處理。最後，與傳統衛生的養護生命不同，近代衛生以一種積極主動的姿態去謀求更健康的生活方式和環境。其主要的關注點是利用科學知識和社會與國家的力量去改造外在生存環境以使之更爲適合人的健康需要。也就是說，與傳統衛生相比，近代衛生概念更具外向性、主動性、社會性和科學性。〔註2〕

　　從上述總結可見，「衛生」所具有的現代性是與近代衛生行政所分不開的。那麼，近代衛生行政都包括了哪幾方面內容呢？民國初年，陳方之在其著作《衛生學與衛生行政》從污物處理、瘟疫預防、供水、空氣、食物、衣服、住宅等幾個方面介紹了衛生學及衛生行政，而並無涉及婦嬰衛生的內容。但是在第五章「衛生行政的效果」中「衛生與國力」一小節說道：「人口增減爲國力消長最要元素」。並列出了歐洲各國在施行衛生行政之後的乳兒死亡率減少表。〔註3〕嬰兒死亡率對一個國家的人口增減影響很大，而各國對嬰兒死亡率進行統計也說明衛生行政其實是非常重視婦嬰健康這一方面的，婦嬰衛生其實也包含在衛生行政的範圍之內。

　　由於衛生行政是近代出現的新生事物，因此時人對此探討很多。〔註4〕其中俞松筠對「衛生行政」的解釋更爲清晰。他認爲衛生行政的手段，一方面是對於各種有關衛生事項施行管理，例如考核各種醫院診所的工作、審查醫師護士的資格，限制不合格醫藥人員的開業，檢驗市上銷行的藥品，施行檢疫手續，施行傳染病管理等等。另一方面是直接舉辦或督促舉辦各種有關衛生的事項，例如開設醫院療養院、訓練醫事人員，設立婦嬰保健機構，改善

〔註2〕　余新忠：《晚清「衛生」概念演變探略》，收入黃愛平、黃興濤主編：《西學與清代文化》，北京：中華書局，2008年，第558頁。

〔註3〕　陳方之：《衛生學與衛生行政》，北京：商務印書館發行，1934年，第24～26頁。

〔註4〕　參見余新忠：《衛生何爲——中國近世的衛生史研究》，《史學理論研究》2011年第3期，第132～141頁。

飲水設備及污物處理，推行工廠衛生、舉辦生命統計、提倡衛生教育等等。〔註5〕可見，近代衛生行政包含了政府對於醫院、醫士、藥品的管理和監督，也包括檢疫、防疫，還包括環境衛生、工廠衛生、婦嬰衛生、衛生教育等眾多方面。可見，與傳統衛生相比，衛生近代意涵的體現，很大程度上是依靠衛生行政所實現的。

除了防疫清潔以外，在近代衛生行政中，「婦嬰衛生」也逐漸成爲其中重要一項。婦嬰衛生或稱婦幼衛生、婦女衛生，其所涉及的人群包括「婦」與「幼」，指十五到四十四歲的育齡婦女，以及出生至六歲的幼兒。其內容主要包括助產教育、對助產者的監督與管理以及設立產婦保健機構等，其核心思想在於推廣新式助產以降低分娩死亡率。〔註6〕

民國十六年，畢業於普魯士公共衛生學院的胡定安發表《國家與社會之婦女衛生問題》一文，指出儘管婦女運動蓬勃開展，但是婦女衛生問題尚未被給予充分認識。因此，他呼籲社會要開展一場婦女衛生運動。從公眾衛生角度來說，婦女與未來的國民有密切關係，婦女衛生是一般的，不是個人的，「是很重要的公眾問題」。國家衛生行政對於婦女的設施方針，就是要「使一般婦女們免受胎產的痛苦和一切生命上的危險疾病，即免除有影響給予小兒的疾病，使婦女們對於子女，可全力負擔母親的責任，國家可以得到有健全母親養育出來的健全國民」。〔註7〕胡定安的建議代表了一種趨勢：婦女衛生也應被納入衛生行政範圍，成爲現代國家建設中所應採取的手段。

二、婦嬰衛生行政的出現

現代意義上的衛生行政起自晚清。衛生行政的一些舉措至少在十九世紀六十年代就已經出現在上海等地的租界中，而且對中國地方官府行爲產生了一定的影響。而作爲中國正式的官方行爲，開始於二十世紀初。光緒二十八年天津衛生總局成立，拉開了中國地方政府施行衛生行政的帷幕，也爲此後中央的衛生行政提供了借鑒基礎。〔註8〕下文將分清末、北洋政府時期、南京

〔註5〕　俞松筠：《衛生行政的意義》，《社會衛生》1946年2卷第3期，第3～4頁。
〔註6〕　此定義參考趙婧：《近代上海的分娩衛生研究1927～1949》，復旦大學博士學位論文，2009年，第26頁。
〔註7〕　胡定安：《國家與社會之婦女衛生問題》，《婦女雜誌》1927年第13卷9期，第9頁。
〔註8〕　余新忠：《晚清的衛生行政與近代身體的形成——以衛生防疫爲中心》，《清史

國民政府時期三個時段對衛生行政的總體概況及其中婦嬰衛生行政的狀況做一論述。

（一）清末

全國性的衛生行政起自清末新政的實施過程中。光緒三十一年，中央設立巡警部，這是集公安、民政、司法一體的機構，分爲五司十六科。其中警保司下有衛生科，職掌考核醫學堂之設置、考驗醫生給照，管理清道、防疫、計劃及審定一切衛生、保健章程。巡警部警保司設有衛生科，這是我國政府機關的名稱里第一次出現「衛生」一詞，即第一次出現專門管理公共衛生的機構。〔註9〕次年，改巡警部爲民政部，擴充職能，下設衛生司。衛生司下設三科。其中保健科負責職掌檢查飲食物品、清潔江河道路、貧民衛生及工場、劇場公共衛生。檢疫科職掌爲預防傳染病、種痘、檢黴、停船檢疫。而方術科職掌考核醫生、查驗穩婆、驗藥業、管理病院。〔註10〕可見，新政伊始，對於穩婆的監督與管理也納入了衛生行政的範圍之中。

光緒三十一年，又設置京師內、外城巡警總廳，總廳分設三處：總務處、警務處、衛生處。衛生處掌清道、防疫，檢查食物、屠宰、考驗醫務、藥料，並管理衛生警察事。衛生處分設四股：清道股、防疫股、醫學股、醫務股。其中清道股掌清潔道路，公廁，運送垃圾，禁止居民潑污水等。防疫股負責預防傳染病、種痘、檢查病院、獸疫、屠場、食店。醫學股負責醫學堂、病院情況，調查醫生、藥品、書籍，統計生死人數。醫務股負責救治疾病，稽查廠場衛生，製造藥品事。

內、外城巡警總廳下設五分廳，分廳設總務課、警務課、衛生課。衛生課掌管分廳內的清道、防疫、醫務、醫學事項。光緒三十二年，民政部設立。內、外城巡警總廳亦隨之隸屬，只是機構作了一些調整。總廳分設四處：總務處、行政處、司法處、衛生處。各處分設兩科。其中，衛生處第一科掌理清潔、保健、防疫等事項。清潔事項包括公共道路，督查居民掃除、運垃圾、

研究》2011 年 8 月第 3 期，第 51～52 頁。關於天津衛生總局的起訖經過可參見路彩霞：《天津衛生局裁撤事件探析——清末中國衛生管理近代轉型的個案考察》，《史林》2010 年 3 期，第 11～20 頁。

〔註9〕 曹麗娟：《試論清末衛生行政機構》，《中華醫史雜誌》2001 年第 2 期，第 86～87 頁。

〔註10〕 曹麗娟：《試論清末衛生行政機構》，《中華醫史雜誌》2001 年第 2 期，第 87 頁。

淘溝渠水井、設置管理公共廁所；保健事項包括醫生、產婆等的營業、考驗，檢查藥品，管理、限制毒藥使用，檢查飲食物品及其製造場所併廚房用具，診斷娼妓身體，管理工場及食品市場衛生，管理屠獸場及畜舍斃獸；防疫事項包括預防傳染病種痘、預防獸疫、各種消毒、棺屍停放及埋葬。〔註 11〕

由此可見，民政部衛生科、京師內外城巡警總廳衛生處、內外城巡警分廳衛生課構成了分級管理。這些部門按照科層制組織，形式上具有較為完備的行政資源。〔註 12〕

從當時的行政設置可以看出，除了日常的醫政管理（醫藥和醫生的監管）外，直接面向社會的職能主要就是清潔、防疫兩端。杜麗紅專論清末北京的衛生行政的論文，在論述衛生行政的主要內容時，也只探討了「衛生行政之街道清潔」和「衛生行政之防疫」兩項內容。而清潔實際上也與防疫密切相關。也就是說，當時的衛生行政是以防疫為中心的。〔註 13〕

而除了防疫這一中心內容，我們也可看到，清末衛生行政中已經包含有對穩婆的營業進行管理的內容，這可以說是婦嬰衛生行政的開端，其意義不能夠被忽略。而且，當時清政府衛生行政的內容深受日本衛生警察的模式之影響。〔註 14〕而日本的衛生行政內容中就已經包含比較完全的產婆管理制度。例如 1907 年，上海商務印書館出版南洋公學譯書院翻譯的《新譯日本法規大全》，是一部漢譯日本當時所有法律規範的作品，也成為清末相關立法的藍本。其中有「產婆外五業取締」一款，包括明治三十二年（1899）敕令頒佈的《產婆規則》以及《產婆試驗規則》、《產婆試驗委員設置規程》等法規。〔註 15〕因此，對於穩婆的管理，在清末已經納入政府的考慮之中。只是此時管理尚屬鬆散，實際情況是，穩婆只須三人以上之保證，便可領單開業。〔註 16〕

〔註 11〕 曹麗娟：《試論清末衛生行政機構》，《中華醫史雜誌》2001 年第 2 期，第 87 頁。

〔註 12〕 杜麗紅《清末北京衛生行政的創立》，余新忠主編：《清以來的疾病、醫療和衛生：以社會文化史為視角的探索》，三聯書店 2009 年，第 301 頁。

〔註 13〕 余新忠：《晚清的衛生行政與近代身體的形成——以衛生防疫為中心》，《清史研究》2011 年 8 月第 3 期，第 52 頁。

〔註 14〕 杜麗紅：《清末北京衛生行政的創立》，余新忠主編：《清以來的疾病、醫療和衛生：以社會文化史為視角的探索》，北京：三聯書店，2009 年，第 305 頁。

〔註 15〕 南洋公學譯書院初譯、高珣點校：《新譯日本法規大全》第 6 卷，北京：商務印書館，2008 年，第 520～523 頁。

〔註 16〕 楊崇瑞：《產科教育計劃》，嚴仁英主編：《楊崇瑞博士——誕辰百年紀念》，北京醫科大學、中國協和醫科大學聯合出版社，1990 年，第 137 頁。原載《中

（二）北洋政府時期

民國二年年初，臨時政府下令，把從前清延續下來的京師內外城巡警總廳合併為統一指揮的京師警察廳。京師警察廳設總務、司法、行政、衛生四處，1914 年增設消防處，至此共有五處十四科。其中衛生處下設三科。第一科掌管公共道路清潔、清道夫役配置、公廁設置和修繕、公共溝渠管理、住戶衛生監查、私有溝渠水井檢查、公共廁所便池境界消毒及交納租捐、廢料搬運晾曬管理。第二科掌管醫療行業的管理、製藥業檢查、毒藥限制、飲食物品及製造場所檢查、娼妓健康診斷、徒獸場檢查、公共娛樂場所衛生管理、傳染病種痘預防檢查、棺屍停放及墓地管理。第三科掌管巡警體格檢查、患病人犯診治、藥品化驗等等。〔註 17〕

在婦嬰衛生行政方面，民國二年九月一日京師警察廳發佈《暫行取締產婆規則》，規定凡為產婆營業者必須將姓氏、年齡、夫或子的姓名、籍貫、住址、保證（須尋妥當鋪保）、充當產婆年數（初營業者不列此項）、是否畢業（暫不限制，但外國婦女應以呈驗產科畢業證書為限）、收費數目等填寫呈報書，呈報警察廳聽候核辦。考核批准後發給營業執照，並收執照費銀洋一元，超過一個月未領執照者，原案註銷。沒有經呈報註冊的不准私自營業，違者罰辦。凡經批准註冊者門首必須懸掛「產婆某氏」字樣的木牌。警察廳還特別限制了產婆的一些行為：非有特別要事不得不應召請；不得需索重資；不得打胎；不得危害產婦及生兒；不得調換買賣男女嬰孩；有難產時須令本家請求醫生，不得以非法下胎；不得妄稱神方及用其他俗傳方藥與產婦及生兒服食；不得與產婦及生兒妄施針灸；產奇形怪狀時須呈報官廳不得妄為處置；不得宣佈產婦之秘密陰私及挾持需索。凡產婆經受接取之嬰兒須將地址、門牌、戶主、姓名、男女、初生月日、及有死亡等項詳細列表，經由該管警察署月終匯總呈報警察廳。違犯本規則者分別處罰或追繳執照。〔註 18〕這項規定比民國十七年南京國民政府頒佈《管理接生婆規則》要早了十多年。而這項規定也確實進入實施階段。

例如民國三年十一月，產婆李張氏未呈報官府批准，私自接生被查知，

華醫學雜誌》（上海）第 14 卷第 5 期，1928 年，第 61～69 頁。

〔註 17〕 參考丁芮：《北洋政府時期京師警察廳研究》，中國社科院研究生院博士論文 2011 年，第 41～42 頁。

〔註 18〕 北京檔案館 J181-018-00222《京師警察廳衛生處關於取締陰陽生及產婆規則的公函》。

警署因其「年老無知」，並未嚴辦。〔註19〕民國十四年六月，北平市警察局外左三區區署查驗當月出生報告表，發現表內產婆杜張氏的接生資格並未經警廳核准，未核准原因是「無確實經驗」，因杜張氏屬於私行營業，所以被判以五日拘留。〔註20〕民國十年一月，京師警察廳內左三區警察署接到皇城根興隆胡同居民陶智廣的報案，聲稱其胞妹懷孕五個月小產，請產婆陳張氏前來收生，結果嬰兒頭顱被揪斷。產婆陳張氏時年六十九歲，領有產婆執照，最終因業務不精被拘留5日。〔註21〕民國十年十月，《益世報》登載了一則短文《產婆外行和庸醫一樣》，十月十三日《國強報》又載《請看產婆慘無人道》一則，內右三區警察署〔註22〕根據報紙上的兩篇報導調查到文章的作者、管界禁衛街路南小胡同內路西門牌二十八號住戶張傑臣，據張傑臣稱產婆英金氏將產婦子宮剝離，致使產婦死亡，雖然警署沒有調查到充分的證據，但司法處還是以「流血過多，手術不精」追繳了英金氏的產婆執照，送由衛生處註銷，命令以後不准充收生婆，英金氏在警廳羈押二十天後釋放。〔註23〕這些事例都表明，民國初始，婦嬰衛生行政就已經在推行。〔註24〕

　　另外，民國六年京師警察廳制定《取締公私立醫院規則》，規定要稟報的各項內容，其中有院長、醫生、藥劑師、看護產婆等員姓名、年齡、籍貫、

〔註19〕 北京檔案館 J181-019-06975《京師警察廳外左四區區署關於未經官准產婆李張氏私行營業的詳報》。

〔註20〕 北京檔案館 J181-033-01083《北平市警察局外左三區區署關於杜張氏未經官准私行產婆業務的案》。

〔註21〕 北京檔案館 J181-019-3229《京師警察廳內左三區警察署關於陳張氏接生將嬰兒頭揪斷的呈》。

〔註22〕 清朝末年，京師內外城巡警總廳共有 23 個區警察署，簡稱區署。1914 年 8 月，北洋政府內務部將其合併爲 20 個區，每區設一個警察署，配備人數不等的巡官、巡長、巡警。穆玉敏著：《北京警察百年》，北京市：中國人民公安大學出版社，2004 年，第 146 頁。

〔註23〕 北京檔案館 J181-019-32279《京師警察廳衛生處爲收生婆白姓即英金氏誤將張金氏子宮損傷身故的呈》。

〔註24〕 趙靖依據曹麗娟《試論清末衛生行政機構》（《中華醫史雜誌》2001 年第 2 期，第 86～88 頁）一文，認爲「清末新政及預備立憲改革中，中央開始施行衛生行政。至民國初年，衛生行政體系的規模及隸屬曾多次變動，中央衛生行政所發揮的作用十分有限。而當時地方衛生機關的主要工作僅在於清道、防疫等，至於其他公共健康事務則少有涉及」，因此得出「近代中國分娩衛生作爲一項行政內容而得到推行是南京國民政府成立以後的事」，這個結論似乎不太妥當。參見趙婧：《近代上海的分娩衛生研究（1927～1949）》，復旦大學博士論文，2009 年，第 26 頁。

履歷、畢業文憑及行醫執照等。在公私立醫院獲准設立以後,對其進行監督,京師警察廳衛生處可隨時派員前往檢查,尤爲注意下列各項:所用醫生、藥劑師、看護產婆等員是否與原報相符。〔註 25〕此規則也對產婆的從業有一定程度上的監督與規範作用。

(三)南京國民政府時期

民國十七年四月,南京國民政府在內政部之下成立衛生司。〔註 26〕當時的婦嬰衛生計劃分爲四個方面:訓練婦嬰衛生人才;對助產士、接生婆及其他管理婦嬰衛生人員之監督管理;國內廣設產母、嬰兒保健機關;研究關於產母嬰兒健康問題。〔註27〕

當時的婦嬰衛生行政主要集中在北京、上海等大城市之中。在北京,民國十四年五月成立第一衛生區事務所,該區以學校衛生、工廠衛生、婦嬰衛生成績最爲顯著。婦嬰衛生工作分產前檢查、產前家庭訪視、收生、產後檢查、產後家庭訪視、產婦嬰兒疾病護理及衛生指導等等。有助產士二人、統計調查員二人,生命統計工作以內一區爲限。民國二十二年十二月,衛生處與北平大學醫學院合作成立第二衛生區事務所,組織仿照一區。婦嬰衛生方面,將區內產婆分爲兩組,每組每月在所會議一次,由助產士主席講解接生時應注意各點,並分發已消毒之臍帶布紮及嬰兒點眼之硝酸銀溶液、藥品等。嚴厲取締姥姥私自接生。民國二十三年十一月,在內三區原有內城錢糧胡同診療所的基礎上成立第三衛生區事務所。二十四年又添設第四衛生區,婦嬰工作由保嬰事務所派助產士二人常住所,辦公不分晝夜,有助產士預備接生,每星期六下午舉行產前產後檢查門診一次。〔註 28〕民國十九年五月設立保嬰

〔註25〕 丁芮:《北洋政府時期京師警察廳研究》,中國社科院研究生院博士論文 2011年,第 166〜167 頁。

〔註26〕 民國時期的中央衛生機構曾經歷多次改組,1928 年 11 月,改衛生司爲衛生部,1931 年 4 月,改組爲内政部衛生署,1936 年 11 月,又改爲行政院衛生署,此後又有幾次變動。參見李亞琴:《民族國家的重建與助產革命:以滬寧地區爲中心的觀察(1928〜1937)》,南京大學碩士論文 2006 年,第 19 頁。

〔註27〕 此婦嬰衛生計劃爲近代婦嬰衛生運動的開創者楊崇瑞所構想,參見楊崇瑞《中國婦嬰衛生工作之過去與現在》,《中華醫學雜誌》第 27 卷第 5 期,1941 年,第 283 頁。關於楊崇瑞與南京國民政府時期婦嬰衛生事業的開展可參見張大慶:《中國近代疾病社會史(1912〜1937)》,濟南:山東教育出版社,2006年,第 165〜173 頁。以及趙婧:《近代上海的分娩衛生研究(1927〜1949)》,復旦大學博士論文,2009 年,第 27 頁〜33 頁。

〔註28〕 吳廷燮等纂:《北京市志稿 2 民政志》卷八衛生三,北京:北京燕山出版社,

事務所，專辦婦嬰衛生事務。包括六項內容：接生婆及助產士之監察；孕婦嬰兒之檢查；保嬰問題之研究；保嬰事務之宣傳；嬰兒生死之統計；母職之訓練。民國十七年十一月，在保嬰事務所中設立接生婆講習所。〔註29〕

在上海，市衛生局於民國十六年七月開始正式辦公，通過頒佈法規、訓練產婆、設立婦嬰保健機構以及婦嬰衛生調查與宣傳等，全面執行中央的婦嬰衛生政策。〔註30〕

南京國民政府時期對於穩婆的管理方面，內政部於民國十七年八月三日公佈了《管理接生婆規則》，二十八年六月又經過修正公佈。規則對接生婆的從業條件、權力以及義務等方面做了如下規定：

第一，產婆的從業條件。從業者須向官府請領從業執照，無照不准營業。並且規定了從業者的資格：三十歲以上六十歲以下（民國二十八年修正案改為二十五歲以上五十歲以下），身體機能及精神狀態健全且無傳染病或惡疾。產婆開業前必須參加「助產講習所」，學習「清潔消毒法、接生法、臍帶繫切法、假死初生兒蘇生法、產褥婦看護法」等內容，講習所委託醫院或者醫學校、助產學校開辦，由地方政府撥給經費。學習期限為兩個月，注重口頭講授。學習期滿成績優良者發給證書，毫無成績者撤銷其營業執照。接生婆的開業、歇業、復業、遷移、死亡都需要向地方官署報告。接生婆門首需要懸掛牌子標明「接生婆某氏」字樣。

第二，產婆的權限。禁止對妊婦、產婦、褥婦或胎兒、生兒施行外科或產科手術。但施行消毒、剪臍帶之類不在此限。

第三，出生統計與呈報。生命統計是衛生行政的重要組成部分，政府除了培訓專門的生命統計調查員以外，助產者無疑是出生統計的最佳人選。政府為接生婆準備有固定格式的接生人數報告表，必須載明產婦姓名、年齡、住址、生產次數、生兒性別等，並保存五年以備查考。每月定時將上月接生人數列表報告地方官署，經民政廳或特別市政府匯轉內政部備案。

1989 年，第 288～299 頁。

〔註29〕 吳廷燮等纂：《北京市志稿 2 民政志》卷八衛生三，北京：北京燕山出版社，1989 年，第 307 頁。對於北京第一、二衛生區與保嬰事務所對產婆的訓誡與管理可參見楊念群：《再造「病人」：中西醫衝突下的空間政治（1832～1985）》，北京：中國人民大學出版社，2006 年，第 146～150 頁。

〔註30〕 趙婧：《近代上海的分娩衛生研究（1927～1949）》，復旦大學博士論文，2009 年，第 33～40 頁。

　　此外，各地方政府也紛紛出臺了一些管理產婆的章程。例如民國十七年，安慶市政府公佈《取締穩婆章程》，這項章程應該在南京國民政府內政部公佈《管理接生婆規則》之前，因此內容基本承襲民國二年京師警察廳公佈的《取締產婆規則》。章程特別強調了穩婆不得處置難產，遇有難產要請有執照的西醫來處置。對私自墮胎和調換買賣嬰孩也做了罰款以及永不得接生等非常嚴厲的懲罰規定。〔註31〕

　　天津市政府在民國二十六年二月八日也公佈了接生婆註冊規則的修正案，對於接生婆領取營業執照有限定說明，並且規定了接生婆進行生命統計的義務，即每月須將接生人數呈報政府備案。〔註32〕

　　上海市衛生局於民國二十三年三月三十日核准公佈了《訓練產婆簡章》，目的是訓練舊式產婆，讓其在最短時間內瞭解產科方法，以增進其助產常識及能力。方法是在各區內設置產婆訓練班，最短學習期限為一個月，學習課程為六門：妊婦產婦之生理與病理常識、胎兒及新生兒生理與病理常識、清潔消毒法、接生法及臍帶紮切法、假死初生兒蘇生法、產褥婦看護法，各科考試達到六十分方為及格，實習六次合格後由訓練主任呈請衛生局發給訓練合格證明書。〔註33〕

　　從以上各項規章可看出，當時對於穩婆的管理主要有兩個方面，一是建立了從業資格制度，穩婆必須領有營業執照才可接生。二是規定穩婆必須參加產婆訓練班，學習新法接生技術，考核通過以後才有資格領取營業執照。

　　實際中，產婆的取締工作（即取締非法營業產婆）進行十分緩慢。原因其一，政府經費的不足限制了產婆的訓練計劃。因為政府規定開設產婆訓練班的經費由地方政府稅項下劃撥，並不向接生婆收取任何講義費。新的衛生行政的開展需要政府充足的財政支持，而當時軍事和政治的迫切需求以及南京政府的財政政策加在一起限制了政府對衛生行政的支出。1928～1937 年間，軍費支出占國家指出總費用的 44%，債務負擔站同一時期國家支出費用的 35%，1929 年，衛生部全面工作的第一年，衛生服務的預算僅相當於整個國家預算的 0.11%。〔註34〕民國十七年頒佈《管理接生婆規則》，規定「各地

〔註31〕《取締穩婆章程》，《（安慶）市政月刊》1928 年第 2 期。
〔註32〕《修正天津市政府接生婆註冊規則》，天津檔案館 J0117-1-000018《接生婆註冊規則》1937 年。
〔註33〕《上海市政府公報》1934 年第 143 期。
〔註34〕李亞琴：《民族國家的重建與助產革命：以滬寧地區為中心的觀察（1928～

方官屬核發接生婆執照，限於中華民國二十年十二月三十一日為止。」而後經浙江省民政廳呈請，頒發執照期限准延長二年。接著又經湖北省政府呈請，批准再延長二年，及至民國二十四年十二月三十一日屆滿。但是在民國二十五年七月二十二日，江西全省衛生處處長潘驥向江西省政府呈稱：「本省助產士人數有限，接生婆訓練，過去因匪患關係，多未如期舉行，當此推行縣衛生事業期間，各縣擬一律舉辦產婆訓練，以重民命，為特具文呈請鈞府，俯准轉咨行政院衛生署，將接生婆登記給照期間，再予展期二年，俾推行婦嬰衛生，得以從容辦理。」〔註35〕這個呈請再次得到行政院衛生署的批准。

如按江西省的提議，接生婆的登記給照期限已經拖到民國二十六年年底，但是似乎這一項規定又沒有得到嚴格執行。因為在民國二十八年六月二十二日內政部又公佈了《管理接生婆規則》，這次頒佈的規則與民國十七年《規則》相比，修改了不少地方，例如將註冊產婆的年齡由原來的三十至六十歲下調為二十五歲至五十歲，這樣就直接取消了五十歲以上產婆的營業資格。並且規定「各地方官屬核發接生婆執照，限至中華民國三十年十二月三十一日為止」。於是，相比民國十七年的計劃，接生婆登記給照的期限一下子拖了十年。

當然，政府不斷地做出推延的決定也是因為助產士的培養不能滿足社會需要。民國二十三年湖北省政府要求再延長接生婆註冊給照的時間時，是據漢口市政府所呈報：「以該市接生婆，前經衛生局核准給照者，僅十四人。前衛生管理處擬繼續辦理，以值水災，中止進行，現時市民增加，助產士不敷需要，而前已給照之接生婆，遷移死亡者，又在所不免」。而內政部也稱：「至今計經核准給證之助產士，甫及二千人，自屬不符社會之需要。」〔註36〕總之因為獲得許可的助產士數量太少，根本不能滿足社會需要，因而取締接生婆的步伐就又慢了下來。同樣，民國二十六年江西省政府再一次要求延長接生婆註冊期限的時候，行政院衛生署也是無奈的答覆：「惟以助產學校尚未普遍設立，故截止現在止，經核准給與助產士證書者，共只約三千人，衡以我國人口及出生率自尚不敷社會需要。」〔註37〕所以，雖然在當時政府的構想

　　1937)》，南京大學碩士論文，2006年，第24頁。
〔註35〕《安徽省政府公報　訓令》1937年1月29日。
〔註36〕《山東省政府公報　本省命令》，1934年12月13日。
〔註37〕《安徽省政府公報　訓令》1937年1月29日。

中，訓練接生婆僅爲暫時的權宜之計，但是助產士培養工作的緩慢以及自然災害、戰亂等原因，使得接生婆取締的工作很難取得實效。

婦嬰衛生工作進展緩慢的原因，除上述政府經費限制、助產士培養工作不敷社會需要之外，地方衛生部門是否有力執行、產婆是否配合衛生行政工作也是另外的重要因素。民國二十六年三月十七日天津市長張自忠令第一衛生區事務所調查接生婆，因爲天津市政府《修正接生婆註冊規則》施行之後已經多日，卻沒有接生婆呈請註冊。而第一衛生區事務所的回覆卻是：經過調查，「並無未經註冊之接生婆」。〔註38〕此事便不了了之。

有婦產科醫生分析到，當時的事實有以下幾點：（一）我國的行政權不能直接在租界施行，以致居住在租界的穩婆，對於領取市衛生局開業執照這一件事，往往意存頑蔑，不願來產婆補習所修習。（二）行政當局不能在華界方面指撥一所合適的屋址給醫生開設產婆補習所，以致居住在華界的穩婆，感於距離太遠，來往不便，觀望不前。（三）衛生行政當局對於取締產婆條例，沒有切實地履行。所以產婆對於補習自己的謀生學術，依然玩忽。〔註39〕這三條原因無一不指向衛生行政工作在具體執行中的困難與不力，該文作者爲上海某產科學校校長，上海尚且如此，其他地方可想而知。

綜上，民國對於接生婆的取締和管理工作，尚處於步履維艱的過程。這與當時的政局以及政府行政能力有關。但同時也證明，穩婆已經被政府列爲衛生行政的掌控對象之中。

第二節 「衛生」話語下的穩婆境遇

一、輿論攻擊的對象

晚清開始至民國及至建國後相當長一段時期，取締舊式穩婆都是醫界、政界急迫改造的重點和不斷討論的話題。舊式穩婆受到關注的思想根源主要是民族危亡情況下對「強種」的訴求，因此也成爲近代衛生行政之制度建設的內容。〔註40〕

〔註38〕《天津市政府訓令》，見天津檔案館 J0117-1-000016《接生婆註冊問題》1937年。

〔註39〕《關於上海產婆補習所之事實報告》，《醫藥評論》1929 年第 5 期。

〔註40〕近代婦嬰衛生的展開與「強國強種」思潮的關係已經有很多研究者論述。例

十九世紀末、二十世紀初，一些社會精英及知識分子關注到西方婦產科學的發達，他們將之與中國的接生風俗形成對比，認為中國的接生之法亟待改革。民國以後，醫學界、政府、新聞界開始強勢宣傳新法接生，並且對傳統產婆加以更加嚴厲地批評，批評話語也與傳統不盡相同。最突出的特點就是將接生事業與國家強弱聯繫起來，認為強國必先從改良接生方法開始，如時人所說「年來知識界與醫學界，俱感覺到中國現在的衰弱，人民不講求衛生，人民的體格不健康，實在是國家衰弱最大的原因，為正本清源計，必須提倡保嬰事業，而訓練接生婆，改良其接生方法，是保嬰事業中最緊要的一步工作。」〔註41〕認為接生方法是產婦和胎兒生死的關鍵，「夫此呱呱者，乃種族之原。社會之基，邦國之本也。……而乃全託於龍鍾潦倒糊口謀生之老婦者，嗚呼！是養成產婆之論，實中國今日保重之要圖，強國之良法也。」〔註42〕他們將國家強盛的根本問題歸結到人種的優劣，而中國之所以衰弱，在於將接生全委託給傳統收生婆，「若長此假手於無知無識、目不識丁之產婆，將來不特視生產為畏懼之途。即生殖機能完全因而斷絕。人種之根本問題亦因之而消滅無餘矣。」〔註43〕此時，穩婆籍由女性的母職而受到社會精英們的關注，國家之所以有責任教育和「解放」婦女，是因為有必要塑造出能夠在生物學和文化意義上生育「優質」公民的高效母親。〔註44〕

時人對民眾仍舊普遍採用舊式穩婆的情況評價道：「對於社會方面不特不去怪他們，反信之彌堅。以為生死有命富貴在天，於人何尤。每每有許多的

如趙婧認為婦嬰衛生運動是號召集體實現種族延續的一種社會動員策略，見趙婧《母性話語與分娩醫療化——以20世紀三、四十年代的上海為中心》，《婦女研究論叢》2010年7月第4期，第58頁。富國強種目標的實現是婦嬰衛生事業的動力與歸宿，見趙婧《1927～1936年上海的婦幼衛生事業——以衛生行政為中心的討論》，《史林》2008年第2期，第130頁。李亞琴也將傳統穩婆作為近代助產革命的動因，見李亞琴：《民族國家的重建與助產革命：以滬寧地區為中心的觀察（1928～1937）》，南京大學碩士論文2006年，第12～16頁。周春燕更將「強國強種」思潮與婦女衛生近代化過程作為其問題意識展開論述，著有《女體與國族：強國強種與近代中國的婦女衛生（1895～1949）》，臺北：國立政治大學歷史學系，2010年。

〔註41〕《敬告市民注意接生婆的一隻筐子》，《第一助產學校年刊》1931年第2卷，第187～188頁。

〔註42〕《中國今日宜養成產婆論》，《婦女雜誌》1916年第二卷第四號。

〔註43〕史濟綱：《實施產婆教育說》，《廣濟醫刊》1927年，第4卷第9號。

〔註44〕（美）杜贊奇著，王憲明譯：《從民族國家拯救歷史：民族主義話語與中國現代史研究》，社會科學文獻出版社，2003年，第10頁。

牢不可破的謬誤的心理，深深的種布著在我們的社會裏。所以我們的社會弄到如此糟。上述舊式穩婆這樣的危險，和社會對於她們還有這樣的信仰。所以不能不極謀改良之方」〔註45〕。

在近代從無衛生行政，到建立衛生行政，並且推行西法接生的過程中，「信仰」一詞頻頻出現。醫界人士、政府人員、社會人士都在討論如何建立起一種新的「信仰」，即打破民眾對穩婆的舊「信仰」，建立民眾對西法接生的新「信仰」，這種培養民眾建立新「信仰」的過程成為一種新的知識與制度得以立足的重要機制。「信仰」在《現代漢語大辭典》中的解釋是「對某種主張、主義、宗教或某人極度相信和尊敬，拿來作為自己行動的指南或榜樣」。〔註46〕而本文所說的信仰，其實是指某一種文化體系或者知識體系內化於大眾的頭腦之中，成為不假思索的選擇，或者習慣性的信任。近代民眾對中醫以及傳統接生形式的信仰，其實就是一種知識體系已經內化為傳統，是一種習慣性的選擇。所以，西法接生在中國普及的過程，也是對民眾觀念進行顛覆性改造的過程。因此，所謂改良，即是要破除「深深種布」在社會之中的「牢不可破的謬誤的心理」。

在建立民眾新信仰的過程中，輿論宣傳的重要性被不斷強調。楊崇瑞在其產科教育計劃中提到推進衛生事業發展的第一條辦法就是「設法宣傳，使社會明瞭衛生的重要。」〔註47〕民國十七年一位醫生提到，「廣設宣傳機關，因為要社會信仰新式產婆，必定要努力地宣傳，使他們瞭解舊式的危險，和新式的佳良。宣傳的方法，不外口和筆。如演講會拉，雜誌拉，週刊拉，醫報拉，皆是宣傳的利器」。〔註48〕如這位醫生所主張，近代報刊充斥著對舊式穩婆的口誅筆伐，穩婆的無知粗鄙形象得到空前的光大。而報刊等媒介對於宣傳西法接生的功用，很早就被注意到。光緒二十四年，《萬國公報》刊登一篇《請廣行西法收生以解產厄說》的文章，其中就頗重視輿論宣傳，並列舉三種手段：第一，「擬請各善士將西醫收生各法能解產厄等說，刊印報紙遍揭通衢，並請各報廣登以冀周知遍曉」；第二，「擬請各報館，凡遇各處難產，

〔註45〕 王先麟：《改良產婆之我見》，《社會醫報匯刊第一集》論壇 1928 年 9 月。
〔註46〕 《現代漢語大詞典》編委會：《現代漢語大詞典》（上冊），世紀出版集團，漢語大詞典出版社，2000 年，第 363 頁。
〔註47〕 楊崇瑞：《產科教育計劃》，嚴仁英主編：《楊崇瑞博士——誕辰百年紀念》，北京醫科大學、中國協和醫科大學聯合出版社，1990 年，第 137 頁。
〔註48〕 王先麟：《改良產婆之我見》，《社會醫報匯刊第一集》1928 年 9 月。

不論已未保全，及一切危險情形如何施治之法，詳錄報端，勿嫌重複，俾華人耳濡目染，成見易消」；第三，「擬請廣譯西醫婦科專書，先將分娩接產各理法刊印單行本，賤價發售，再請各日報摘要分登，或善士捐資敬送，較諸婦嬰至寶、達生篇之類，活人功德不啻倍徙」。〔註49〕

除了報刊這種近代普及面較廣的媒介之外，文中還提到善士施送書籍這種傳統的善舉。作者建議利用這種善舉形式，施送西醫婦科之書，來代替《婦嬰至寶》、《達生篇》（即《達生編》）這樣的傳統婦產科書籍。在第三章中，已經提到此時在民間，刊刻《達生編》這類傳統婦產科醫書較爲盛行，而《達生編》也作爲傳統婦科知識的代表而成爲首當其衝的批判對象。民國十二年，俞松筠在上海辦了一個平民產院，免費收受平民產婦，另又辦了助產職業學校，專收女生，培育訓練。但是其自述「志在爲大眾服務，前項所辦的事業，尤以爲未足，認爲還未能普及與民眾，不能算是已盡了責任」。於是在民國二十二年編著《科學的達生編》，「贈送各產家，以期普及婦嬰衛生教育」，借「達生編」的家喻戶曉，來傳播西醫產科知識，「希望人人知道產科的重要，人人能明白生育的道理，已達到種族優生的境域」。〔註50〕十餘年後，爲達到更加普及的程度，又將此書在《社會衛生》連載〔註51〕。這其實是在知識傳播領域中進行鬥爭的過程，如要「廣行西法收生」，就要與《達生編》爲代表的傳統醫學知識的傳佈相對抗。

從當時的媒介宣傳可以看出來，社會確實已經形成一種取締穩婆刻不容緩的氣氛。1947 年有人在上海的東洞庭山各校同學聯誼社的會刊上發表了一篇《論收生婆問題》，作者說「總算科學之風也吹到了東山，西法接生這個名詞也在東山出現了……大家總可以理解，醫院來得『衛生』……其實，這種陋規固有取締的必要，然而如何的讓她們得到生活，這也是一個問題，在我覺得，在可能範圍之內，讓收生婆懂一點醫藥衛生，懂一點急救常識，依舊可以由她們代產婦收生，因爲東山雖然有了醫院，但是西法接生的人家到底還少，多數小康之家與莊家人家，也沒有錢也不肯西法接生，即使大家願意西法接生，在今日的東山的醫院也未必有力量接受著許多產婦的要求，因此，今日東山的收生婆也自有其存在的必要和理由，在整個國家已經把科學用在

<hr/>

〔註49〕　《請廣行西法收生以解產厄說》，《萬國公報》1898 正月卷，第 108 頁。
〔註50〕　俞松筠：《科學的達生編》，《社會衛生》1944 年 1 卷 1 期，第 38 頁。
〔註51〕　俞松筠：《科學的達生編》，連載於《社會衛生》1944 年 1 卷 1 期至 1 卷 7 期。

為人民服務了之後，那時候醫院多了，人民的知識提高了，收生婆這一類人，他們自己也會淘汰的。」〔註52〕作者從實際情況出發，為產婆存在的合理性說情，這引發了很多批評，批評者說作者「用了人道主義的眼光來看問題，結果由於憐憫與同情，輕輕地放過了那些依靠舊勢力而吃飯的寄生蟲，失掉了批評者應有的嚴厲的態度。」〔註53〕而其實當時政府也在「取締穩婆」的三令五申下默認了一時無法取締的社會現實，也是在做著如作者所說的「讓收生婆懂一點醫藥衛生，懂一點急救常識，依舊可以由她們代產婦收生」。〔註54〕但是當時的輿論環境則是必須持嚴厲的態度、尖銳地批評，不如此就會招致輿論的批評。

在這樣的一片討伐聲中，甚至出現有人打著報社的名義，利用穩婆的弱勢地位行騙的事件。1935 年 12 月，北平市公安局接到第一衛生區事務所報告：「近有《民生週報》社人員，前往東觀音寺十三號產婆榮崇氏家中，以勸令訂閱刊物為名，騙取定洋兩元。」又有外一區統計調查員報告：「現有李笑臣者，持其本人名片，在石虎胡同十六號產婆劉徐氏處以奉助產醫院院長之命向各產婆募集款項，另行設立助產醫院，將來醫院開辦後，所有捐款各產婆，均可得相當之利益及職業上之保障，該劉徐氏因恐詐騙，當用言語支吾，尚未被騙」。公安局根據行騙證件，定報收據以及名片上所寫，李笑塵是民生週報社經理人，地址在宣武門內安兒胡同十八號。但是經過搜查，安兒胡同由一號至十三號止並無民生週刊報社，也沒有十八號門牌及李笑塵其人，又查木英胡同甲九號雖有民生報社一處，但是其經理叫朱鏡心，社內也沒有李笑塵其人，據該社廣告股職員張俊川聲稱，該社一切對外收據絕不准個人私帶在外招搖，該社也曾經接到民生週報訂報收據一張，因為事出離奇，已經於本年九月十一日登報聲明。案子最終並沒有破，公安局只能讓衛生局保嬰事務所通知各產婆警惕受騙，再遇到這種情況，將人扭送到警廳。〔註55〕在這個案件中，行騙者以經濟利益和職業保障作為誘惑，拿訂閱報刊以及建立助產醫院當幌子，說明報刊以及助產醫院在產婆的生活裏至少不是完全新鮮

〔註52〕嚴雯：《論收生婆問題》，東聯社《莫釐風》1947 年 4 月 1 日。（東洞庭山各校同學聯誼社 同鄉會 在上海）

〔註53〕上海檔案館 D2-0-1009《關於「論收生婆問題」》，《莫釐風》第 1 卷第 11 期。

〔註54〕嚴雯：《論收生婆問題》，東聯社《莫釐風》1947 年 4 月 1 日。

〔註55〕北京檔案館 J181-020-23891《北平市政府關於查輯向市內各產婆行騙匪犯的訓令》。

的，但還仍是具有一定震懾力的新事物，並且也說明她們存在一定的職業危機感。正是因為存在這種危機感，才會有人以對她們職業上的保障相誘惑而進行詐騙。

二、政府取締的對象

（一）改造舊產婆

與社會人士要求把穩婆完全摒棄不用的強烈主張相比，醫界人士認識到在事實上，完全取締穩婆是有極大的困難。因此不得不遷就事實，在新法產科醫生還沒有大量產出能夠滿足需要的情況下，改造舊產婆，創辦產婆補習所。而且稱這是一種「截長補短」的計劃。〔註56〕最終的目的還是要淘汰舊式接生。

楊崇瑞在其民國十七年起草的《產科教育計劃》中，培養助產士與訓練產婆是推行分娩衛生的兩個途徑。她計劃開設三種學制的學習班：本科兩年，以養成高等助產人才為目的；速成班六個月，收有高小學歷者，較前者學習淺易；講習班兩個月，專為訓練舊式產婆而設。產婆講習班的宗旨在於使穩婆明白產科的大意。楊崇瑞認為：「北平為人才薈萃之區。所有產科醫士及助產士接生數目，與舊式產婆接生數目比較，為一與三之比例。由此推之，鄉鎮更不足道矣。舊式產婆在北平開業者約有千人，推之全國計當有四萬戶。以其人數之多，人民習慣之深，一時萬難消滅。是以該講習班為一種過渡辦法。其教授法以表演為最宜。」〔註57〕值得說明的是，楊崇瑞最先想到的是「訓練姥姥」，從改造舊產婆著手，而並不是以培養助產士為最先要務。〔註58〕

按照楊崇瑞的這種設想，民國十七年十一月，北平市衛生局組織產科教育籌備委員會，在錢糧胡同保嬰事務所設立接生婆講習所。第一次招生三十名，全部為女性、文盲，平均年齡五十四歲。教學內容重點有三：正常產的

〔註56〕　俞松筠：《關於上海產婆補習所之事實報告》，《醫藥評論》1929 年第 5 期。

〔註57〕　楊崇瑞：《產科教育計劃》，嚴仁英主編：《楊崇瑞博士——誕辰百年紀念》，北京醫科大學、中國協和醫科大學聯合出版社，1990 年，第 137 頁。

〔註58〕　楊崇瑞：《我的自傳》，嚴仁英主編：《楊崇瑞博士——誕辰百年紀念》，北京醫科大學、中國協和醫科大學聯合出版社，1990 年，第 147 頁。薛公綽：《我們學習的榜樣》，嚴仁英主編：《楊崇瑞博士——誕辰百年紀念》，北京醫科大學、中國協和醫科大學聯合出版社，1990 年，第 32 頁。

消毒、臍帶的正確處理以及如何識別分娩過程中的危象。〔註59〕十九年五月改爲講習班，前後一共訓練了十班，共二百六十八人。在訓練之前先調查產婆，年齡限三十歲以上至六十五。令遵章註冊，然後進行訓練。每班爲期兩個月。經考試及格以後發給證書。執行業務時，派醫員及助產士督同監察，至少以五次爲度。講習人才，由產科教育籌備委員會及第一助產學校供給。〔註60〕

產婆訓練班的目的並不是把他們訓練成產科專業人員，如此短的時間也不能達成這效果，而其更主要的目的是給她們灌輸西法接生的一些概念，讓她們具有「消毒」、「清潔」的觀念，並且通過她們，使產婦逐漸產生對西法接生以及產科醫院的「信仰」。時人認識到，西法接生如欲獲得普通民眾的信仰，必須先獲得舊式產婆的信仰。

民國十七年俞松筠在中德產科女醫學校附設產婆補習所，「專收現在開業之收生婆，授以產科學上各種簡要消毒法及手術，即胎產前後之如何調養，即藥物之如何配置，均當研究，規定三個月爲畢業」，〔註61〕該所四月底開學的第一批學員報名者有二十六名（而實際學習者只有九名），其中十三名均已年逾五十歲。〔註62〕第二批學員十八人只有六人畢業。俞松筠苦笑道「簡直貢獻極微，慚愧得很」，並且抱怨行政當局以及衛生行政當局的不作爲。然而他仍舊樂觀地看到了一些效果，使他「精神上卻也得有一個間接地欣慰。因爲那些經過補習的產婆，在潛移默化中，已漸漸地做了新法產科學術的宣傳使者。現在遇到了一般屬於難產範圍的產婦，卻已不敢魯莽從事，草菅人命，常能很忠誠的介紹他們到專門的產科醫院，使他們的生命，得有穩妥的寄託。據我在上海平民產科醫院一小部分的實況調查，凡經她們勸導前來的產婦，大多數是他們認爲無法處置的。而我們的產科學術，就因她們的介紹，救濟了幾乎產厄傷生的許多婦嬰。這種良好的現象，我們當然要再接再勵的去光大它。以求貫徹我們醫學革命的使命。」〔註63〕可見，讓產婆勸說產婦到專

〔註59〕嚴仁英：《學習楊崇瑞的獻身精神》，嚴仁英主編：《楊崇瑞博士——誕辰百年紀念》，北京醫科大學、中國協和醫科大學聯合出版社，1990年，第27～28頁。

〔註60〕吳廷燮等纂：《北京市志稿2民政志》卷七衛生二，北京：北京燕山出版社，1989年，第307頁。國立第一助產學校於1929年成立於北平。關於其概況可參見周春燕：《女體與國族：強國強種與近代中國的婦女衛生（1895～1949）》，臺北：國立政治大學歷史學系，2010年，第339～347頁。

〔註61〕《關於上海產婆補習所之事實報告》，《醫藥評論》1929年第5期。

〔註62〕《關於上海產婆補習所之事實報告續》，《醫藥評論》1929年第6期。

〔註63〕俞松筠：《關於上海產婆補習所之事實報告》，《醫藥評論》1929年第5期。

門的產科醫院分娩，是產科醫生欲達到的重要目的。因此，在普通民眾仍舊信仰舊式產婆，而不願接受新醫以及醫院的情況下，產婆充當了宣傳西法接生的角色。在實現分娩醫療化的過程中，產婆的宣傳被作爲重要一環。

當然，我們不能知道產婆在宣傳產科醫院時是否如俞松筠所說「很忠誠的介紹」，但是，產婆確實成爲產家與西醫越來越重要的中介。而且政府也看到產婆可以起到的中介作用，因此在各地的產婆訓練班中，「去請西醫」成爲一再對產婆囑咐的內容。

1930 年初無錫社會科設立的產婆訓練班三個月學習期滿，在畢業典禮上主任囑咐道：「如遇到難產，要去請西醫，一面可以在旁留心。」〔註 64〕1946年北平衛生局每月召開一次產婆談話會，「囑到會人員當接生際，如遇胞衣於一小時內不下時，須立刻報告助產士，以免意外，蓋邇來因胞衣不下而死亡者日見增多，故須注意。」〔註 65〕

在強調產婆要將處理難產以及異常產的工作讓給西醫之外，產婆學習的另一主要目的就是要具備「清潔消毒」的意識。例如北平保嬰事務所開辦的產婆訓練班，給每位產婆配備了一隻筐子，裏面有各種接生物品及消毒藥品。爲了讓民眾熟悉產婆所帶的這些消毒藥品等物，衛生人士還專門發文《敬告市民注意接生婆的一隻筐子》，告訴市民們經過接生婆訓練班訓練出來的產婆與傳統產婆是有所不同的，「他們不是像從前骯髒而盲幹的，是受有相當的接生訓練的，延請接生婆的諸位，只要留神調查他們已否領得開業執照，看他們是不是帶著一隻筐子這是最要緊的」。〔註 66〕產婆從訓練班畢業後，每月還要參加產婆談話會，聽衛生局官員訓話「消毒手續及利害」。而且每人每月配給消毒臍布十包或十五包、來蘇消毒水、硝酸銀、滴眼藥水、火酒、爲臍帶消毒的藥水等，並發給每人正式報告接生表十五張。到下月開會將接生報告單收上來，再配發消毒臍帶及藥水。〔註 67〕無錫的產婆訓練班也借鑒了北平經驗，爲每位產婆配備了「接生婆應用箱」，即一隻藤製的手提籃，裏面有手

〔註 64〕《接生婆訓練班畢業典禮紀事》，《無錫市政》第六號 1930 年 3 月。

〔註 65〕北京檔案館 J005-001-00594《衛生局產婆談話會記實及保嬰事務所檢送公務員甄別審查證明文件清冊 1946》

〔註 66〕《敬告市民注意接生婆的一隻筐子》，《國立第一助產學校年刊》1931 年第 2卷，第 187～188 頁。

〔註 67〕北京檔案館 J005-001-00594《衛生局產婆談話會記實及保嬰事務所檢送公務員甄別審查證明文件清冊》。

術衣、裝有各種消毒藥水的小洋鐵箱、紮臍帶用布、鉗子剪刀、用來擦鉗子剪刀以防生銹的凡士林等物。〔註68〕

改造產婆使其成為新法接生的實踐者和宣傳者，這是無法迅速取締產婆的一種替代性的做法。而這種做法的理想狀態也憑藉當時的文學作品呈現出來。民國三十七年一篇名為《改造產婆》的小說開始在《民眾週刊》上連載。〔註69〕

小說的主人公是一位名為「朱婆」的舊式接生婆，她住在一個小縣城裏，天天給人家收生。為人和氣、精明，人緣很好，那地方的女人們很信仰她，把她當做女聖人。「怎麼不對？連朱婆婆都說是的！」這是當地女人常用的話。有一天，縣城裏有了醫院，這是「上邊」傳達下來的旨意，「上邊」就是民國政府或者省政府。醫院對於當地百姓來說是個「奇怪」事情，更「奇怪」的是醫院裏還替人收生。而朱婆與醫院的故事也就此展開。朱婆女兒難產，危急之下朱婆將女兒送到醫院，院長唐醫生為其女兒做了剖腹產，才保得母子平安。這之後，朱婆對院長很是感恩，院長也藉此機會向朱婆介紹產前來醫院檢查的必要性。在朱婆女兒住院的幾天裏，助產士小燕也經常向朱婆介紹分娩衛生的一些知識，包括產後產婦的飲食、保養等等，朱婆也親眼見到醫院中為產婦消毒和保持清潔的種種新式做法。出院後，朱婆便到處宣傳她的所見所聞，當然宣傳的是醫院的「好」。後來有一天，唐院長找到朱婆，說縣長要禁止舊式產婆接生，朱婆非常擔心。但是唐院長又說他並沒有同意，他認為醫院人手不足，而且當地的產婆都「還好」，因此可以開設產婆訓練班，訓練合格後發給文憑，產婆拿著文憑到警察所領取開業執照，就可以繼續收生了。唐院長勸說朱婆第一個報名，並且還請朱婆動員縣城的另外八個產婆來報名。於是，這九個人的產婆訓練班便開課了。唐院長或者助產士小燕來為她們講課，課程採用看圖講解、模擬表演、口頭講述等方式。經過一次按照新法接生的實踐後，朱婆成為第一個順利畢業的接生婆。

此小說被歸為「科學小說」的類別，首先是以普及科學知識為主要目的。例如唐院長為朱婆說明產前檢查的重要性，可以預防臨時出現的一些危急情

〔註68〕 王世偉：《十九年冬無錫市政籌備處附設接生婆訓練班報告》，《無錫市政》第六號1930年3月，第50頁。

〔註69〕 馬麗：《改造產婆》，顧頡剛主編：《民眾週刊》，上海：上海民眾讀物社，1948年第2卷第1～8期。

況。朱婆在陪女兒住院的日子裏，助產士小燕爲她講解了產後應如何飲食，批評當地風俗只喝稀粥的不科學做法。

其次是配合當時政府的法規而作。例如作者借助產士小燕之口說：「咱們政府裏的規定，助產士不能接難產，因爲難產就要動手術，這些手術非產科醫生不行。」〔註70〕再如唐院長向朱婆說明有關營業執照的規定。〔註71〕

再次，小說是爲起宣傳作用，並不完全是現實的揭露與描寫，而是呈現出一種政府或者知識精英所希望達到的理想狀態。表現在，第一，醫生、助產士與穩婆之間建立了一種互相信任的和諧關係。朱婆成爲當地普及新法接生的關鍵性人物和醫院醫生及助產士的積極合作者。

當地百姓一開始並不認可在醫院中接生，在醫院裏打雜的當地人丁旺就認爲醫院是個行善事的地方，但是唯獨讓男人接生他不贊成。他回家後就把他的想法說給媳婦聽。

丁旺媳婦說：「喲，誰家生孩子叫男人動手呀！那有這種不害羞的婦道人家？」

丁旺說：「說的是呀，人們一打聽，男人收生，扭身就走了。」

女人說：「你不是說醫院裏也有女的嗎？他們不管收生？」

丁旺說：「有三個女的，兩個是護士，照料病人，換藥。一個叫助產士，只有這一個女的管收生。」

女人說：「那又何必一定要叫男的動手呢？」

丁旺說：「說的是呀，可是他們有時是非男的動手不可的。我看那女的也不行。」

女人說：「不行嗎！你怎麼曉得？」

丁旺說：「大姑娘嗎！聽別人說，她姓燕，今年才二十歲，還沒出嫁呢！你想，她自己還是個大姑娘，那裡懂得生孩子，這不是笑話！」

女人說：「要說接生嗎？像朱婆婆地才眞是一把好手。」

丁旺說：「那還用說，人家幹了半輩子，至少包到幾千孩子。」
〔註72〕

〔註70〕馬麗：《改造產婆》，顧頡剛主編：《民眾週刊》第2卷8期，第22頁。
〔註71〕馬麗：《改造產婆》，顧頡剛主編：《民眾週刊》第2卷5期，第25頁。
〔註72〕馬麗：《改造產婆》，顧頡剛主編：《民眾週刊》第2卷2期，第24頁。

當地人普遍認爲收生還是朱婆好，而唐院長也意識到可以利用朱婆的名望和人緣作爲新法接生的傳播中介。新法接生重要內容之一就是產前檢查。唐院長在產婆訓練班上說：「頂要緊的還是產前檢查，你們常常在外邊跑，知道誰家女人有了孕，頂好是勸她來檢查，至於生孩子的時候，她願意家裏生，就在家裏，願意請誰接生就請誰，這不是很好嗎？」他又指著老朱婆說：「你有許多老主顧……現在有了我們這個衛生院，好啦，可以替你們幫忙啦，你們對她們說，去吧，到衛生院看看肚子吧，有什麼毛病早些給你治好，到了生的那天我再來接生。」〔註 73〕這便是要充分利用穩婆的人緣來讓她們宣傳新法接生。而訓練班上的產婆聽後也都「心花怒放」，覺得麻煩事情全讓這個唐院長來做，她們就可以一順百順了。

小說呈現的第二種理想狀態是經過訓練後的產婆採用新法接生，清潔與衛生的特點獲得了產家的認可。小說這樣描寫道：

> 朱婆的實習是一次很順利的生產。助產士燕小姐沒有動手，一切全是老朱婆在忙。可是一切做法都是新的，不管是包孩子，洗孩子，點眼睛，剪臍帶，都是按照燕小姐教的方法來做。連那產婦的婆婆在旁邊站著看的也覺得奇怪。〔註74〕

這位婆婆自己生過幾胎，每次都是請老朱婆接生。老朱婆的舊手法她很熟悉，「向來沒有今天這樣的仔細，也沒有今天這樣的注意乾淨」。她記得老朱婆本來就比別的接生婆乾淨，每次接生，總是要先熱水洗手，可是今天不但洗手，還放藥水。還用藥水給孩子點眼睛。剪臍帶的剪子用一塊新手巾包好，放在蒸籠裏蒸了一個鐘頭，放起來等用時再打開手巾。老朱婆還再三的問：「煮過剪子沒有？煮過沒有？要煮過才用得呀」。紮臍帶和臍帶布都是蒸過的。她覺得這一切很奇怪，「也不知道是世界變啦，還是老朱婆變啦」。〔註 75〕

這或許正是知識精英們所期望達到的效果，改造了產婆，便改造了世界。如此，他們便如俞松筠所言：精神上得到了欣慰，「因爲那些經過補習的產婆，在潛移默化中，已漸漸地做了新法產科學術的宣傳使者。」〔註 76〕

〔註 73〕 馬麗：《改造產婆》，顧頡剛主編：《民眾週刊》第 2 卷第 7 期，第 22 頁。
〔註 74〕 馬麗：《改造產婆》，顧頡剛主編：《民眾週刊》第 2 卷 8 期，第 25～26 頁。
〔註 75〕 馬麗：《改造產婆》，顧頡剛主編：《民眾週刊》第 2 卷 8 期，第 25～26 頁。
〔註 76〕 俞松筠：《關於上海產婆補習所之事實報告》，《醫藥評論》1929 年第 5 期。

（二）取締舊產婆

婦嬰衛生行政工作開展以後，傳統穩婆的行爲開始被限定在法律規則的框架之內。近代對於穩婆的管理首先重視的就是對其開業資格的考察，符合要求的穩婆頒發給營業執照，不合要求的穩婆即被取締。下面幾個案件是穩婆無照私自接生被查，或者是接生資格被取消的事例。

在政府對產婆進行監督管理以後，許多產婆因爲年紀太大或者其他一些原因被禁止繼續接生，但是私下裏仍舊接生的也爲數不少。從檔案資料中可以發現，產婆私自接生的事情時有發生。

・產婆李張氏

民國三年十一月，產婆李張氏未呈報官府批准，私自接生被查知。警署因其「年老無知」，並未嚴辦。其口供稱：「年七十九歲，通縣人，現住法華寺後身，我夫早已去世，我曾於前數年時以接收嬰兒過渡，近因年老四肢無力，遂未接收。前日忽有鄰居保姓將我喚去，再三求接收，我因推辭不開，遂爲接收。」〔註77〕

・產婆杜張氏

民國十四年六月，北平市警察局外左三區區署查驗當月出生報告表，出生報告表中有由誰接生的記載，結果調查員發現表內產婆杜張氏的接生資格並未經警廳核准，原因是「無確實經驗」，按律私行營業屬於違法，所以被判以五日拘留。杜張氏向警廳供述到：「我係大興縣人，46歲，在58號居住，我婆母杜蕭氏曾以產婆爲業，現已故去，是我呈報繼續收生。現經警廳批駁不准，於舊曆上月廿四日有臥佛寺三條住戶焦劉氏請我收生，我得銅元四十枚。又於舊曆本月十九日有在石道嘴住戶靳范氏請我收生，我得銅元二十枚。是我私自接收。」杜張氏還稱她之所以私自接生是因爲產家來請，她「未肯推辭」。〔註78〕

・產婆丁陳氏

民國三十二年五月，時年五十四歲的接生婆丁陳氏搬家到內三區大佛寺西大街五十三號。按照《管理接生婆規定》，住址遷移必須向衛生局呈報，因此丁陳氏請求衛生局換發執照，但是衛生局給的批示是「查本局於二十八年

〔註77〕北京檔案館 J181-019-06975《京師警察廳外左四區區署關於未經官准產婆李張氏私行營業的詳報》。

〔註78〕北京檔案館 J181-033-01083《北平市警察局外左三區區署關於杜張氏未經官准私行產婆業務的案》。

查驗全市醫藥人員執照，該照未經查驗，業已作廢。所請遷移換照礙難照准。除將該執照留局註銷外，仰即攜帶收據印章來局將所繳費用領回可也。」意即丁陳氏的營業執照在四年前就已經作廢了。丁陳氏不服，因此向衛生局局長上書，陳述錯過上次查驗執照的理由是「自幼失學，文字不明，所有一切政令統由前保嬰事務所轉知。前者二十八年度鈞局查驗全市醫藥人員執照事，該前保嬰事務所併未通知氏，亦未得耳聞，是以貽誤。」丁陳氏說明沒有查驗執照的原因是保嬰事務所沒有通知到，而不是自身原因。丁陳氏接下來說明自己接生資格的合法性：「自民國十九年在保嬰事務所學習接生，經前市府衛生局許可註冊」，並且接生技術水平很高，「十餘年來所接生胎累以千計，手術之敏捷穩妥北城一帶均多讚揚，是以藉之生活。」〔註79〕丁陳氏對自己的職業技能感到自豪並且自信。考慮到丁陳氏並不識字，這封書信可能是別人代寫，但是我們仍然可以隱約看出三十年代北京民眾對產婆的依賴程度。

而丁陳氏之所以要奪回自己的接生資格，主要還是因為經濟原因。丁陳氏接著說道：「值茲生活高昂米珠薪桂之際，如將氏之執照註銷，則謀生無主必為餓殍，且氏隻身孀居，伶仃孤苦，尤無親友，誠無依靠之苦人，全憑接生度日，今者鈞局註銷氏之執照無異致氏於死命矣」。丁陳氏將自己描述成一個孤苦伶仃、無依無靠、只有靠接生度日的寡婦，接生是其全部生活來源，希望可以獲得當局批准。

然而檔案中我們並沒有看到衛生局對其呈請的再次批覆，因此不知道衛生局是否最終應允了丁陳氏的接生資格。從丁陳氏的陳述中我們可知其還是很配合政府政策的，例如參加了保嬰事務所開辦的產婆講習班，畢業後領取了產婆執照，地址遷移以後也主動呈請衛生局換照，卻在毫不知情的情況下錯過了一次執照查驗而被取消了接生資格。這個案件反映了在當時穩婆數量眾多且多是文盲的情況下，婦嬰衛生行政的稍顯混亂。

三、產家控訴的對象

近代醫事糾紛陡然增多，下面我們可以看到幾則訴訟案。穩婆不僅遭到衛生行政人員的調查與監管，同時還會遭到產家控訴。通過以下幾個穩婆遭控訴的事例，我們可以瞭解當時穩婆所處的社會環境。

〔註79〕北京檔案館 J005-002-00176《接生婆丁陳氏呈北京特別市衛生局為新遷移住址及貽誤查驗原因，仍乞恩施格外，予以換發新照以資營業而維生活由》。以下有關本案內容均引自此檔。

·產婆吳潘氏案

民國四年五月八號夜晚三點,家住北京臧家橋的徐小堂喊告產婆吳潘氏,控訴吳潘氏墮胎並致其妻徐黃氏身死。據徐小堂供稱:「女人黃氏現年四十一歲,甫將生產,先請得產婆張姓,伊說尚未到產時,又請醫生來看,伊說未到產時,旋即走去。後我女人仍說要生產,因不放心,是以於八日晚六時,又請得這產婆吳潘氏來瞧看,伊說頭已露面,欲要生產,伊竟擅自動手,在我女人下身掏摸多時,後伊言說胎兒已死在腹內,遂被伊掏出頭骨一塊,伊又要秤鉤,我恐我女人受傷未給,復又請得西草廠胡同原田醫院洋醫到來,始將已死胎兒割解取下,是以報告巡警帶案。」〔註80〕而吳潘氏的供詞則說:「我曾在徐姓家接過小產,今晚伊家又請我接生,我見產婦徐黃氏所懷胎兒頭已朝下已爛死在腹中,產婦說內裏疼痛已鬧了三天,我彼時當眾瞧看,遂由產婦腹內取出腦際頭骨一塊,後他們叫揪住別放手,他們去請西醫,西醫到來,將已死胎兒取下,徐姓報告巡警將我們帶案。」

五月九日,該案由外右二區警察署移送地方檢察廳第二分庭。當日午後,地方檢察廳檢察官、書記官帶同檢驗吏和一位劉氏穩婆到徐小堂家察看,此時產婦黃氏已經氣閉身亡。會同檢驗的結果爲「已死之徐黃氏,委係無傷,取胎後,因氣虛病身死,胎兒委係因胎死腹內,死後用手掏抓骨碎並支解」。驗完之後,檢查官發給抬埋票,令徐小堂迅速殮埋其妻兒屍身。吳潘氏則由司法警察帶往第二分庭起訴。五月十三日,警署又函問衛生處是否曾發給吳潘氏執照,並希望派醫研究該案。衛生處回覆說:該產婆於民國二年十月內曾領有執照,只是該產婆已經由司法警察帶往法庭,而且已死之產婦胎兒都已殮埋,沒有憑證無法研究。但是衛生處也說:根據所報檢驗情形,「則該產婆除用手掏抓孩屍之外,別無良法,即西醫遇此等事,亦以肢解孩屍爲宜。」最終,吳潘氏因「爲徐黃氏接生不慎,致徐黃氏身死,實屬玩忽業務上必要之注意」,經地方檢察廳第二分庭檢察官起訴,判處拘役一日。

縱觀此案,確如楊念群所說,審理此案的大多是檢察人員與警務人員。〔註81〕雖然警署也諮詢衛生處請其研究該案,但是產婦胎兒屍體全都迅速掩埋,

〔註80〕 北京檔案館 J181-018-04936《京師警察廳外右二區區署關於徐小堂控產婆吳潘爲其妻黃氏墮胎身死一案辦理情形的詳報 1915-5-1》。下文有關該案內容均引自此檔案。

〔註81〕 楊念群:《再造「病人」:中西醫衝突下的空間政治(1832~1985)》,北京:中國人民大學出版社,2006年,第155頁。

衛生處也表示無法研究。唯一參與該案實際調查的專業人員則是穩婆劉氏，說明這一時期鑒定接生事故的標準還沒有完全同意到現代衛生學的標尺之下，傳統產婆仍然起著權衡接生方式優劣的權威作用。〔註82〕同時也說明，對於難產的處理（諸如此案的死胎不下），何種情況屬於醫療事故尚缺乏相關法律依據，警政系統也毫無相關辦案經驗。因此，雖然在本案中，屍檢結果表明徐黃氏對產婦及胎兒的死亡並無責任，衛生處也表明該產婆做法無罪的態度，但是最終吳潘氏還是被判處拘役的刑罰。

・產婆英金氏案

民國十年九月，《益世報》登載了一則短文《產婆外行和庸醫一樣》，10月13日《國強報》又載《請看產婆慘無人道》一則。內右三區警察署據此兩篇報導調查到文章的作者、管界禁衛街路南小胡同內路西門牌二十八號住戶張傑臣，據張稱：

> 緣我女人共生過四個小孩，前兩個是請護國寺西廊下產婆這白姓即英金氏之婆婆給接收的，後兩個是找英金氏給收的。生其第四個女孩是本年陰曆八月十五日白晝十二點多鐘，所生當時有我嫂子在旁照顧，見小孩落生衣胞下來之後，我女人因身弱以致子宮亦隨後落下。當時英金氏誤認爲係雙生，即將子宮剝開，致我女人因流血過多，面色萎白，難以動轉。英金氏始將子宮託上，領我女人坐在炕上，叫人扶持勿令躺下，他即要錢走去。我嫂子遂將英金氏剝我女人子宮遺下之皮收起。後來給我女人請來李姓醫生診治，據稱我女人子宮已被剝壞，無法調治，我女人遂於十日下午三時故去，是我心中忿無暇伊涉訟，本擬不予計較，但因想著產婆與醫生無異，藝業不精，最易人性命，故此給伊登載《國強報》，以免他再危害別人。並恐官家見報茲問，故將我女人子宮被剝下之皮仍然收留作證。〔註83〕

對此，英金氏辯解道：

> 我係正黃蒙旗人，年五十歲，在護國寺西廊下門牌二號居住，現有婆母、男人及子女、兒媳並有夫弟、弟妹。我與我婆母現均當

〔註82〕 楊念群：《再造「病人」：中西醫衝突下的空間政治（1832～1985）》，北京：中國人民大學出版社，2006年，第155頁。

〔註83〕 北京檔案館 J181-019-32279《京師警察廳衛生處爲收生婆白姓即英金氏誤將張金氏子宮損傷身故的呈》。以下有關本案內容均引自此檔。

收生婆，我曾在憲廳領有收生執照，我係跟我婆婆學的，我婆婆係
跟我外祖母白姓學的，故此現在人均稱呼我為白姓。我婆婆係自卅
二歲學會的收生，現已八十歲，仍常為人收生。我係自 28 歲學習的
收生。緣因禁衛街住戶張傑臣之妻現已生過 4 個小孩，除他頭生而
是我婆婆給收的，其餘是我給收的。他因不願生女，故他於生養女
孩時得有血迷病根，上次他生產血迷時我將血水和白糖給他喝了一
碗，他即平安無事。及至本年陰曆八月十五日上午七點，張傑臣將
我接去給伊妻收生，九點半中見伊妻漿胞已破，於十二點鐘生養一
女，衣胞未下時我因時間過久曾令她家人吹水煙袋，迨小孩落生後
伊妻因問知生的是女孩，故此又血迷。我即又將血水和白糖給他喝
了一碗，她遂安定。少時我等他家給他喝粥吃雞子完了，他令她家
中給我銀洋一元，我於下午一點鐘回家。至九點多鐘張傑臣又遣人
叫我說，伊妻身體不適，我告知他們請醫生調治。次日才聽說病故，
無動其子宮情事，至我所領收生執照，現在我家存放，情願取來呈
案，所供是實。

　　英金氏並未陳述衣胞落下之後她如何處理的內容，更否認傷其子宮。司
法處只好將張傑臣所提供證物交給外城官醫院進行鑒定。經過醫院西醫長鑒
定，結果為「該證物多係草紙凝固血液，僅存有圓徑乾固堅韌薄膜一塊，周
圍約五寸許，邊端連接薄帶皮一條長約六寸許，此物已經有日，僅現黑黃色，
間有透明，中央又放線狀隆起兵黏著糙紙血跡泥沙等物，證物殘缺，無幾已
失原狀，類似衣胞薄皮，不能斷定為子宮」，但又說「流血過多，手術不精已
無可諱言」。雖然沒有充分的證據，但司法處還是追繳了英金氏執照，送由衛
生處註銷，命以後不准充收生婆，英金氏在警廳羈押二十天後釋放。

　　在此案中，張傑臣的觀念有一個轉變過程，從剛開始不願涉訟，到意識到
產婆的技藝「與醫生無異」，即產家開始意識到產婆是導致產婦死亡的重要原
因，而在過去，產家可能更多的認為是「命」而並不責怪產婆。同時，張也意
識到可以利用報紙這個媒介去表達不滿，並且冠之以「慘無人道」的形象公諸
於眾，這與媒體對待產婆的主流輿論如出一轍。這也可以看出媒體輿論對大眾
觀念的影響，並且大眾也開始潛移默化採用官方話語去製造社會輿論。

・產婆陳張氏案

　　民國十年一月二十日下午七時，京師警察廳內左三區警察署接到皇城根

興隆胡同門牌一號住戶陶智廣的報案，據陶稱：

> 我在陸軍部衛隊憲兵排當憲兵，我胞妹劉陶氏已懷孕五個月一
> 月十七日，忽欲小產，遂我得亮果廠東口外產婆陳張氏前來收生，
> 因係倒生，陳張氏將嬰兒的腿揪住往外一拉，致將嬰兒脖子揪斷，
> 致將頭顱遺在腹內，陳張氏聲稱頭顱已然化爲清水，並不礙事。言
> 畢，伊即走去，我胞妹從此即昏迷不醒。遂購買烏金丸一服服下，
> 始將嬰兒之頭及衣胞打下。惟我胞妹仍是昏迷不省，恐有危險，除
> 已將嬰兒屍身並頭顱及衣胞先後掩埋外，請求將陳張氏傳案訊究。
> 〔註84〕

而據陳張氏供稱：

> 我係京兆武清縣人，年六十九歲，在亮果廠東口外大佛寺地
> 方門牌三十九號居住，素當產婆爲業已有二十餘年，並於前數年領
> 有充當產婆執照。緣於本年一月十七日有興隆街胡同住戶劉陶氏因
> 小產，遣人找我去給接收，我當前往見劉陶氏已經坐在產盆上，他
> 係因爲五個月小產，嬰兒也已死在腹內，又被藥力將死嬰兒催動，
> 以致倒生。嬰兒全身已然產下，放在地上，惟有頭顱及衣胞折斷，
> 遺在產門內，業已腐爛不堪。他們叫我將手伸入產門內將頭顱及衣
> 胞給摸出來，我說小產骨縫不開，我不能將手伸入產門內，如其頭
> 顱衣胞遺在產門內邊上我可以代爲摸出。後我伸手摸了摸，未能摸
> 著頭顱，我遂向他們說衣胞已經腐爛無法摸出，叫他們另行請人醫
> 治，我遂走去。至一月廿日不料被劉陶氏胞兄陶智廣將我控告，經
> 警傳區解案。今蒙訊問，我給劉陶氏摸他小產嬰兒斷在產門內之衣
> 胞頭顱時，我說衣胞依然腐爛是有的，我並未說嬰兒頭顱已化清水
> 的話。

這似乎又是一個謎案，到底嬰兒頭顱是自己斷的還是陳張氏給揪斷的，
並沒有證據可以證明。在陳張氏看來，她已經盡了職責，並不承認過錯。警
察在不知到底誰說謊的情形下，詢問了產婆陳張氏的鄰居何姓婦女，該婦說：

> 聽說是因爲將小孩之頭揪斷，劉姓情急，找到陳姓產婆家內理
> 論，又兼陳姓產婆出言牽強，陳張氏之女兒亦在旁協助其母，只是

〔註84〕 北京檔案館 J181-019-3229《京師警察廳內左三區警察署關於陳張氏接生將嬰
兒頭揪斷的呈》，以下有關本案內容均引自此檔。

搪塞，以言塞責，說話未免有失和平，所以劉姓不依，方才成訟，
原劉姓產婦懷孕時，胎胞已經不安，產婦時常有病，傳聞屢經醫生
施治，並常服安胎之藥，終不能以保其胎，故此次竟成五個月之小
產，是嬰兒早已死於肚腹內，原來生產一道生活小孩易養，死兒最
難，況且又不足月，產婦骨縫不開，產婆如遇此種情形，故是一種
難事，但是該陳姓產婆手術亦甚平庸，嬰兒全身既下，為衣胞及頭
難脫之際，其用力過猛，因將嬰兒脖項揪斷，頭尚未出，此等產婆
實屬無能至極，彼竟用如此力量，將嬰兒之頭揪斷，產婦之難受行
徑可知，當陳姓產婆前往劉姓家內收生之時，彼一到劉家，小孩業
已露出半身，移時全身皆下，該產婆遂扭定全身將頭揪斷，揪斷之
後，彼亦張皇失措，無所為計，一面口中以言支吾，遂說不要緊不
要緊，小孩之頭時久即可腐爛或化清水自可流出，一面說一面逕行
走去，其景況如此，是因無術所致，其後劉姓家因想當產婆竟能如
此無能，又找到產婆家內質問，陳姓產婆辭窮，惟有搪塞之語，兩
家故此涉訟。

　　警察又向另一個鄰居王姓探尋，所說情節與前言大致相同。鄰居使用了
「此等產婆實屬無能至極」的嚴厲話語，這可能是因為訴說對象是警方，因
此有意按照官方話語來表達的因素在內。正是警方的介入，這種緊張的鄰里
關係得以塑造。鄰居也佐證了產婆確實說過嬰兒頭顱已經化為清水的話。最
後原告表示「本不欲與當產婆之苦人作對，如其當時有些道歉之語，彼時即
不能與該陳張氏涉訟」，只是希望當局加以告誡。最後陳張氏被處以拘留五日
的處罰，並立下「現我深知改悔，懇求保釋，我以後接生格外慎重，絕不敢
有玩忽職守等情」的保證。在鄰居眼中看來，「苦人」是當產婆者的群體形象。
產家稱本不願與產婆這些「苦人」作對，只是因為產婆態度惡劣而引起口角
之爭，以致成訟，而一旦產婆認錯或者產家息消，就會撤訟，並不堅持醫療
事故本身的處理以及賠償。下面一個案例也是同樣。

・產婆張李氏案

　　民國十四年一月，京師警察廳第三分署接到張王氏的報案，據張王氏稱：

　　　　我女嫁與東便門外黃木廠村李家為媳，婿名李書林，前於本月
　　十二日我婿遣人將我找去，說我女行將臨盆，我至他家時有我婆家
　　姑母張李氏代為收生，聽說我女難產，被其姑母用刀將嬰孩胳膊肋

骨割下後，經其姑母強將嬰孩揪出時，嬰孩屍體不全，我想我女內部受傷，請由其婆家覓醫診治。張李氏聲言無礙，並願負責。不意我女竟由昨日身故，顯繫於臨產時因張李氏收生手術不良以致傷內身，是以將張李氏控告，請求作主。〔註85〕

而張李氏描述的經過則與之完全不同：

> 供我係大興縣人，年 59 歲，在東便門外廠東門村居住，我娘家弟李海在我房前住家，我內任名李書林我任媳現年三十六歲，過門已十餘載，產生男女孩八個內有我代收生三個，現只生活一女，餘皆夭亡。於本月十一日我弟將我找去，說我任媳行將臨產，我即隨往。詢我任媳聲稱已覺腹疼一日至晚，我任媳下部放水並說產下胳膊一隻，我知係橫生，我遂商諸我弟，另找收生婆，俟有我弟覓來收生婆兩個，均不敢動手。次日他生母張王氏亦被找來，到我任媳所產小孩自己落生時已天斃，我將臍帶剪斷時我任媳無恙。昨我任媳因病身故，今他生母張王氏將我控告到案，僅蒙詢問，我任媳臨產時我並未動手刀割，我代收生嬰孩亦未經官署許可。

在張李氏的描述中，小孩如何落生的過程被完全省略掉，只是辯解並未用刀割嬰孩，那麼難產小兒並不會自己落生，張李氏似乎在隱瞞接生細節。隨後，張李氏表示「深知過錯」，產婦母親也息了訟，稱其「說話時和我氣急控告到案，現張李氏既已認錯，我不願涉訟」。此事就此罷休，而張李氏是否用刀割嬰，她並未親口承認，我們也不得而知了。

從上述案件可知，產婆在遭到指控時都會極力辯解，並不承認各種指控，這在當時應是一種普遍的現象。如北平市政府衛生局第 461 號指令，對「保請取締接生婆慈張氏」的呈文的批示中，也是以年齡偏大為由，予以取締。文稱：「業將該接生婆慈張氏傳局訊問，對於接生不按規則各節，堅不承認，惟查該接生婆年齡，業經超過部頒管理接生婆規則之規定，除將其開業執照繳銷並令其即日停業外，合行將該慈張氏畢業證書，發交該所（保嬰事務所）註銷。」〔註86〕

〔註85〕北京檔案館 J181-019-46291《張王氏控張李氏因收生手術不良以至伊傷內身死送請訊辦一案》。以下有關本案內容均引自此檔。

〔註86〕北京檔案館 J5 全宗 1 目錄 57 卷，轉引自楊念群：《再造「病人」：中西醫衝突下的空間政治（1832～1985）》，北京：中國人民大學出版社，2006 年，第 172 頁。

　　在本文所列舉的案例中，李張氏和杜張氏私自接生被查，她們雖然承認私自接生的事實，但都強調是產家再三請求，自己無法推辭。丁陳氏也對衛生局取消自己的接生資格表示不服，並上書衛生局長說明自己錯過證照檢查是保嬰事務所沒有通知，並且自己的接生技術有目共睹，希望衛生局能保留她的接生資格。在產家控訴產婆的幾個案件中，產家與產婆的描述幾不相同，產婆都不承認產婦或者胎兒的死亡是由自己造成。而在警署辦案過程中，也缺乏專業醫療人員的相關鑒定，因此無法知悉是否屬於產婆造成的醫療事故。案件結果或者是以產婆「業務不精，無可諱言」為由判處一定懲罰（例如吳潘氏和英金氏案），或者是產家氣消而息訟，產婆道歉了事（例如陳張氏、張李氏案）。

　　然而值得注意的是，我們不能忽略歷史的複雜性。值得說明的是，雖然穩婆處於被取締的強烈呼聲之中，但是穩婆並不是產家控訴的唯一對象。助產士和產科醫也常因為造成產婦嬰兒死亡而被產家控訴。「態度傲慢」、「無服務精神」、「架子十足」成為產家不滿助產士和西醫的主要原因。〔註87〕助產士往往自視甚高，認為產婦缺少醫學知識、缺乏忍耐，而產家也認為這些受過高等教育之女醫對產婦不耐煩，這便導致雙方的摩擦。陳存仁認為中醫在墮胎和手術方面最不擅長，中醫師絕對不能為貪圖錢財而以身試險，否則稍有差池，就容易引發訴訟。他說：「我離開了上海，易地開診，見到這個地方常常有中醫為人墮胎，被判徒刑。其實這種中醫，並不是真正的中醫，可能是地下西醫及無牌護士，他們都是用鉗子和刮宮的器具來操作，以及非法施用西藥，手術做的不好，病人送入醫院，醫院便報告警局起訴，行醫者便被判入獄。中醫是不會動手術的。我看到這種新聞污及中醫聲譽，為之歎息不置。」〔註88〕陳存仁作為中醫，自為中醫辯護，從其話語中也可看出施用手術為人墮胎，因手術不精常引起訴訟，而操持這類手術的人往往是名為中醫的「地下西醫和無牌護士」，按陳存仁所述，實則並非專業醫生。

　　綜合本節產家控訴穩婆的一些案例來看，近代所展示的醫病關係呈現出一種複雜的特性。控訴發生似乎更多的是因為口角之爭，而非針對醫療事故本身。一旦產家氣消，也並不過多糾結產婆的過失。分娩在社會事件與醫療

〔註87〕趙婧：《近代上海的分娩衛生研究（1927～1949）》，復旦大學博士論文，2009年第111頁。

〔註88〕陳存仁：《我的醫務生涯》，廣西師範大學出版社，2007年，第68頁。

事件之間的界線是模糊的。病家呈現出的是一種實用態度，而並不像一般知識分子所表現出來的對於舊式穩婆所代表的傳統接生方法的絕對詆毀和對於助產士所代表的新法接生的絕對信任。產家最重視的是接生者的態度問題，採用何種接生方法並不是最關鍵的。產家會在請助產士接生之後再請穩婆，也會在請穩婆之後再請西醫，都是可能發生的情況。例如在民國三十六年上海蓬萊區衛生事務所助產士王觀芳傲慢失職一案中，由於產婦出言對其下手粗重表示不滿，王觀芳竟然甩袖而去，產家只得另請去一位穩婆，產婦才得以安然分娩。〔註89〕一產科畢業之日本產婆因接生技術太差也遭產家控訴。稱其「至分娩時，該產婆毫無產科上之知識。一籌莫展。呆若木雞。」〔註90〕在上述案例中，產家提到的是接生者「下手粗重」，或者「呆若木雞」，也就是並不熟練，熟練還是屬於「經驗」範疇，產家也並沒有特別提到助產者的「消毒」手段等等新法接生內容。

從上述例子也可體現出傳統醫病關係在近代的延續性，即病人有權力「擇醫」與「試醫」，不停的換醫過程並不表示病人是要尋找特效藥，而是在尋找可以信靠的醫生。〔註91〕例如民國二十四年，一則北京第二衛生事務所助產士朱崇秀控訴穩婆李吳氏的案件，助產士指控李吳氏阻撓產婦前往醫院，並且接生時不帶接生筐，「既受訓練，不守規則，實屬有意違犯」。〔註92〕而產家此時站在了為產婆辯護的立場，稱「自己堅決主張寧可冒險，不願赴院」，自己「籌思至再，終覺仍以老法為宜，因本胡同李吳氏助產有年，頗多經驗，因立刻往請為助」，又說嬰兒早已胎死腹中，而自己安全無恙，「足見李吳氏經驗手段佳，氏一家甚為感激」。並且為李吳氏求情道「該氏一家性命俱賴此生活，（保嬰）事務所扣留其執照，無異斷絕其生路」。〔註93〕此案表明在

〔註89〕 趙婧：《近代上海的分娩衛生研究（1927～1949）》，復旦大學博士論文，2009年第 110 頁。

〔註90〕 鮑憲章：《屍立垣筆記：收生婆》，《中華全國電政同人公益會會報》1927 年第 30 期，第 43～44 頁。

〔註91〕 雷祥麟：《負責任的醫生與有信仰的病人——中西醫論爭與醫病關係在民國時期的轉變》，李建民主編：《生命與醫療》，中國大百科全書出版社，2005 年，第 469 頁。

〔註92〕 《北平市政府衛生局保嬰事務所呈文》，轉引自楊念群：《再造「病人」：中西醫衝突下的空間政治（1832～1985）》，北京：中國人民大學出版社，2006 年，第 156 頁。

〔註93〕 《李孟氏呈文》，轉引自楊念群：《再造「病人」：中西醫衝突下的空間政治（1832～1985）》，北京：中國人民大學出版社，2006 年，第 157 頁。

婦嬰衛生行政實施的過程中，產家對新法接生的信仰仍未完全建立，即便「冒險」，也更覺老法接生可靠。產家與穩婆同住一個胡同，對其「助產有年，頗多經驗」的信任超過了對陌生醫院的信任。對此，助產士必然覺產家不可理喻，也不免遷怒於穩婆。〔註94〕對於產家來說，「經驗」成為產家信任的對象，傳統的習慣性力量仍舊強大。

對於廣大產家來講，穩婆仍舊是他們普遍選擇的對象，這也是因為經濟問題影響了他們的實用態度。上述某案例中日本產婆的接生費用為二十元大洋，時1927年。〔註95〕上海醫生以及助產士的接生費為五元至五十元，時1934年。〔註96〕一位紹興醫生說紹興地區西法接生的產婆收費十元至二十元，這在中等以下的家庭，一月的生活費都夠了，時1923年。〔註97〕1947年上海市衛生局甚至呈請市政府「免收接生費以利公醫制度之推進」，因市民「生活程度激增，奔走終日由不獲一飽」。〔註98〕在吃飯這種基本生活條件都得不到保障的前提之下，人們又怎會在乎婦嬰之「衛生」。

雖然廣大穩婆仍舊是產家信任和選擇的對象，然而她們也確實遭遇到了新的境遇：李吳氏一案與本文前述幾個案件一致的是，雖然沒有確鑿證據證明產婆失職，但李吳氏還是最終遭到了取締。「助產有年，頗多經驗」，得到人們信賴和尊敬的穩婆會遭到政府公權力的不信任，這說明市民對日常生活的邏輯在被強行予以塑造，〔註99〕也說明在近代衛生行政取締穩婆的大方向下，穩婆的生活處在並無保障的境遇之中。她們似乎「有理」也說不清，一旦被控訴或者遭當局取締，並無任何力量可以支持其「並無過錯」的判定。這可以說是穩婆面對衛生行政所遇到的新境遇。

〔註94〕目前的研究成果顯示近代民眾對於新法接生的態度比較複雜：一些民眾動輒將婦嬰死亡的責任歸結到助產士而非穩婆，民眾對傳統穩婆的態度似乎是較為寬容；但是又同時存在民眾往往在穩婆束手無策時求助於助產士的現象。周春燕：《女體與國族：強國強種與近代中國的婦女衛生（1895～1949）》，臺北：國立政治大學歷史學系，2010年，第368～369頁。

〔註95〕鮑憲章：《屍立垣筆記：收生婆》，《中華全國電政同人公益會會報》1927年第30期，第43～44頁。

〔註96〕《上海市政府公報》1934年第143期（電子）。

〔註97〕《紹興舊式接生的情形》，《醫事月刊》1923年第1期。

〔註98〕上海檔案館 Q400-1-3384《上海市衛生局呈請免收接生費以利公醫制度之推進》1947年9月。

〔註99〕楊念群：《再造「病人」：中西醫衝突下的空間政治（1832～1985）》，北京：中國人民大學出版社，2006年，第158頁。

第三節　傳統穩婆形象在近代的延續與演變

一、龍鍾婆婆──與「婆」字相連的傳統形象

（一）「婆」字近代性的出現

　　翻閱近代史資料，以接生爲業的婦女群體有「穩婆」、「產婆」、「接生婆」、「助產士」等多種稱呼。其中，「產婆」一詞應用範圍較廣，從學術著作、政府律令到民間輿論都有使用，但是它的內涵並不確定，有時包括「穩婆」和「助產士」新舊兩種群體，有時則專指新式或者舊式某一種，涵義比較混雜。而「穩婆」、「接生婆」等專指傳統舊式接生婦，「助產士」專指系統學習過西醫婦產科的新式接生婦，它們都有確定的涵義。在目前對婦幼衛生事業的研究成果中，趙婧的博士論文專設一節「產婆詞義的流變」，分析了近代「產婆」指代群體混亂的現象，並且指出用「產婆」指稱助產士的人很大程度上是受了近代譯介的日文書籍的影響，而後時人逐漸發現了「婆」字蘊涵的傳統因素，認爲這個名稱會毀壞新式助產者的新形象。〔註100〕然而文章對「產婆」詞義的演變過程分析稍顯疏陋，其實，「產婆」詞義在中國的流變是一個更爲複雜的過程，其背後反映出近代衛生行政開展後政府、醫生、助產士、產家及其他社會人士的觀念及力量博弈。因此下文將對「產婆」一詞的使用及其含義變化情況做一細緻梳理，並在此基礎上指出舊式穩婆難逃其傳統「婆」的刻板印象。

　　「產婆」一詞在中國古已有之，例如《衛生家寶產科備要》載「只可令熟事產婆及穩審謹卓老成親密三兩人，扶侍產母。」〔註101〕因此傅大爲所說「一般而言，產婆一詞來自日文」並不十分準確。只是在中國古代，「產婆」並不是個常用詞，而「穩婆」應用更爲廣泛〔註102〕，口語中也常說「收生婦」。

　　「產婆」的大量使用已經時至清末，卻並非出自中醫著作，而是出自對國外情況的介紹性著作之中。例如鄭觀應在《盛世危言》文後附《英、法、

〔註100〕趙婧：《近代上海的分娩衛生研究（1927～1949）》，復旦大學博士論文，2009年，第58～61頁。

〔註101〕朱瑞章編，徐安國整理，楊金萍點校：《衛生家寶產科備要》，上海：上海科學技術出版社，2003年，第4頁。

〔註102〕例如清代《事物異名錄》以「穩婆」爲目錄。（清）關槐增纂，吳瀟恒、張春龍點校：《事物異名錄》，長沙：嶽麓書社，1991年，第151頁。

俄、美、日本學校規制》，在介紹日本繁多的學校名目中提到「產婆學校」〔註
103〕。再如黃遵憲在《日本國志》中譯介了日本法律，其中有一條是「醫師、
產婆及藥商等」犯墮胎罪罪加一等〔註104〕。1907 年，上海商務印書館出版南
洋公學譯書院翻譯的《新譯日本法規大全》，是一部漢譯日本當時所有法律規
範的作品，其中有「產婆外五業取締」一款，包括明治三十二年（1899）敕
令頒佈的《產婆規則》以及《產婆試驗規則》、《產婆試驗委員設置規程》等
法規。〔註105〕這些說明，中國近代「產婆」一詞的流行是與日本的影響分不
開的。在這一點上，傳大爲所說「產婆一詞來自日文」也不無道理。

　　在日本，產婆名稱也經歷了一個變遷過程。據清末名醫汪惕予介紹，明
治初年內務省頒佈的敕令、新律綱令、舊刑法、刑事訴訟法、民事訴訟法等，
都使用「穩婆」一詞，到明治四十一年（1908 年），發佈刑法，正式改稱「產
婆」，對於民間一向使用的「穩婆」一詞，官方棄而不用，表明一種希冀改革
的意味。後日本醫生緒方正清，又以產婆之名不盡恰當，特地改稱「助產婦」，
其意圖是想以產婆作爲無學識者的代稱，而以助產婦爲作爲有素養者的代
稱，「欲挾新舊之名義爲區分新舊產婆之標誌」。〔註106〕日本官方和醫界從穩
婆——產婆——助產婦的稱謂變化所蘊含的「改革」用意，對中國的影響同
樣非淺。

　　20 世紀初的中國產科醫生開始將「產婆」移用，代替了傳統文獻中普遍
使用的「穩婆」、「坐婆」等語。例如汪惕予將其婦產科著作定名爲《產婆學》，
他在自序中稱其書「以木下正中之《產婆學講義》，與緒方正清之《助產婦學》
爲根據，而更參以榊順次郎之《產婆學》，其生理解剖則採用其他名著。」〔註
107〕很明顯，其使用「產婆學」一詞受到了日本醫學界影響。1913 年，丁福
保翻譯出版了日本醫生竹中成憲所著《竹氏產婆學》，內中概括了「產婆學」

〔註103〕鄭觀應著，辛俊玲評注：《盛世危言》卷二「禮政」「學校上」，北京：華夏出
　　　　版社，2002 年，第 99 頁。
〔註104〕黃遵憲著，吳振清、徐勇、王家祥點校整理：《日本國志》卷三十一刑法志五，
　　　　天津：天津人民出版社，2005 年，第 764 頁。
〔註105〕南洋公學譯書院初譯、高珣點校：《新譯日本法規大全》第 6 卷，北京：商務
　　　　印書館，2008 年，第 520～523 頁。
〔註106〕《產婆學講義序》，1912 年 12 月 16 日汪惕予自序，《醫學世界》1913 年第
　　　　18 期。
〔註107〕《產婆學講義序》，1912 年 12 月 16 日汪惕予自序，《醫學世界》1913 年第
　　　　18 期。

的定義爲「產婆必要之學問」。並且「欲修產婆學，當先學解剖學及生理之大意。」〔註108〕可見，「產婆學」是以西醫知識體系爲內容的。同時，竹中成憲在書中明確規定了產婆的職務，即規定了產婆與醫師的權力差別：「在分娩時，若爲正規而平易者，可自己處置之。如或有異常，則當聘西法醫師以佐助。」〔註109〕這說明「產婆學」隱含著西醫的制度體系和權力關係。由此，醫者話語中的「產婆」是對服膺西醫知識體系和技術體系的從業人員的稱呼，在「產婆學」的要求中，產婆是沒有權力處置異常產的，須由醫師處置。

　　1909 年汪惕予在醫學雜誌上翻譯刊載了明治三十二年（1899 年）十月一日內務省令《產婆規則》，雖然這已經由南洋公學翻譯，並收錄在 1907 年出版的《新譯日本法規大全》，但是汪惕予將之單獨刊載，是希望獲得醫學界的更廣泛關注，同時也表達了希冀政府重視產婆管理的訴求。《產婆規則》規定，「非年齡滿二十歲以上之女子，產婆試驗合格，注入產婆名冊者，不得營產婆之業」，「產婆試驗由地方長官舉行」，「修習產婆之學術，未滿一年以上者，不得與產婆試驗」，〔註110〕產婆需要學習一年以上，經過考試合格與註冊，方能營業，這些內容與方式說明培養出的產婆自與傳統產婆不同，是針對培養新式產婆而言。同時在《產婆規則》中，也明確了產婆的權限，即她們不能越權執行醫師的資格。如第七條規定「產婆如確認妊婦、產婦、褥婦或胎兒、生兒有異常者，當請醫師診治，不得自行處置。爲臨時救急，不在此限。」第八條規定「產婆對於妊婦、產婦、褥婦或胎兒、生兒，而行外科手術，不得擅自用產科器械，妄投藥劑，及指示一切，惟行消毒，斷臍帶、施灌腸之類，不在此限。」〔註111〕這其實是汪惕予在介紹日本將管理監督產婆納入衛生行政的經驗。在這裡，產婆是作爲與醫師相對立的群體而言，她們不具備處理異常產以及使用產科器械的權力。而這種權力關係受到了政府公權力的介入與保障。

〔註108〕　（日）竹中成憲著，丁福保譯：《竹氏產婆學》，「產婆學」，上海：文明書局，
　　　　　1909 年，第 2 頁。
〔註109〕　（日）竹中成憲著，丁福保譯：《竹氏產婆學》，「產婆之職務」，上海：文明
　　　　　書局，1909 年，第 1 頁。
〔註110〕　《產婆規則》，《醫學世界》1909 年第 9 期。
〔註111〕　《產婆規則》，《醫學世界》1909 年第 9 期。據《竹氏產婆學》：「妊娠之婦人，
　　　　　曰妊婦。在產褥之婦人曰產婦，小兒在母體內時，曰胎兒，生下之小兒，曰
　　　　　初生兒」。（日）竹中成憲著，丁福保譯：《竹式產婆學》「產婆之職務」，上海：
　　　　　文明書局，1909 年，第 1 頁。

彼時，在日本學術影響下，「產婆學」在中國已成爲產科學的代名詞。例如 1910 年某期《安亭旅滬同鄉報》載有「產婆學宜習」的文章，其中說到「人不能無母而生，有母必有產，是產婆學亦人生一大問題也。」〔註112〕又如 1927年某期《廣濟醫刊》載有「實施產婆教育說」的文章，內中說到開設產婆傳習所，「每所延請產科專醫畢業生爲教師，授以生殖器解剖學與產婆學」。〔註113〕

綜上，在清末民初，「產婆」一詞多用在產科醫學的引介以及衛生行政實施，其範圍通常包括新舊兩種接生婦，此時「產婆」已不是傳統姑婆之謂，其含義的關注點在於：一、體現西方醫療制度體系中從業者「資格」所體現的權力關係。傳統常用穩婆一詞雖也包含著醫生群體的職業優越感，但其優越感是通過醫者及社會所賦予，並沒有政府公權力強制保障。二、體現凌駕於收生從業者群體之上的政府行政力量。婦嬰衛生是近代衛生行政的重要內容。「衛生」一詞的近代性涵義包括，衛生不再只是個人私事，而是關涉社會乃至民族國家的公共事務，需要借助社會和國家的力量來加以處理。〔註114〕因此可以說，「產婆」一詞的使用，恰恰在於強調清末新政以來公權力對於分娩醫療領域的介入。「產婆」由傳統穩婆的同義詞搖身一變，具有了近代性意涵。

（二）「婆」字稱謂下的兩種群體

「產婆」一詞也被作爲接生者群體的總稱，沒有新舊之分。1916 年某期《婦女雜誌》刊載了《中國今日宜養成產婆論》的文章，說「產婆一名穩婆，又名助產婦，都見於日本各書」。〔註115〕作者似乎認爲產婆與助產婦的意義等同，並無區別。並且如前述，到此時已有日本學者提出以「助產婦」一詞來區分新舊產婆，但是此時的中國並沒有立即採用這一名詞來作新舊兩種不同群體的區分。在此文中，作者用「產婆」一詞指代所有以接生爲業的婦女，她提出訓練產婆的兩方面：「一方面設產婆學校，招曾受普通教育之女子，學問須悠長，身體須強健，性質須靈敏者，授以產婆及醫士所必需之學術……二年學成，考驗成績頒給證書，紹介產家。一方面擇各地善堂公所鄉約之屬，

〔註112〕《產婆學宜習》，《安亭旅滬同鄉報》1910 年第 6 期。
〔註113〕《實施產婆教育說》，《廣濟醫刊》1927 年第 4 卷第 9 號。
〔註114〕余新忠：《晚清「衛生」概念演變探略》，收入黃愛平、黃興濤主編：《西學與清代文化》，北京：中華書局，2008 年，第 558 頁。
〔註115〕《中國今日宜養成產婆論》，《婦女雜誌》1916 年第二卷第四號。

設數區產婆講習所，勒令懸牌之各收生婆，每日以一定時間，入所肄業，教師口授接生斷臍裹兒浴兒潔淨之法，平常順產產婦應如何看護，異常難產，當醫師未來之前，應如何預備，如何施救，或編白話，按級講述，仿速成科之例，以半載為期，試驗合格，准其營業……」〔註116〕在此，不論是曾受過普通教育、學問悠長的女子，還是已懸牌營業的各收生婆，都被稱作「產婆」。「產婆」的涵義包括新舊兩種接生婦。但是通過產婆學校和產婆講習所這兩種不同的學習途徑，可以區分產婆的新舊不同。

其實，該文作者的建議同樣也代表了近代產婆教育的兩條途徑。一種是為期數年，系統學習西醫知識，從年輕人開始培養的產婆學校。一種是短期培訓，重點灌輸消毒及細菌等西醫最基本常識，以年老穩婆為主要對象進行改造的產婆學校。

前者如成立於民國十一年的北平同仁會北京醫院附設的產婆養成所。產婆學生定為四年畢業，每三年招考新生一次，應考學生均需由高等小學畢業以上程度，入所學生每季除分配在各科實習外，再由本院各科醫師授以解剖、生理、細菌、調劑、消毒、一般看護、救急處置、傳染病看護、繃帶、器械等學科，並由產科醫師另授以妊娠、分娩、產褥、育兒等學科。學成畢業就可在衛生局登記註冊，給照執業。據該學校民國二十六年六月的產婆畢業生名冊來看，共有五人，年齡最小者二十三，最大者三十五。〔註117〕後者如民國十七年上海中德女醫學校附設的產婆補習所，專收開業之收生婆，規定學時三個月，〔註118〕該所四月底開學的第一批學員報名者有二十六名（而實際學習者只有九名），其中十三名均已年逾五十歲。〔註119〕

這兩種產婆學校都名為「產婆」，但是從招收對象、所學課程、培養程度、培養目的來講，都是明顯不同的。還有介乎這兩者之間的產婆學校。比如開辦於民國五年的北京醫學專門學校附設產婆養成所，每年一屆，九月入學，次年六月畢業，招收學生均為二十歲左右的年輕人。〔註120〕

〔註116〕《中國今日宜養成產婆論》，《婦女雜誌》1916年第二卷第四號。
〔註117〕北京檔案館 J005-002-00172《衛生局致函北平同仁會北京醫院請將附設產婆養成所辦理情形並造畢業生名冊見覆的公函及市政府的指令》。
〔註118〕《關於上海產婆補習所之事實報告》，《醫藥評論》1929年第5期。
〔註119〕《關於上海產婆補習所之事實報告續》，《醫藥評論》1929年第6期
〔註120〕北京檔案館 J029-1-24《北京醫學專門學校畢業生名冊及該校附設產婆養成所學生畢業成績表》。

那麼，如何在語彙中區分有著不同學習經歷和從業經歷的產婆呢？

1915 年南京產婆傳習所開學儀式上，江蘇省城警察廳廳長發表演說：「若盡求有學識產婆，方准營業，則本城原有之產婆，必至因之而失業」。〔註 121〕在其話語中，產婆仍舊包含所有以接生爲業的婦女，而爲以示區別，用了「有學識」和「原有之」的定語。

1928 年《衛生月刊》刊載《北平衛生局產婆講習所成立紀事》，文中提到「舊式產婆，不受教育，亟須設法救濟，以免危險」〔註 122〕，而同一期《衛生月刊》上刊載的《從收生婆想到北平產科教育委員會的工作》一文中寫到：「現據調查所得，每一百個產母，有六十五個是舊式產婆接生」，「對於舊式產婆，是必須教練的」。〔註 123〕產婆前加「舊式」的定語是爲與新式助產士分別。民國二十三年三月三十日核准的《修正上海市衛生局訓練產婆簡章》第一條說明「爲訓練現有舊式產婆，使於最短時間能瞭解簡明產科學術及方法」。〔註 124〕同年第 143 期《上海市政府公報》規定了接生費數額爲「五元至五十元」，後面說明這是「指醫師、醫生、助產士而言，而舊式產婆不在此例」。〔註 125〕在這些話語中，產婆前都加上了「舊式」的定語，以「舊式」來限定產婆範圍，以區別助產士。

（三）「婆」字涵義的分裂——助產士與接生婆

在 1927 年頒佈的《上海特別市市政府衛生局管理助產女士（產婆）暫行章程》中，我們可以看到「產婆」這一詞語內涵有所變化。即特別提出了「助產女士」一說，而又怕這一詞彙過於新穎，引起不解，所以又附上「產婆」的解釋。我們來看章程的內容：

> 第八條　考試分筆試口試實習三種，筆試及格者始准予登記給照開業
>
> 第九條　考試科目：中文、生理學、解剖學、產科學、衛生學、細菌學（消毒法特別注意）、產科實習
>
> 第十條　各科平均分數在七十五分以上者爲及格，筆試答案應

〔註 121〕　《產婆傳習所開學記盛》，《警務叢報》1915 年 4 月第 10 期。

〔註 122〕　《北平衛生局產婆講習所成立紀事》，《衛生月刊》1928 年第 2 期。

〔註 123〕　《從收生婆想到北平產科教育委員會的工作》，《衛生月刊》1928 年第 2 期。

〔註 124〕　《修正上海市衛生局訓練產婆簡章》，《上海市政府公報》1934 年第 143 期。

〔註 125〕　《上海市政府公報》1934 年第 143 期。

用本國文，口試對答應用國語

第十一條　凡有左列資格之一者經審查合格後准予免試，登記給照開業並免繳試驗費

甲　呈準備案之正式產科學校畢業領文憑者

乙　看護婦於登記醫師產婦科方面充作助手過六年以上，由該登記醫師保證確能勝任者〔註126〕

這種難度的考試顯然不是舊式產婆所能勝任的。因為舊式產婆的識字率是非常低下的。據民國十九年冬無錫市政籌備處附設接生婆訓練班報告稱：「去年由本邑公安局給照營業者，二十四人中，無一識字者。」〔註127〕而這並不是無錫的個別情況。1946 年上海制定了一則《穩婆訓練辦法》，其中也說到「穩婆以年長不識字者居多」。〔註128〕因此，此處的「助產女士」應是政府欲培養的新式接生婦。而章程的標題正顯示了「產婆」一詞內涵的分裂，意味著助產士群體要脫離「產婆」的稱呼。

而實際上，助產士群體也確實採取了行動要擺脫「產婆」的稱呼。上海《管理助產女士（產婆）章程》發佈後，助產學校畢業生張英谷等人呈請衛生局將「產科女士」改為「產科醫生」，並表示不肯領取助產女士執照。但是她們的呈請遭到了衛生局的拒絕。衛生局回覆道，該章程就是專為取締社會上一些自稱產科醫生的人，我國助產教育事業剛起步，張英谷等人不過接受了科學的接生方法，比無智識之產婆略勝一籌，還遠不及德日之產婆，更沒有資格稱產科醫生。〔註129〕

衛生局的態度清楚表明，在衛生行政的框架之下，產科醫生與助產者乃是兩種「資格」，助產者——不論是助產學校畢業生還是無智識之產婆——享有同一種「資格」。一些醫生也持同樣觀點。西醫龐京周在 1931 年時曾撰文討論助產士與產婆之間的關係。他提醒助產士，她們與產婆「在學術上顯有高下之別，在職務上實無輕重之分」。〔註130〕龐京周的態度是很值得注意的。

〔註126〕《上海特別市市政府衛生局管理助產女士（產婆）暫行章程》，《上海特別市市政公報》1927 年第 4 期。

〔註127〕王世偉：《十九年冬無錫市政籌備處附設接生婆訓練班報告》，《無錫市政》第六號 1930 年 3 月，第 49 頁。

〔註128〕上海檔案館 Q400-1-2629《上海市衛生局關於調查及取締穩婆》。

〔註129〕對此事件的描述可參見趙婧：《近代上海的分娩衛生研究（1927～1949）》，復旦大學博士論文，2009 年，第 60、85 頁。

〔註130〕龐京周：《今日助產婦之職務》，《中華衛生雜誌》，1931 年，第 566 頁。

他的說法應該代表了一部分醫生的態度。在政府以及一些醫生看來,「有學識」產婆是強種強國的希望,「無知識」穩婆有人種消滅之危險,但是,提高產婆整體的科學知識素養並非等於提高該群體的職業地位。助產者的職業地位是要像比較於醫生的,該章程明確規定助產女士(產婆)無手術之權力,這是與醫生的職務劃分。職業「資格」乃是一種職業權力。「產婆」仍舊為一職業稱謂,內部的群體劃分併沒必要使用兩種職業稱謂來區別。

章程採用「助產女士」的說法,還說明此時並沒有形成「助產士」的固定用法。當時還有人提議用「產科士」一詞,既不與醫生相混,也沒有姑婆之嫌。〔註131〕另外還有人提議使用「護產醫」或者「助產婦」。〔註132〕總之,人們開始認為產婆的名詞如同三姑六婆一樣,聽起來不美,讓人厭煩,不被社會尊重。

至於用「助產」一詞,也應當是受日本影響,前述日本醫生緒方正清,認為產婆之名不盡恰當而改稱「助產婦」,這個改名的過程,中國也是學習過來了。而「助產」一詞在中國也是古已有之,查閱古代典籍,雖無助產士或者助產婦的名詞,但是有「助產」這個詞語,只是所用甚少,除卻服用某藥「以助產母」的條目,僅查到兩條記錄是表示幫助接生的意思。一條為漢代《列仙傳》說木羽「母貧賤,主助產」〔註133〕。一條為宋代筆記《楓窗小牘》載「宣和三年二月,新鄭門官夫淘溝,從助產朱婆婆牆外溝底得一銅器,篆文甚多」,清代梁章鉅著《稱謂錄》「三姑六婆」條中引之,後注「案助產,收生婆也」〔註134〕。可見「助產」是產婆的同義詞之一。而乾隆年間刊刻的《事物異名錄》中「穩婆」一條則沒有「助產」〔註135〕。總之,助產一詞在傳統中國實在是一個不常用的詞。

〔註131〕 萬成慧:《助產女士(產婆)》,《社會醫報》第143期,1931年,第43~44頁,原文發表於1928年左右。參考趙婧:《近代上海的分娩衛生研究(1927~1949)》,復旦大學博士論文,2009年,第60頁。

〔註132〕 毛子震:《產婆的名字好嗎》,《通俗醫事月刊》第1期,1919年,第39~40頁。陳萬里《我也說說這產婆兩個字》,《通俗醫事月刊》第2期,1919年,第40~41頁。

〔註133〕 (漢)劉向:《列仙傳》卷下,上海:上海古籍出版社,1990年,第23頁。

〔註134〕 (清)梁章鉅:《稱謂錄》第八本卷三十一「三姑六婆」,天津:天津古籍書店出版社,1987年,第1569~1572頁。

〔註135〕 (清)關槐增纂,吳瀟恒、張春龍點校:《事物異名錄》,長沙:嶽麓書社,1991年,第151頁。

　　進入南京國民政府的第二年，政府頒佈了兩部法律，一部是《助產士條例》，規定有兩年以上的助產學校教育經歷才發給助產士證書。〔註136〕另一部是《管理接生婆規則》，規則第一條規定「凡中華民國女子，非醫學校或助產學校畢業，以接生爲業務者，統稱之爲接生婆。」〔註137〕可見，是否從醫學校或助產學校畢業成爲了助產士與接生婆的劃分標準。而民國二十八年內政部公佈的《管理接生婆規則》更明確規定了「接生婆」的所指：「本規則稱接生婆者，係指非助產士而以接生爲業務之婦女而言」，〔註138〕這裡明確提出了接生婆是區別於「助產士」的接生群體。以「助產士」和「接生婆」分別指稱新舊兩種接生婦。而針對當時「各地助產士不免時有越軌之行，而接生穩婆依然到處橫行有加」的狀況，〔註139〕各地方衛生主管機關的任務就是根據《助產士條例》和《管理接生婆規則》，對新舊兩式接生婦「兩手抓」。自此，對新式接生婦已經明確使用了「助產士」一詞來指代。而《管理接生婆規則》規定「接生婆應於營業所門首懸牌標明接生婆某氏字樣，不得稱爲醫師或用其他名目」。〔註140〕「接生婆某氏」代替「產婆某氏」，成爲穩婆們新的營業執照。政府自此將傳統穩婆區別於助產士，一是便於消費者區分與選擇，二是方便衛生行政之管理。

　　比較民國初年衛生行政下的產婆管理，此時將產婆群體分爲助產士與接生婆兩種群體而分別制定管理規則。兩者之間的差別主要在於：首先爲年齡，助產士在 20 歲以上，接生婆爲 25～50 歲；其次爲教育經歷，助產士爲醫學校或者助產學校畢業。而接生婆因沒有接受助產學校教育，所以必須參加短期培訓，以清潔消毒法等項爲教授內容。除此之外，二者的職業資格是相同的：都無權力進行外科手術以及處置異常產。

　　自此，「助產士」取得了職業稱謂上的勝利。而其優越感體現在年齡和教育經歷上。政府將「產婆」這一職業劃分成了「助產士」與「接生婆」兩種群體冠以兩種名稱，似是順應輿情（趙婧認爲政府這一舉動與前述助產士呈請更名事件有關），但這只能是一種猜測，筆者認爲可能是爲了方便管理。

〔註136〕《助產士條例》，《中華民國國民政府公報》1928 年 1928 年 7 月 9 日公佈，
　　　　1929 年 5 月 21 日衛生部修正公佈。
〔註137〕《國民政府內政部內政公報　法規》1928 年 1 月第 4 期。
〔註138〕《上海特別市市政公報　法規》第六十一期。
〔註139〕《1933 年 12 月 27 日文電》，《醫事匯刊》1934 年第 19 期。
〔註140〕《國民政府內政部內政公報　法規》1928 年 1 月第 4 期。

（四）「婆」字的混用——助產士與接生婆的模糊界限

雖然在衛生行政中，管理助產士與接生婆分列開來，但是在開業執照的頒發程序中，助產士是與護士、藥劑生、鑲牙生、接生婆同屬一列〔註141〕，都在醫師等級之下，並未體現助產士比接生婆等級之高，也難顯助產士較之接生婆的職業優越感。而社會上也尚不能夠完全以「助產士」的稱呼來指代新式接生群體，這主要是因為助產士的培養工作屬於初始階段，數量很少。同時也說明，在實際社會生活中，助產士與接生婆並沒有形成差別明顯的兩種工作類別，至少社會大眾還沒有感受到助產士作為一種不同於傳統產婆的群體性存在。

從當年助產士或者接生婆請領開業執照的檔案中來看，在教育經歷方面，接生婆基本都接受了某醫院附設的接生婆講習班的培訓，期限一般是兩個月到六個月不等。助產士則多從全國各個女醫學校或者產科學校畢業，期限一般為二至三年。在年齡方面，請領接生婆執照的以40歲以上者居多，但是也有20歲出頭的年輕人，因只接受過講習班的短期培訓，並不是醫科學校畢業，所以並不能稱助產士。請領助產士執照的約為30歲上下，也有近40歲者。〔註142〕可見在衛生行政的具體實施過程中，教育經歷是區分接生婆和助產士營業執照的主要條件，年齡限制並未嚴格執行。也可以說，這兩種群體最主要的區別是在於她們的「資格」或者「出身」，而年齡並不是主要判斷標準。

但同時，教育經歷也經常使得助產士與接生婆之間界限模糊。助產士所受教育時時為人所詬病，助產學校良莠不齊，反映了衛生行政在具體執行中之亂象。1930年《醫藥評論》發表了一篇「掛了羊肉賣狗肉」的文章，言辭激烈的批評了政府在助產士培養工作中的一些急功近利的做法。作者自言為「新醫界」人士，稱「十餘年前，北平有一個私人慘淡經營的女子產科學校」，教員無薪資，實為公義之舉，而所培養學生也頗受社會信仰。「去年吧，北平忽然新設了一個女子助產學校，不到幾個月，居然蒙政府垂青，每年津貼補助費三萬元」，而學校僅有十餘學生。受到如此優待的原因是校長是基督教的

〔註141〕北京檔案館 J005-002-00393《汪雨生等請發護士、助產士、藥劑生、鑲牙生、接生婆開業執照的呈及衛生局的批》。

〔註142〕北京檔案館 J005-003-00201《潘陳氏等關於請發給接生婆開業執照的呈及衛生局的批》J005-002-00393《汪雨生等請發護士、助產士、藥劑生、鑲牙生、接生婆開業執照的呈及衛生局的批》。

中國信徒，該校後來甚至被「某部」收歸國有。文章稱「某部計劃要在全國照樣開設五個助產學校，製造大批新收生婆，以應社會需要，這種設施，我們是素來希望，極端贊成，不過他的辦法，令人詫異」，即僅僅規定六個月就畢業，作者對這種不負責任的速成表示相當憤慨：「新收生婆這樣的粗製濫造起來，這並不是製造收生婆，明明要製造收死婆了。……也顧不得這般收死婆到社會上去替新醫丟臉，受人們不信仰，阻礙科學醫的發展」〔註143〕，作者諷刺六個月就畢業的助產學校，名為培養「收生婆」，實在培養「收死婆」。值得注意的是，此時作者並沒有用「助產士」的稱呼，而是稱「新收生婆」，而「新收生婆」代表的正是被稱為「新醫」、「科學醫」的新式助產士。

按照政府所頒條例，助產學校兩年以上畢業為助產士，非助產學校畢業為接生婆，那麼此助產學校僅僅六個月畢業，並不符合《助產士條例》中規定的教育年限。六個月即畢業的學生應該領「助產士」還是「產婆」執照呢？這個西醫也沒有明確稱呼，只說「新收生婆」。

其實至晚到 30 年代初，「收生婆」仍為社會大眾對學習產科或執役產科的年輕人的稱呼，因此不時有文章呼籲應該對這些年輕人摒棄「婆」的稱呼。〔註144〕作者的理由是「婆」字，是龍鍾婆娑之人的代名詞，所以用來稱謂毫無知識的舊式收生婆，不能稱呼現在學習產科的年輕人。

可見，即使政府從法律區分了助產士與接生婆，社會大眾甚至包括行內醫生，也沒有從稱謂上有所明確分別。這大概因為國民政府以公權力強制推行公共衛生制度的基礎尚還薄弱，因此新式助產婦的培養工作比較緩慢，直到 30 年代，大陸助產士群體的規模都還極為微小。據 1934 年統計，全國「經核准給證之助產士，甫及二千人」〔註145〕，據 1937 年統計，全國「經核准給與助產士證書者，共只約三千人」〔註146〕，當然也成為不了產科事業的獨立力量。即便醫院所聘用在醫院中負責接生的助產婦，也不都具有助產士資格，醫院也會聘用接生婆。〔註147〕因此在民間，新式助產婦總是與舊式穩婆混雜在一起，都被貫以「婆」的稱呼。

〔註143〕《特製六個月的收死婆》，《醫藥評論》1930 年第 38 期。
〔註144〕《談談收生婆的婆字》，《家庭醫藥常識》1931 年第 4 期。
〔註145〕《山東省政府公報 本省命令》，1934 年 12 月 13 日。
〔註146〕《安徽省政府公報 訓令》，1937 年 1 月 29 日。
〔註147〕北京檔案館 J005-003-00201《潘陳氏等關於請發給接生婆開業執照的呈及衛生局的批》。

　　綜上，雖然在衛生行政上，政府做了「助產士」與「接生婆」兩種稱謂的明確劃分，助產士以其年齡和教育經歷的優勢具有了與接生婆不同的職業稱謂。但是作爲衛生行政管理的對象，二者仍然被視爲同一層級的職業，與護士、藥劑師等爲同一層級。而在社會層面，「助產士」與「接生婆」實際上也並不是涇渭分明的兩種群體，助產學校良莠不齊使得區分二者的界限模糊。助產士的優越感也並未得到廣大產家承認。產家更在意與助產者之間的信任關係，這種信任主要來自助產者的態度或者接生過程的熟練程度，以及來自對熟人「經驗」的信任，而非主要來自對新法接生的信任。

（五）對「婆」字的反省──「婆」字近代性的消退

　　隨著鼓勵新法接生以及培養助產士工作的開展，人們越來越覺得使用產婆來稱呼新式助產婦，終究是不太妥當的。1931 年《家庭醫藥常識》發表了一篇《談談收生婆的婆字》，說到「收生婆這個名字，誰也都曉是護助生養的人，但是把他細細的想一下，所謂婆者，有龍鍾婆娑神氣人的代名詞，在從前因爲沒有好好的人做這件事，都是這種稍有經歷的人附帶做的，所以她的神氣，總是龍鍾婆娑，人們便把這個名字給了他，倒也名能符實。但是現在一般人，叫那班學習產科和執役產科的女人，還仍舊使用這個名字，那曉得這許多人，非但沒有生產的經歷，而且連沒有出閣的很多，隨便給他一個婆字，似乎有點不對，況且舊式的收生婆，毫無知識，叫他爲婆，就是把它當作一種無用的古董看待，現在從學產科的人，都是青年，就有一種蓬蓬勃勃的神氣，既有這種氣象，要將那種古董似的名字給他們，實在有點說不過去呢。」〔註148〕

　　這個文章說明 20 世紀 30 年代將學習產科的年輕人稱爲「婆」仍舊是一種普遍現象，但也說明已經有一部分人認爲新舊產婆的稱呼需要區分，「婆」的稱呼比較適合舊式產婆，因爲她們大多老態龍鍾，而學習產科的年輕人不適用於這個稱呼。

　　1947 年，上海市衛生局各區衛生事務所對新法接生人數、以及新生嬰兒健康情況的調查表中問到「何人接生？」，有醫生、助產士、產婆三個選項，〔註149〕在此可以看出，「產婆」前面已無「舊式」的定語，而此處產婆並不包

〔註148〕《談談收生婆的婆字》，《家庭醫藥常識》1931 年第 4 期。
〔註149〕上海檔案館 Q400-1-3380《上海市衛生局關於各區衛生事務所新法接生人數新生嬰兒健康情況調查表》1947.5。

含助產士，其涵義最終縮小到舊式接生婦的範圍。1951 年 11 月《上海市產婆改造和管理辦法》中規定「負責幹部：可由各區衛生所選派婦幼衛生方面有能力的助產士一至二人，駐紮在選定的鄉的中心地點，進行工作，待產婆改期滿，任務完成後，再調到第二鄉工作」〔註 150〕。這裡，助產士作為負責幹部對產婆進行改造工作，說明此時產婆的涵義已經不包括助產士在內。隨著新式接生婦以「助產士」作為特定的稱呼，「產婆」的涵義範圍已經逐漸捨棄新式接生婦的內容，從而專指舊式接生婦。

綜上，近代中國「產婆」的涵義經過了一變化過程，從包含新舊兩種接生婦過渡到專指舊式接生婦。雖然在宋代就有「產婆」之詞來稱呼從事接生的人，但是在近代的廣泛使用是由於從日本借鑒了這個詞彙，這個大概屬於王立達所說「本為漢語古典詞，日人藉以翻譯西洋術語，後又傳入中國，變成與古意不同的詞」〔註 151〕，近代借來的「產婆」增加了具有西醫知識與制度背景之群體的內容。日本是在學習歐洲經驗的基礎上開始重視產婆改造與教育的，才有了各種「產婆」法規以及「產婆學」。那麼，在使用「產婆」的一開始，它就具有了近代性意涵，代表著西方醫療知識體系和行政體系。而後，日本社會原有的一些俗稱才在官方上由「產婆」代替。同樣在臺灣的日治時代，剛開始只有受過西醫訓練的助產婦女才被稱為產婆，後來「拾子婆」、「先生媽」等群體也被稱為產婆。因此從這個角度說，這是一個新詞增加了舊有的內容。

而在大陸，從借來「產婆」一詞的開始，它在民間的涵義似乎就含混不清。這大概因為國民政府並沒有像臺灣的日本殖民政府那樣有著以公權力強制推行公共衛生制度的基礎，因此新式助產婦的培養工作比較緩慢。並且因為沒有強有力的衛生行政為基礎，普通民眾仍舊延用舊式穩婆接生。因此在民間，新式助產婦總是與舊式穩婆混雜在一起，都被叫做產婆。而自從 50 年代後，婦嬰衛生工作明顯加強，助產士逐漸成為公醫制度與婦嬰衛生工作的主導力量，並最終脫離「產婆」的稱呼，產婆最終成為舊式穩婆的同義詞。「產婆」由一個具有現代性的詞語又回歸到傳統的姑婆之謂。也可以說，「婆」字

〔註 150〕 上海檔案館 B242-1-303《上海市衛生局關於上海市產婆改造和管理辦法草案1951》。

〔註 151〕 馮天瑜：《新語探源——中西日文化互動與近代漢字術語生成》，北京：中華書局，2004 年，第 461 頁。

具有的傳統色彩最終超越了其被賦予的近代性意涵。

　　助產士脫離「婆」字稱呼的過程反映了接生作爲一種職業洗去污名的過程。而這個職業污名洗去的原因是接生與國家命運聯繫在一起，接生成爲建構民族國家的亟待改革之事，產育之事因此被賦予神聖、崇高的「強種」意義，至少在知識分子階層的口中不再具有骯髒、污穢之意。而新式助產士「新女性」形象建立的前提，是通過與傳統穩婆的形象相對比從而分離出來。一是助產士學員不斷構築自己的行業理想與行業形象，建立起不同於無知穩婆的觀念；二是大眾對兩者的區分，對「婆」字的反省和新名詞的提出便是這種區分的表現。新式助產士的名稱和行業形象無不是爲了與傳統穩婆相區別而構建。同時，「產婆」一詞從最初借鑒日文詞而來的一個中性詞語，逐漸又被賦予了傳統「姑婆」的色彩。「婆」字如同它本身所表示的年紀一樣，成爲老舊與陳腐的同義詞。穩婆也最終難逃這一稱呼所賦予的傳統形象與刻板印象。

二、骯髒之手——「衛生」話語下的新形象

　　近代「衛生」含義的特點之一是，由於其特別強調外在環境對健康的重要性，而清潔與健康的關係亦最易爲人所理解，所以衛生與清潔的親密關係也就自然形成。〔註152〕在「衛生」話語中，諸如「清潔」、「消毒」此類概念反覆被提及。穩婆的形象也在此種語境之中，被賦予一些新的特點。

　　洪有錫、陳麗新的《先生媽、產婆與婦產科醫師》一書介紹了臺灣20世紀初的情況，作者把對先生媽（即臺灣傳統產婆）的社會評價分爲醫師、日本產婆、新聞人士、政府官員四類人群的評價。醫師對先生媽的批評可以分爲六項：不懂消毒、面對難產處置不當、缺乏新生兒照護知識、指甲抓傷造成感染、無消毒的人工胎盤剝離、產婦養生知識缺乏等。而這六項中，有三項其實都在批評先生媽不懂消毒。〔註153〕

　　周春燕也歸納了近代穩婆分別在難產與順產時受到非難的情況。難產時，穩婆通常會被指責「妄用手術」，而即使順產，穩婆也通常會被指責是「細

〔註152〕余新忠：《晚清「衛生」概念演變探略》，收入黃愛平、黃興濤主編：《西學與清代文化》，北京：中華書局，2008年，第558頁。

〔註153〕參考洪有錫、陳麗新：《先生媽、產婆與婦產科醫師》，臺北：前衛出版社，2002年，第11～16頁。

菌」的傳播者以及不知「消毒」。〔註 154〕可以說，進入近代以後，對穩婆的評價在新法接生的宣傳中呈現出一些新的話語，即由原來批評穩婆「無知、粗陋、魯莽」的話語開始轉向「不衛生」、不知「消毒與清潔」的話語。此種話語是與細菌理論的傳播分不開的。1928 年一篇名爲《改良產婆之我見》的文章即說：

> 在我們的人間隊裏，廁混著一種看不見、摸不著、渺乎其小的
> 無限量的「細菌」，只要給他們機會，總是紅眼似的要殺人。……流
> 出很多的血，在這個當兒，就是細菌的絕好的機會到了。……所以
> 當接生的時候，不特要嚴加防衛，而且要完全撲滅，……可憐舊式
> 的產婆哪裏有這種知識呢。不說別的，專就那一雙黑黝黝的手，深
> 長的爪甲，裏面藏了許多的污垢而論。也就夠受了。當他們接生的
> 時候，那雙寶貝的手，連清水裏都不洗一下。〔註 155〕

再如民國二十年的《第一助產學校年刊》爲了讓民眾認識到傳統穩婆不知清潔的危害，編了一首《此錯究竟怪誰》的打油詩：

> 誰人不生子，生子就必死？
> 只要請我認門賀，保你個個平安過。
> 產婦一覺不舒服，快馬輕車行武術。
> 進門就把人家催，急忙預備馬路灰。
> 若是鉗灰來不及，先拿兩塊大土坏。
> 產婦坐在土坏高，後面一人卡住腰。
> 姥姥口令下的俏，只要使勁不許叫。
> 我的話語若無效，你的孩兒永不到。
> 產婦一聽心害怕！拼命用勁使往下。
> 姥姥此時端起架，動動口兒吐出話。
> 無論是婆婆外老太，快拿金針來，預備挑臍帶，不要誤了您的
> 孫子或外外——外外即外甥也。
> 試水試水再試水，產婦此時已閉嘴。
> 兩眼已將要合上，色如黃紙喘氣微。

〔註 154〕參見周春燕：《女體與國族：強國強種與近代中國的婦女衛生（1895～1949）》，臺北：國立政治大學歷史學系，2010 年，第 288～295 頁。

〔註 155〕王先麟：《改良產婆之我見》，《社會醫報匯刊第一集》1928 年 9 月。

今日真是遇著鬼！送子娘娘不幫進。

看著這幅瘟神像，添盆的財寶定要飛！

愁鎖上眉梢，勞了十指黑鐵刀。

可恨毛娃不順手，不問淺與深，用盡九牛二虎力。

胎兒至終它不怕，愈用強權愈不下，終使弱小不敵強，一命在肚見閻王。

產婦受了滔天罪，亦將永久作長睡，姥姥一看事不妙，哪能眼看人穿孝？

站起兩腿往外走，你們另請別高手，不是咱家不幫忙，只怪你家命沒有。

此時家人無法辦，目送兩命一齊沒。

父母丈夫痛悲搥，這錯究竟是怪誰？〔註156〕

詩後還有注：「姥姥的手指甲都是很長，且髒黑，接生時甚易使產婦嬰兒受傷。」

另一篇文章也描述到穩婆的骯髒之手：

產育是家家必有的事，所以操接生職業的人材為家所依賴而需要的。平時除少數的家庭延請醫師或助產士外，大半生賴接生婆。因為多數人缺乏衛生常識，將生產看成是很尋常的事，並不是像害病那樣的重要，並且有的是因經濟不得不因陋就簡，一任接生婆全權辦理，接生時的不衛生、污穢、兒戲人命，絲毫不惑覺到。常常看見接生婆伸著一雙骯髒手同一些爛布、破紙、煤炭、沙土等，去料理婆兒的一切，幸而母子從死裏逃生，安全一時，終久總有不幸的事發現，類如產婦得產褥熱症，嬰兒得破傷風，十有九是免不了的。〔註157〕

產婆的骯髒之手在近代話語中被不斷強調：黑黝黝、指甲長且髒黑，而且被認為是產婦「產褥熱」與新生兒破傷風的主要原因。當時任北平協和醫學院公共衛生科講師和第一衛生事務所保健科主任的楊崇瑞就曾回憶說：「不論在協和婦產科，或在第一衛生事務所，我遇到的問題，總是嬰兒四六風和

〔註156〕《此錯究竟怪誰》，《第一助產學校年刊》1931年第2卷。

〔註157〕《敬告市民注意接生婆的一隻筐子》，《第一助產學校年刊》1931年第2卷，第187～188頁。

產褥熱，就是這兩種情形構成中國人口高度死亡率，特別是嬰兒四六風。」〔註158〕又指出中國嬰兒、產婦的高死亡率原因之一就是助產者不知消毒滅菌方法，從而導致產婦發生產褥熱，嬰兒發生破傷風。〔註159〕余雲岫也曾說「臨產之時，最宜清潔，清潔所重，在於消毒。而舊式產醫，不知消毒為何事，衣被留污，爪甲藏垢」，致使產婦得敗血症，嬰兒得臍風。〔註160〕

「臍風」即新生兒破傷風，又稱「四六風」、「七日風」。近代醫學在細菌說成立，微生物學發展以後，已經確知新生兒破傷風是因為斷臍用具不潔，破傷風桿菌經過臍部傷口侵入體內，產生毒素，延神經或者淋巴、血液傳至中樞，與神經組織結合，引起全身痙攣，使嬰兒死亡。此急性感染的病程大致可分三期。首先，有三道十四天的潛伏期。被感染的新生兒，以四到七天內發病者最多。犯病的先兆，腹脹臍腫。嬰兒哭鬧不安，不時噴嚏。吮乳口鬆，牙關緊閉。經過一天左右，進入痙攣期。此時患兒唇口撮緊，啼聲不出，不能乳食。進而全身肌肉僵直，喉肌和呼吸肌痙攣使嬰兒終於窒息，或死於併發的肺炎、敗血症。此病死亡率極高，二十世紀抗生素等新藥物發明之前，幾乎無法救治。〔註161〕

而對清潔與消毒對於防治嬰兒臍風的重要性，傳統中醫其實並非完全漠視。熊秉真甚至認為，「中國近世在斷臍與臍帶護理上的逐漸改進，不是一個偶發現象，而是一項有實證基礎的進步。其背後關鍵，是過去千餘年傳統醫界對臍帶感染和新生兒破傷風，在臨床經驗和學理知識上的持續演變。這個知識的進步，和它所帶動的技術改良，實在是中國近世幼科醫學最突出的成就之一。」〔註162〕在細菌說尚未出現，也沒有現代科技足以直接證明破傷風桿菌是造成臍風病源之前，宋代的《小兒衛生總微論方》中即說：初生兒臍風與大人「因有破傷而感風」為同一病症。這是對「臍風」知識的一項突破，

〔註158〕楊崇瑞：《我的自傳》，《楊崇瑞博士──誕辰百年紀念》，北京醫科大學、中國協和醫科大學聯合出版社，1990 年，第 147 頁。

〔註159〕楊崇瑞：《產科教育計劃》，《楊崇瑞博士──誕辰百年紀念》，北京醫科大學、中國協和醫科大學聯合出版社，1990 年，第 136～138 頁。

〔註160〕余雲岫：《〈科學達生編〉序》，見祖述憲編：《余雲岫中醫研究與批判》，安徽大學出版社 2006 年版，第 415 頁。

〔註161〕熊秉真：《幼幼：傳統中國的襁褓之道》，臺北：聯經出版社，1995 年，第 71 頁。

〔註162〕熊秉真：《幼幼：傳統中國的襁褓之道》，臺北：聯經出版社，1995 年，第 71 頁。

有利於指出其預防之道。綜合中國近世對斷臍、臍風與裹臍的知識演進，到了十六、十七世紀，標準的新生兒臍帶處理大致是這樣的：嬰兒出生後，接生者或家人即先用乾淨絲綿托裹臍帶，並取一細線，於嬰兒臍帶「離肚二、三寸處，以線繫住」，暫時阻斷臍帶與胎盤的銜接，並防止出血。隨後，以燒灼過的利剪，迅速剪斷臍帶，火焰封上傷口。斷臍完畢以後，敷上乾燥性的藥粉，再以預先準備好的白色絲帛及新綿疊成的裹臍布，將臍帶仔細裹紮起來。此後最好「日日照看，勿令兒尿浸濕」（《大生要旨》所論裹臍法）。常檢視，勤更換，爲的是防止臍部因水尿沾濕發炎，期望初生嬰兒的臍帶，能在理想、安全的斷臍手續，及乾燥潔淨的臍帶護理下，順利癒合脫落。雖然傳統中醫並無細菌學知識，但是燒灼利剪、敷乾藥粉、勤更換裹臍布並且保持乾燥，這其實都達到了消毒滅菌的目的。而這種理想的斷臍裹臍方式，也在近世中國的社會，被魯伯嗣、萬全、吳謙、寇平、秦景明等醫生或以簡單問答形式，或以口訣形式大加推廣。〔註163〕

　　然而，傳統中醫書籍中可查的斷臍方式，在民間的實際普及情況，卻是難以確知的。穩婆的傳統接生方式與嬰兒死亡率之間的確切關係，我們也尚不清楚。總之，在近代的輿論環境以及國家力量的介入下，傳統中醫幼科的努力與成就變得不值一提，穩婆在官方話語與傳媒報導中也完全呈現負面形象。

　　此外，穩婆的骯髒之手，除是造成新生小兒破傷風的原因之外，還是造成產婦「產褥熱」的罪魁。例如民國十六年一篇名爲《中國穩婆與產褥熱》的文章說：

> 我們婦人死於產褥熱一症的，要是如西方有詳細統計，每歲不知其幾十百千，至可傷感，我們就此推想一下，當然是那毫無智識的穩婆，把一雙穢手伸進產門的罪惡。換一句說，也就是產婦之家沒有常識，任憑穩婆由穢手把微生物送進產門而侵入血中所致。〔註164〕

　　文章又說，從前的人雖然不知道什麼微生物與傳染的關係，但是對於穩婆的漫然動手，已極力攻擊。作者舉出傳統中醫書籍對穩婆的評價說：

> 如《達生篇》上說穩婆「多愚蠢，不明道理，一進門來，不問

〔註163〕參考熊秉眞：《幼幼：傳統中國的襁褓之道》，臺北：聯經出版社，1995年，第81～82頁。

〔註164〕王恩覃：《中國穩婆與產褥熱》，《醫藥學》1927年第4卷第11期。

遲早……或手入產門探摸多致遺傷……」就是胎衣不下的，也曾說
「不可聽穩婆妄用手取，多有因此而傷生者，慎之慎之。」《大全》
的切不可「令穩婆亂動手」一語，《達生篇》、《濟陰綱目》等書中，
具錄載之。可見那時大家早很不滿意穩婆闖禍的一雙手爪了。所惜
未能正確地把它罪狀宣佈出來，又有那巢氏「因產勞傷血氣，使陰
陽不和，互相乘克，陽盛則熱，陰盛則寒，陰陽相加，故發寒熱。」
薛氏「產後寒熱，因氣血虛弱，或脾胃虧損」等一類的中堅理論，
來做他的護符，竟把兇手開釋的絲毫無罪，未免可憾可恨。〔註165〕

傳統中醫雖然很不滿意穩婆的「一雙手爪」，但是卻「未能正確地把它罪
狀宣佈出來」，即使婦科中醫理論也是為穩婆做護符，而沒有指出真正罪狀。
作者進而指出真正罪狀即是「穩婆不潔，收生之時，可傳染發寒熱病症，這
種病一經發作，非常兇惡」。因此在接生之前，必須要有「精密的準備」，「要
什麼準備？一言以蔽之曰『嚴密消毒』」。〔註166〕

民國二十四年一篇名為《論吾國穩婆接生亟應改良之我見》的文章也論
述了「產褥熱」與穩婆「污穢不潔之手」的關係：

> 即如產科，各國早研究精進，日臻安全，為我國婦女臨產，由
> 常遭不測之虞，其死於產褥熱一症者，每歲不知有幾十百千，言之
> 殊堪痛心，推其原由，實由一般毫無知識之穩婆，妄用污穢不潔之
> 手，深入產道，不究消毒，致創傷傳染所致。〔註167〕

「產褥熱」一詞，在傳統中醫書籍中並無，產褥期（指從胎盤娩出至產
婦全身各器官（乳腺除外）恢復或接近正常未孕狀態的一段時期，一般為 6
周）因細菌侵入生殖道，出現生殖器官及全身感染者，稱產褥感染，又稱產
褥熱。一般主要累及子宮內膜和子宮肌層，臨床以發熱、下腹部痛及惡露異
常為特徵，感染較重時，其範圍可蔓延至盆腔蜂窩組織、輸卵管及盆腔腹膜，
或造成盆腔及下肢的血栓性靜脈炎。嚴重的產褥感染甚至可引起中毒性休
克、敗血症、腎功能衰竭，是引起產婦死亡的主要原因之一。據張志斌《古
代中醫婦產科疾病史》，現代病名「產褥熱」在古代醫書中一般對應「產後中

〔註165〕王恩覃：《中國穩婆與產褥熱》，《醫藥學》1927 年第 4 卷第 11 期。
〔註166〕王恩覃：《中國穩婆與產褥熱》，《醫藥學》1927 年第 4 卷第 11 期。
〔註167〕朱培章：《論吾國穩婆接生亟應改良之我見》，《醫藥導報》1935 年第 1 卷第
11 期。

風」、「產後發熱」、「產後寒熱」等症狀。具體可見下表。〔註168〕

《金匱要略》（東漢　張仲景）產後風

《集驗》（北周　姚僧垣）產後虛熱

《諸病源候論》（隋　巢元方）產後虛熱、產後寒熱

《千金要方》（唐　孫思邈）蓐勞、產後傷寒

《外臺秘要》（唐　王燾）產後虛熱

《經效產寶》（唐　昝殷）產後寒熱

《太平聖惠方》產後傷寒、產後寒熱、蓐勞

《注解胎產大通論》（宋　張聲道）產後乍寒乍熱

《產育寶慶集》（宋　郭稽中）乍寒乍熱

《女科百問》（宋　齊仲甫）產後乍寒乍熱

《婦人大全良方》（宋　陳自明）蓐勞、產後傷寒

《儒門事親》（金　張子和）產後潮熱

《女科撮要》（明　薛己）產後寒熱

《萬世女科》（明　萬全）產後發熱、產後乍寒乍熱

《女科證治準繩》（明　王肯堂）發熱、寒熱、蓐勞

《濟陰綱目》（明　武之望）產後發熱、產後寒熱

《景嶽全書　婦人規》（明　張景嶽）產後發熱、產後乍寒乍熱、蓐勞

《產鑒》（明　王化貞）蓐勞、虛煩發熱

《保產全書》（明　曹弼臣）產後發熱、產後寒熱

《陳素庵婦科補解》產後發熱、產後寒熱、產後蓐勞

《傅青主女科》（清　傅山）產後寒熱

《女科經倫》（清　蕭慎齋）產後發熱、乍寒乍熱、蓐勞

《胎產心法》（清　閻純璽）產後發熱、類瘧、寒熱往來、蓐勞骨蒸

《醫宗金鑒·婦科心法要訣》（清　吳謙）產後發熱、蓐勞

《盤珠集胎產證治》（清　施雯）產後發熱、乍寒乍熱、褥勞

《女科撮要》（清　沈堯封）產後發熱、乍寒乍熱

《女科指要》（清　徐靈胎）產後傷寒、傷風、發熱、往來寒熱、蓐勞

《婦科玉尺》（清　沈金鼇）產後傷寒、產後發寒熱、蓐勞

〔註168〕張志斌：《古代中醫婦產科疾病史》，附錄2「43部古代醫著婦產科病名考」，北京：中醫古籍出版社，2000年，第361～412頁。

《女科切要》（清 吳道源）血虛發熱、惡露停滯發熱、乳汁膨上發熱、產後蓐勞

《竹林寺女科證治》外感發熱、火證發熱、陰虛發熱、氣虛發熱、乍寒乍熱、蓐勞

《胎產指南》產後乍寒乍熱、產後身熱、產後夜間熱、產後寒熱往來

　　古代中醫認爲產褥熱是因「風」的入侵所致，而西醫細菌學的傳入認識到了「產褥熱」與細菌之間的關係，穩婆於是被批評不懂科學知識。報紙雜誌等媒體也將婦女接受傳統接生方式描繪成痛苦的地獄，而把穩婆塑造爲婦女痛苦與不幸的製造者。例如 1925 年第 11 卷第 7 期的《婦女雜誌》有一組「吾鄉的生產風俗」的徵文，雜誌的用意很明顯，就是要揭露各地生產風俗爲「愚昧」、「落後」的表現。僅見其中一篇便可見一斑：

> 　　北京一般舊家庭的婦人，他們家庭生活的不幸，可稱是達到極
> 點了。紐於習俗，不用產科醫生來接生，完全是使著收生婆的（俗
> 名姥姥）。這些姥姥對於生殖學，生理學的常識，腦子裏一些也沒有，
> 至於接生的手術，更是沒有練習過，甚至連舊時代生產所奉爲指南
> 針的達生篇，也沒有看過。在接生的時候，完全施用她那野蠻的，
> 無知識的方法去接生收洗，分娩時期的危險，眞是難以言講了。
>
> 　　分娩期近了，便將「姥姥」請來，等待分娩接生，僥倖的平安
> 生產了，不幸的難產，便靜受「姥姥」施用野蠻的手段，令胎兒不
> 自然的產生出來，產婦的精神上，肉體上，充分地感受了痛苦，有
> 時胎兒也死亡了，產婦也致病了──或竟至死亡，這是北京都市中，
> 很常見的事！〔註169〕

　　有關「科學」的知識以及穩婆愚昧落後的言論已經成爲一種國家話語，這種話語藉由報紙媒介的大肆宣傳，也逐漸向社會底層深入。

第四節　餘論：傳統穩婆形象對近代助產事業的影響

　　接生屬於賤業的觀念是具有普遍性的，即使處於社會下層的女性群體也具有此種觀念。正如本文開頭所提到的廣仁堂在開設女醫學堂所遇到的招生

〔註169〕芸子：《吾鄉的生產風俗（北京）》，《婦女雜誌》1925 年第 11 卷第 7 期，第1173 頁。

問題一樣，產婆卑賤的行業形象影響到了新式助產士的培訓。助產士在學習前都不免遇到這樣一個問題，就是如何克服接生行業的舊有印象所帶來的自卑感。

在 20 世紀初，大概是助產學校出的命題作文，在《淮沿助產學報》上有一組《我為什麼選擇進助產學校》的文章，從中我們可以看到這些學習助產的年輕人對這個行業的看法。包括談到了舊時代的看法，以及新時代的這個行業所賦予的使命。無一不談到這個職業給人帶來的憧憬與理想。

例如一位叫龐玉芸的學生談到其父親談起過的一位接生婆，因總是能夠解救產婦於危亡而有「地獄菩薩「之美稱，因而這位接生婆便成為龐玉芸非常羨慕的人物。為了「紀念」以及「傚仿」這位老人，她決心學習助產，然而舊產婆的行業形象卻是「骯髒而又不體面的事」，這種觀念阻礙了她報考助產學校的決心，因為她「想到家庭封建餘毒的心理，一向是輕視接生者，因為他們將這兩種品格學識相差甚遠的人（收生婆與助產士，作者注）相提並論了。他們籠統地為「手藝人」，或是「生意口」，試想他們如何的肯使明楣的家族之中出來一個「生意口」呢？」〔註170〕

在一個「明媚的家族」眼中，接生行業屬於「手藝人」、「生意口」，靠手藝掙錢吃飯，骯髒且不體面，是不允許其子女從事這類行業的。那位慈祥老人的形象與人們對這個行業的鄙夷似乎在龐玉芸的心裏也形成一個解不開的疑惑：「雖然在我們心中對「助產」有著憧憬，但是我不太瞭解他的方法及目的與舊式的接生婆有什麼不同，所知道的僅是新舊名次的不同而已！」於是，她去請教校長，校長告訴她，產婆接生具有極大危險性，新興的助產事業與傳統產婆的接生法有天淵之別，助產重視消毒滅菌，根據科學方法來作合理的助理生產，是一種「神聖偉大的工作」。校長的話堅定了龐玉芸學習助產的決心，她的決心來自於這個新興行業所具有的高尚的職業理想，於是她寫道：

> 世界上最慘痛的莫過於婦女的生活……這是婦女本身的痛苦，設法為婦女解脫這份痛苦，當然應以婦女為先鋒，這便是我入助產學校的第一理由。把我得的技能帶到鄉間去，拿我僅有的一點力量，救助那些需要我們的不幸者，以減少他們心靈上和肉體上的

〔註170〕龐玉芸：《我為什麼選擇進助產學校》，《淮沿助產學報》1948 年第 1 卷第 1 期，第 37 頁。

痛苦。就這樣選擇了助產，因爲他可以接近貧困的大眾，可以深入
農村，給他們以健康和幸福。〔註171〕

在龐玉芸的思想鬥爭中，婦女慘痛的生活成爲其下定決心的第一理由。
與她最初所崇拜的那位接生婆老人一樣，去貧窮的鄉間成爲「菩薩」一樣的
人物是她職業理想的推動力量。而同樣悖論的是，傳統接生具有極大的危險
性也成爲她下定決心的最終因素。

在當時，助產專業與其他專業相比，並不算光鮮也並不被人重視。一位
助產士在述及自己選擇助產專業時，有過這樣的思想過程：「我再勸你一遍學
助產去吧，他不會比你憧憬的工程師渺小。」〔註172〕另一位學生說道：「我認
識我自己沒有特殊的文學天才，有沒有學理工科的準備，因此，經再三的考
慮，我問著自己，我來這裡的目的是什麼？是希望我能求到更進一層的學識
與技能，將來有助於人……想到這裡，我就拋棄了從前所勾畫的那些海市蜃
樓，決然的來到這裡學習助產。」他也同樣憧憬能夠改變社會現實：「那些文
化落後的鄉村，他們的苦痛惟有在沉重的呻吟中來減輕或消滅，甚至而死亡。」
〔註173〕由此，助產便具有沉重而偉大的意義。

綜上，我們可以看到傳統穩婆形象對於近代助產士的從業具有兩種影
響，一是傳統穩婆的個人形象所具有的積極意義，即「愛心」、「善心」，救助
產婦而在人群中樹立起的威望，成爲年輕人羨慕的對象。二是穩婆的行業形
象所具有的消極意義，即「卑污」、「骯髒」、「生意口」等，成爲阻礙年輕人
報考助產學校的因素。而助產士群體也通過與傳統穩婆的行業做比較以及區
分，突出同爲「接生」卻又不同的異質，即「科學」與「不科學」之分，來
構建近代助產事業的偉大之處，從而建立起行業信心。

穩婆行業在傳統社會具有污名，因此其行業形象也阻礙了近代助產事業
的發展。例如廣仁堂節婦便認爲穩婆爲「下流」之屬，而不屑於學。稍有地
位的家庭也認爲其是「生意口」，而不願讓子女去學。其實即便是近代婦嬰衛
生運動的先驅楊崇瑞，也曾在其自傳中說雖然自己想到過訓練姥姥，但是礙

〔註171〕龐玉芸：《我爲什麼選擇進助產學校》，《淮沿助產學報》1948 年第 1 卷第 1
期，第 36 頁。

〔註172〕《我爲什麼選擇國立第一助產》，《淮沿助產學報》1948 年第 1 卷第 4 期，第
32 頁。

〔註173〕李群彥：《我爲什麼選擇助產》，《淮沿助產學報》1948 年第 1 卷第 3 期，第
33 頁。

於自己的矜持，沒有即刻行動。〔註174〕

　　為了擺脫穩婆行業的傳統印象，助產士群體將接生事業與解救婦女痛苦相連，並與民族國家的建立相連，從而將「接生」事業去污名化，以此不斷建立自己的行業自豪感。助產士在自身身份建立過程中，奠定了與傳統穩婆有著「天壤之別」的形象。穩婆「不知科學」、「不懂消毒」，是造成婦女痛苦的原因。對穩婆的大力批判造成了穩婆群體的再度污名，而也是藉由將穩婆群體在科學主義話語下的污名化，而使「接生」行業本身脫離污名。助產士群體脫離「婆」字稱呼也是其努力去污名化的表現。

〔註174〕楊崇瑞：《我的自傳》，嚴仁英主編：《楊崇瑞博士——誕辰百年紀念》，北京醫科大學、中國協和醫科大學聯合出版社，1990 年，第 147 頁。

第六章 結 語

　　本文考察了近世穩婆的基本狀貌，以及穩婆形象在歷史上的演變過程，也在一定程度上回應了緒論中所提出的問題意識。本文一般使用「穩婆」一詞而不用「產婆」，是有所用意的。在傳統文獻之中（尤其元明之際以降），穩婆一詞應用較爲廣泛，而產婆並非常用詞，只是在近代文獻之中，因日本用語的影響，「產婆」才得以廣泛使用。筆者試圖立足於接生者群體自古而來發展的自身脈絡，而「產婆」在近代話語語境下被賦予了新的內涵：它一開始指代所有接生者群體，而後，年輕的助產學校學生們有了自己的名字——助產士，而將「婆」字留給了「年老無知」的婦女們。因此，「產婆」一詞似乎總是伴隨助產士的影子。並且，臺灣史學界對於助產群體的研究成果較多，臺灣歷史上「產婆」並非指傳統接生群體（先生媽、主子婆等），而是日治時代的產物，閱讀中容易混淆。由此，本文使用「穩婆」更能符合歷史情境。

　　通過本文的梳理，我們可以看到以下幾個方面的內容：

　　第一，通過對穩婆稱呼的考察，我們可知接生行業有一個專門化的過程：一部分可能是從「視產乳之疾」的醫者分化而來，二是民間「看生之人」的逐漸專業化。基本到南宋，該群體已經有其固定的稱呼。宋代文獻中載有大量「乳醫」收生的故事，可見此時民間有爲數不少的以接生爲業者，說明該群體已經形成專門化的行業。元明之際，「穩婆」稱呼成爲較爲固定的書面用語，並延續至明清。明清文獻顯示穩婆是市井生活中頗爲活躍和繁盛的群體，往往一條街上便有好幾家，也表明民間對此類人群需求之大和「接生」業務的商業化。從其口語化稱呼「老娘」、「姥姥」等，可知該群體一般爲歲數較大之人，「穩婆」稱呼也反映人們更青睞穩重之人。

　　經驗豐富、能幫助產婦度過難產之厄的穩婆更爲人們所需，民間也不乏因接生技術高超而獲得聲望與財富之人。對於一些遭遇難產之厄的貧窮產家，請名產婆所需的較高酬金會使他們爲難，但也有些名產婆對窮人並不收取酬金。穩婆的技藝應主要來源於經驗積累與家內傳授，穩婆的名聲也主要依靠產家評價與口口相傳。穩婆應大都是文盲，但是其掌握的診脈方法、判斷產時的方法、產後處理等方法與醫書之中記載呈現一致性，這或許可以反映出醫者在醫書中所述來源於與穩婆的交流。

　　穩婆籍由接生可以進入家庭內部，自然也會知曉很多家庭秘密，而爲產家保密也成爲穩婆行業的一條不成文行規。除接生事務之外，穩婆也會擔任官府一些事務，例如檢查女性身體、驗屍、看押女犯人甚至入室捉拿犯人等等一些雜役。

　　第二，通過對醫學文本進行分析，穩婆呈現出或經驗豐富、或粗率急躁、或兇惡的形象。這正如梁其姿所論，在醫書中，正統男性醫者對在純粹女性環境中執行任務的產婆會產生一種複雜情緒：他們清楚應該要依賴產婆，他們是順產的唯一關鍵；但同時，產婆也被懷疑無法勝任這種工作。〔註1〕從宋至清，穩婆的地位呈現出下降過程。這個過程的具體表現爲：雖然宋代以後，醫家對穩婆屢有批評，但是尚能看到醫家對穩婆手法助產的信任，醫書之中可見來自穩婆的醫療經驗，也可見醫家與穩婆之間的交流；醫家也主張依靠有經驗的穩婆來處理難產。而至清代，醫書之中屢見醫家告誡不可聽信穩婆之言的記載，穩婆被極力排斥出手法助產的經驗領域。以《達生編》爲代表的產科通俗醫書被大量翻印並廣泛流傳，這類醫書主張產家在產婦分娩時要自己做主，而將穩婆描繪成造成生產危殆的愚蠢人物，這對於穩婆負面形象在民間的普及具有影響。

　　醫家對於民間穩婆的批評也反映出清代產科的一種發展趨勢，即產科理論與實踐領域的脫節。民間實踐普遍使用手法或者借助器械解決難產，在一定程度上證明了其有效性。對於難產不下或者死胎不下，在當時的各種複雜情境之下（例如缺醫少藥或者危急之時），及時取出胎兒恐怕是不得已而爲之的最好辦法。醫家一味排斥刀割之用，是在生產應順其自然的「瓜熟蒂落」理論之下對具體實踐技術有效性的否定。醫家對於理論層面的執著，使得其

〔註1〕　梁其姿著、蔣竹山譯：《前近代中國的女性醫療從業者》，收入李貞德、梁其姿主編《婦女與社會》，北京：中國大百科全書出版社，2005年，第360頁。

逐漸脫離了產科的臨床實踐。〔註2〕

　　第三，通過梳理文學作品以及其他非虛構類文本，穩婆呈現出良善之輩、滑稽角色等多種形象。我們通常所知穩婆屬於三姑六婆之類，在古典作品中，也經常呈現殺嬰、換子、墮胎的惡婦形象，以及偷盜、訛詐等貪財形象。而文學史研究者指出，明清小說中的人物，諸如才子佳人、妒婦、三姑六婆形象，都有著明顯的類型化的傾向。他們雖然出現在不同作家創作的不同作品中，但基本性格特徵確是相似的。像三姑六婆這樣的小人物，作者連姓名都不想更改，無非是王婆、薛姑子。嚴重地影響了人物的塑造，使人物形象逐步趨向定型化和模式化。〔註3〕因此，僅以歷史上的文學作品來呈現穩婆「眞實」面貌，是有失偏頗的。因爲定型化和模式化的人物形象已不能反映社會現實。而近代小說諸如老舍《正紅旗下》、科學小說《改造產婆》打破了古典小說的類型化人物形象，給我們提供了更爲豐富多面的產婆形象。另外，文人日記、產婆口供、記者採訪等材料屬於非虛構類材料，也能夠較爲眞實的反映現實狀況。從這些文獻中，我們可知，穩婆雖然在人們印象中屬於「卑賤」〔註4〕的「苦人」〔註5〕，但是一旦人們提起相熟的穩婆，一般都會持有讚揚的態度，其評價或者是精明能幹，或者是乾淨利落，而且很多具有救死扶傷的善良之心和對窮人的慷慨之心。有的雖然有喜自我誇耀和愛財之心的毛病，但也絕無害人之心。

　　第四，通過檔案尤其是穩婆涉訟案件等資料，我們補充了以往研究並未注意到的、一些具體的穩婆生活境遇的改變。自清末開始引入婦嬰衛生行政以來，穩婆從業有越來越嚴格的行政規定，比如要取得營業執照，還要參加產婆學習班學習新法接生，學習合格才能營業。北京、上海等地對穩婆學習

〔註2〕　吳一立認爲，在清代，男性文人將正統醫學（literate classical medicine）等同於藥的使用，而將產婆等同於手冊技術的使用。在晚清，西醫忙於搶奪產婆的接生實踐地盤時，中國男性醫者則在認識論上表達自己的權威。產科實踐不斷遠離中國儒醫的專業策略與自我認同。見 Yi-Li Wu, *Reproducing Women: Medicine, Metaphor, and Childbirth in Late Imperial China*, university of California press, 2010, pp.186-187、226.

〔註3〕　史紅偉、張兵：《略論明清小說中的人物類型化問題》，《復旦學報：社科版》2001 年 05 期，第 126、128 頁。

〔註4〕　吳虞：《吳虞日記》上冊，成都：四川人民出版社，1984 年，第 222 頁。

〔註5〕　北京檔案館 J181-019-3229《京師警察廳內左三區警察署關於陳張氏接生將嬰兒頭揪斷的呈》。

之後的接生也有較爲嚴格的監督，穩婆出外接生必須攜帶接生筐，按照所學消毒、清潔方法進行接生。當然，近代婦嬰衛生工作尚屬起步，行政規定與實際狀況之間很難說銜接緊密。研究者對婦嬰衛生工作的局限性也做過闡述分析。〔註6〕穩婆難以取締的狀況就如同《產婆的技藝》一書中 Teresa Ortiz 舉出，在西班牙，即使到了十八世紀末已建立了凌駕產婆的法律與教育控制，卻不意味產婆的沒落。〔註7〕然而，從一些對穩婆的控訴案件中來看，穩婆一旦涉訟，無論有無證據證明其確實有過錯，大都會被處以取消營業執照或者拘留的懲罰。對於這部分穩婆來說，謀生之道便已喪失。

對於穩婆形象在近代的轉變來說，在近代「衛生」話語之下，「清潔」、「消毒」這些近代語彙成爲攻擊穩婆的嶄新詞彙。穩婆不僅僅被批評爲魯莽，也被賦予了「不衛生」的形象。

如緒論所言，本文源於對「穩婆行業爲何低賤」這一問題的思考，下面將在上述研究基礎上總結一下思考結果，以及同時對緒論所提問題進行回應。

穩婆行業的低賤印象是由多種因素造成的。概言之，首先，現有研究業已指出，穩婆因爲也在官府擔任驗屍的職能，例如檢查女性屍體性器官或者女死者是否懷孕等，因此玷染上一種顛覆性力量，使她們往往被懷疑介入各種陰謀，使她們具有不潔的形象。〔註8〕另外，生育的污穢觀以及產血髒污也使得穩婆玷染此種污穢力量，甚至有文獻記載一有潔癖女表示平生「最憎穩婆」。而對分娩的忌諱就很可能源於對死亡的忌諱。除卻死亡、分娩具有危險與污穢的因素以外，傳統觀念中，女性身體本身就是不潔的。一些文獻雖對婦女喜入神祠的現象表示批判，其實也反映了對女性身體之物的厭惡觀念。而穩婆屬於經常與女性身體接觸之人，因此不免難逃「下賤」之感。

其次，穩婆也被刻畫成多種負面形象，這也鞏固了其「低賤」的形象。具體表現在：

第一，產婆形象的惡劣化在古代中醫產科指導思想之下發生。從產科學的知識層面看，產婆的污名化是與醫家的理論化相伴隨的。在實踐領域助產

〔註6〕 趙婧：《近代上海的分娩衛生研究（1927～1949）》，復旦大學博士論文，2009年，第118～121頁。

〔註7〕 蔣竹山：《從產婆到男性助產士：評介三本近代歐洲助產士與婦科醫學的專著》，《近代中國婦女史研究》1999年第7期（臺北），第228頁。

〔註8〕 梁其姿著、蔣竹山譯：《前近代中國的女性醫療從業者》，收入李貞德、梁其姿主編《婦女與社會》，北京：中國大百科全書出版社，2005年，第362頁。

手法應用廣泛且有所發展，而正統醫學執著於描述「瓜熟蒂落」的理想境界，以至認為所有外力幫助皆不必要，這其實是醫家對造成難產的生理原因的有意趨避。穩婆也成為傳統醫學接生醫術局限的替罪羔羊。

此外，醫學文本中（尤其是清代以來）醫生對穩婆零割胎兒而下的批判，與文學文本中穩婆墮胎、殺嬰果報的故事一道，共同建構了一種兇殘惡婦的形象。那麼，醫學文本的批判與文學文本之間的關係如何呢？我們可以認為二者其實是有著相互影響的：醫家在一個醫學的契機上，逐漸附會了道學家的批評，或者是明清以來文學作品的普及使得醫家因其刻板印象，而在技術上失去了評價的準則。如果說宋時期醫家還只是針對產婆技術的擔心，明清時期已經更多針對於產婆道德的擔心。例如張景岳曾見有「奸詭之婦」。〔註9〕薛己也認為產婆「喜平日常施少惠」，因此產家「當施恩惠以結其心」。〔註10〕《達生編》也描繪穩婆中有一等「狡惡之婦」。〔註11〕醫家所描繪的「奸詭之婦」、「狡惡之婦」、喜歡小恩小惠的形象顯然並不是基於醫療技術，而是基於道德的批評。但是醫家又將對其道德批評附於對其技術批評當中，通過詆毀技術來批判道德，也可以說通過詆毀道德深化了對其技術的批判。

另一方面，我們也可見醫學文本對文學文本語言的影響。例如《金瓶梅》中蔡老娘即說：「橫生就用刀割，難產須將拳揣。不管臍帶包衣，著忙用手撕壞。」〔註12〕與醫家的語言同出一轍。

那麼，對穩婆的批判有利於「醫學正統化」的形成嗎？「醫學正統化」是一個較為宏觀的問題，本研究或許只能對其些微有所體會：即在細瑣的歷史材料中，所謂「醫學正統化」問題往往呈現複雜面相。

吳一立在其專著《分娩的婦女》中著重介紹了晚清兩大婦科體系，一是竹林寺女科，二是《達生編》。〔註13〕稱其為體系，是因為圍繞這兩個不同的

〔註9〕 （明）張介賓：《景嶽全書》卷三十九「穩婆」，北京：中國中醫藥出版社，1994年，第454頁。

〔註10〕 （明）薛己撰，張慧芳，伊廣謙校注：《薛氏醫案》卷下「保產」，北京：中國中醫藥出版社，1997，第946頁。

〔註11〕 （清）亟齋居士：《達生編》上卷「臨產」，《續修四庫全書‧子部‧醫家類》1008冊，上海：上海古籍出版社，2002年，第104頁。

〔註12〕 蘭陵笑笑生著：《金瓶梅詞話》上，北京：人民文學出版社，2000年，第347頁。

〔註13〕 Yi-Li Wu, Reproducing Women: Medicine, Metaphor, and Childbirth in Late Imperial China, university of California press, 2010, pp.54-84.

知識來源，有了較爲龐雜的衍生成果（各種增廣版本很多）。而需要注意的是，這兩大知識來源，都不是所謂的「儒」或者「經典」醫家所作。《達生編》的作者只是一位崇尚山水自然的失意文人或者說好醫「隱士」。《達生編》這本小冊子或許是他最有名的一本著作，然而卻成爲清代流行最廣的一本醫書。那麼，可以追問的問題是，《達生編》能否反映「正統」醫家的態度呢？這裡，可能首先需要解決何爲「正統」的問題、「經典」與「通俗」的問題，以及「正統」醫書有無包容性。

清代醫書《幼幼集成》的作者陳復正對《達生編》的主張有所發揮，其言：

> 凡臨產時，亟齋有六字眞言：一曰睡，二曰忍痛，三曰慢臨盆。
>
> 予復有三字寶，曰：未離經。校六字眞言，更爲親切。蓋六字眞言，出於常人之口，産婦未能深信。三字寶爲醫者之言，不容不信。〔註14〕

此段文字可以看出，陳復正自認爲醫者，顯與亟齋居士這類並非以業醫爲生之人有所區別，在他看來，亟齋居士只是「常人」。而亟齋居士其實也並未以醫者自居過，顯見其是個不折不扣的「業餘者」。〔註15〕而醫者的身份認同標準並不阻礙其對於醫學知識的包容與吸收，清代醫家對《達生編》所言多有推崇與借鑒，也反映出所謂「正統」問題的複雜化。如吳一立所言，《達生編》的印刷歷史反映了一個歷史面相：清代婦科知識是由文人（業餘者）所創造。亟齋居士自己也說，此書言語俚俗，不免貽笑大方。但是此書卻成爲了清朝晚期最著名的一本產科著作。〔註16〕這種現象確實值得思考，即《達生編》並不具備任何所謂正統性（或者稱合法性）來源：理論醫學的或者是宗教的（如竹林寺女科），但是它卻傳播廣泛。我們唯一可能的解釋就是將之放在善舉傳統之中來思考。吳一立即說，大眾對業餘者的信任是由通過傳播醫書來行善的大眾觀念所建立。印刷行爲也說明，誰是正統醫者以及哪種是正統醫學模式常常由印刷者及外行來評判。即對於婦女治療方法「正確和有

〔註14〕（清）陳復正著，圖婭點校：《幼幼集成》卷二「小產論」，瀋陽：遼寧科學技術出版社，1997年，第9頁。

〔註15〕吳一立認爲，當我們使用「業餘者」這個詞彙的時候，指的是自己和別人都沒把他當成醫生，不論他的實際水平達到何種程度。Yi-Li Wu, *Reproducing Women: Medicine, Metaphor, and Childbirth in Late Imperial China*, university of California press, 2010,p.56.

〔註16〕Yi-Li Wu, Reproducing Women: Medicine, Metaphor, and Childbirth in Late Imperial China, university of California press, 2010, p.67.

效」的評判標準形成於醫學領域內外兩方面的規範和動力。〔註17〕如此,「醫學正統化」在清代似乎呈現出一種與宋明之際不同的趨勢,即並非攀附儒學傳統〔註18〕,而是依附於明清之際以來的醫學通俗化的趨勢之下。

第二,穩婆跨越內/外藩籬,出入公/私領域的行為特徵,並不符合正統女性形象,也成為衛道之士批判的緣由。〔註19〕在一些文學文本中,妒婦之間往往通過賄賂穩婆殺嬰進行報復,而擔心男嗣分割家產而賄賂穩婆殺嬰的故事也屢見不鮮。這些故事中穩婆都遭到死亡果報,顯見其是破壞正統家庭秩序的幫兇。

另外,雖穩婆大都為年長婦女,但因技術傳承一般為家傳方式,也有很多年輕婦女即開始從事。例如「陰娘娘」〔註20〕、「白牡丹」〔註21〕之類。值得說明的是,文學作品常把年輕穩婆刻畫有些姿色的負面形象,例如「白牡丹」雖美姿容但因出售墮胎藥而亡。「陰娘娘」諧音「淫娘娘」,暗含其性情放浪,常給人做假肚、墮胎,最終也因收了鬼胎而病死。而「穩婆苦節」的故事描寫一貌美年輕穩婆貞烈感人,卻不被人所知,士紳通過秘訪才獲得其事蹟,最終給予旌表。故事基於對貞節烈女正統形象的宣揚,也反映了人們有「安有穩婆而能守節者」的慣常思維(見第四章餘論)。即在大多數情況下,穩婆都是婦德教育的反面教材。

因由費俠莉的研究啓示,晚清產科醫學也強調一種婦德的訓練,即以《達生編》為代表的產科思想要求產婦須「忍痛」,即要冷靜、忍耐,而這也是一種道德規範與訓練。在分娩時的無序與慌亂和在家庭生活中的不善於忍耐一樣,會造成難產或者家庭矛盾。〔註22〕而在醫者眼中,穩婆常常呈現「忙冗

〔註17〕 Yi-Li Wu, Reproducing Women: Medicine, Metaphor, and Childbirth in Late Imperial China, university of California press, 2010,pp.81-82.

〔註18〕 祝平一分析了元、明醫史中正統意識的形成,指出,自南宋「儒醫」興起後,技術人應對士人歧視眼光的方式有了轉變。表現在醫史文本中,就是以醫統「比附」儒統的書寫策略。祝平一:《宋、明之際的醫史與「儒醫」》,《中央研究院歷史語言研究所集刊》第七十七本第三分,2006年,第421~443頁。

〔註19〕 衣若蘭:《三姑六婆——明代婦女與社會的探索》,臺北:稻香出版社,2002年,第180頁。

〔註20〕 (清)五色石主人著:《八洞天》卷四「續在原」,北京:書目文獻出版社,1985年,第73頁。

〔註21〕 (宋)張杲撰,王旭光、張宏校注:《醫說》卷10,北京:中國中醫藥出版社,2009年,第378頁。

〔註22〕 Charlotte Furth, Concepts of Pregnancy, Childbirth, and Infancy in Ch'ing Dynasty China, *The Journal of Asian Studies*, Vol.46, No.1 (Feb.,1987), pp.7-35.

性急」，或「故爲哼訝」的「混鬧」形象，成爲產婦「忍痛」過程的破壞者，也成爲產房正常秩序的破壞者。

第三，在近代有關「衛生」語境之中，穩婆被批判爲不懂「消毒」與「清潔」，這是造成婦女產褥熱、嬰兒破傷風的罪魁，因而穩婆也成爲與科學新式助產士相對的「愚昧」、「落後」的代名詞。而從一些近代日記及助產士自述來看，穩婆之中不乏「穩練」、「地獄菩薩」般的人物，這些私人記述給予的高評價，與本文緒論開篇所述廣仁堂節婦對「下流穩婆」的評價，形成一種鮮明對比。這其實也是個人形象與群體形象之間的一種落差，個人形象往往呈現多樣性，而群體形象具有刻板化趨勢。刻板化形象的形成是因社會意識形態所需建構而來，穩婆負面刻板形象的形成也體現出文化建構的力量。

本文的問題意識來源於「女性與醫療」的相關研究成果之中。從西方對產婆／助產士的研究經驗來看，似乎歷史學家總是喜歡由近及遠，具體而言，即因爲分娩專業化及醫療化過程的出現，關注到助產群體之間的關係及接替過程，又進而將焦點上溯，關注到歷史上傳統接生群體的面貌。〔註23〕也就是說，藉由探討近代生育醫療化、現代化現象的研究，產婆群體進入了醫療領域發展史當中的脈絡。而筆者認爲，目前學界之所以會關注產婆這樣一個群體，比古代「三姑六婆」的其他職業的女性群體要多，主要也是因爲醫學史在世界範圍內的蓬勃發展，在醫學史領域，她才喚起人們更多的記憶。這樣一來，產婆首當其衝成爲了助產士的前身，成爲了女性醫者群體。然而我們需要注意的是，產婆被歸入醫療領域，是醫學史學術研究的一項前提，這個群體需要有一個明確的身份表徵，繼而才能夠去分析，輻射相關的一些主題。而筆者試圖還原這個群體的本來面貌，消解目前研究成果中賦予這個群體的過多的醫學身份。其實穩婆群體的邊界本身就很模糊，從事接生的可能只是產婦的熟人或者親戚，或者並不是以接生爲業，僅存在幫忙的成分。因此考察傳統穩婆群體時，應當破除當代醫療體系思維的定勢，還原她們的社會身份。

其實在古人眼中，穩婆與醫者也是截然不同的兩種職業群體。陳鐸將之與巫師、道人、牙人、篦頭、打春、乞兒等人物放在一起，反映了他對這個行業的定性，也可見在人們生活中「去請穩婆」大概就如同去找「篦頭」一

〔註23〕可參考蔣竹山：《從產婆到男性助產士：評介三本近代歐洲助產士與婦科醫學的專著》，《近代中國婦女史研究》1999年第7期（臺北），第223～238頁。

樣，解決一下生活問題，而非疾病問題。只有遇到難產在穩婆束手無策之時，醫生才會到場。而文學作品之中也可見圍繞生子事件，穩婆等三姑六婆與產家婦女之間的交往，其中不乏熱鬧的聚會場面，可知穩婆更像是女性間交往的紐帶角色，其醫學身份並不見描述。

　　將產婆群體暫時從醫學史脈絡中脫離，那麼，她便屬於婦女群體而進入婦女史的脈絡之中。近年來，婦女史研究關注的群體逐漸由貞節烈婦這個傳統議題拓展到其他，例如妓女、知識女性、女性醫療從業者等，研究者試圖去挖掘失語群體的能動性和主體性，試圖解構歷史上男尊女卑、女性三從四德的東方神話。高彥頤在其《閨塾師》中寫道，受害的「封建」女性形象之所以根深蒂固，在某種程度上是出自一種分析上的混淆，即錯誤地將標準的規定視爲經歷過的現實，這種混淆的出現，是因缺乏某種歷史性的考察，即從女性自身的視角來考察其所處的世界。「五四」對傳統的批判本身就是一種政治和意識形態建構。〔註24〕高彥頤的研究啓發學者區分有關道德標準式論述與社會現實之間的落差，本文也時刻以此警醒，將對穩婆的道德評判與現實狀況要做以區分。

　　值得注意的是，婦女史同醫療史的研究一樣，也是遵循由近及遠的一種問題意識。具體而言，「五四」對傳統的批判使得女性受害形象廣爲流行並深入人心，研究者意識到這一點，開始嘗試戳破這一迷思。給我們的啓發是，穩婆迫害婦女健康的慘無人道的形象在不斷被輿論界強化，這實際上是將對穩婆形象的塑造參與到了建構女性受害形象的過程之中。穩婆群體便在女性悲慘形象的建構脈絡中出現。

〔註24〕 （美）高彥頤，李志生譯：《閨塾師：明末清初江南的才女文化》，南京：江蘇人民出版社，2005 年，第 4 頁。

參考文獻

一、基本史料

（一）醫書

1. （日）竹中成憲著，丁福保譯：《竹式產婆學》，上海：文明書局，1909年。

2. 巢元方撰，黃作陣點校：《諸病源候論》，瀋陽：遼寧科學技術出版社，1997年。

3. 陳復正著，圖婭點校：《幼幼集成》，瀋陽：遼寧科學技術出版社，1997年。

4. 陳修園編著，黃傑熙箋正：《〈女科要旨〉箋正》，太原：山西科學技術出版社，1995年。

5. 陳言著：《三因極一病證方論》，北京：人民衛生出版社，2007年。

6. 陳自明原著，熊宗立補遺，薛己校注：余瀛鰲等點校：《〈婦人良方〉校注補遺》，上海：上海科學技術出版社，1991年。

7. 陳自明著，田代華點校：《婦人大全良方》，天津：天津科學技術出版社，2003年。

8. 程國彭著：《醫學心悟》，上海：科學技術文獻出版社，1996年。

9. 程鵬程原著：《急救廣生集》，北京：人民軍醫出版社，2009年。

10. 亟齋居士：《達生編》，《續修四庫全書‧子部‧醫家類》1008冊，上海：上海古籍出版社，2002年。

11. 亟齋居士：《達生編》，上海：上海佛學書局，民國二十三年九月。

12. 亟齋居士：《達生編》，咸豐五年版琉璃廠中間路北秀義齋刻本，光緒元年版後印。

13. 亟齋居士：《達生編》，辛亥聚文齋刻本。

14. 亟齋居士撰，周毓齡增廣，周登庸續：《廣達生編全》，清光緒二年刻本。

15. 江瓘編著：《名醫類案》，北京：人民衛生出版社，1957 年。

16. 沈金鰲著，張慧芳、王亞芬點校：《婦科玉尺》，北京：中醫古籍出版社，1996 年。

17. 沈又彭著，陳丹華點校：《沈氏女科輯要》，南京：江蘇科學技術出版社，1983 年。

18. 釋輪應：《女科秘要》，裘慶元輯：《珍本醫書集成》第 2 冊，北京：中國中醫藥出版社，1999 年。

19. 宋仲甫：《女科百問》，裘慶元輯：《珍本醫書集成》第 2 冊，北京：中國中醫藥出版社，1999 年。

20. 孫思邈撰，魯兆麟主校：《備急千金要方》，瀋陽：遼寧科學技術出版社，1997 年。

21. 孫志宏撰；余瀛鰲點校：《簡明醫彀》，北京：人民衛生出版社，1984 年。

22. 湯萬春輯注：《小品方輯錄箋注》，合肥：安徽科學技術出版社，1990 年。

23. 唐千頃撰，葉灝增訂：《增廣大生要旨》，《續修四庫全書·子部·醫家類》1008 冊，上海：上海古籍出版社，2002 年。

24. 萬全：《萬氏女科》，《續修四庫全書·子部·醫家類》1007 冊，上海：上海古籍出版社，2002 年。

25. 汪家駒增訂：《達生編》，辛亥北京聚文齋刻本。

26. 汪喆編，徐召南評：《評注產科心法》，裘慶元輯，田思勝校：《三三醫書》第 1 集，北京：中國中醫藥出版社，1998 年。

27. 王肯堂：《胤產全書》，《續修四庫全書本·子部·醫家類》1007 冊，上海：上海古籍出版社，2002 年。

28. 王清任著，李天德、張學文整理：《醫林改錯》，北京：人民衛生出版社，2005 年。

29. 王士雄：《潛齋醫話 歸硯錄》不分卷，天津：天津科學技術出版社，2004 年。

30. 王叔和著，嚴石林、李正華主編：《脈經》，成都：四川科學技術出版社，2008 年。

31. 王燾撰，高文鑄校注：《外臺秘要方》，北京：華夏出版社，1993 年。

32. 王燕昌撰，王新華編輯：《王氏醫存》，南京：江蘇科學技術出版社，1983 年。

33. 吳崐：《醫方考》，曹炳章原輯，樊正倫校：《中國醫學大成》第 49 冊，上海：上海科學技術出版社，1990 年。

34. 吳謙編，閆志安、何源校注：《醫宗金鑒》，北京：中國中醫藥出版社，1994 年。

35. 蕭壎著，姜典華校注：《女科經綸》，北京：中國中醫藥出版社，1997 年。

36. 徐大椿：《醫學源流論》，曹炳章原輯，樊正倫校：《中國醫學大成》第 45 冊，上海：上海科學技術出版社，1990 年。

37. 徐大椿撰，趙蘊坤等校勘：《徐靈胎醫書全集》，太原：山西科學技術出版社，2001 年。

38. 薛己撰，張慧芳、伊廣謙校注：《薛氏醫案》，北京：中國中醫藥出版社，1997 年。

39. 嚴世芸主編：《中國醫籍通考》第 3 卷，上海：上海中醫學院出版社，1992 年。

40. 閻純璽撰；田代華，郭君雙點校：《胎產心法》，北京：人民衛生出版社，1988 年。

41. 余雲岫：《〈科學達生編〉序》，收入祖述憲編：《余雲岫中醫研究與批判》，合肥：安徽大學出版社，2006 年。

42. 咎殷著：《經效產寶》，北京：人民衛生出版社，1955 年。

43. 張從政著，劉更生點校：《儒門事親》，天津：天津科學技術出版社，1999 年。

44. 張杲撰，王旭光、張宏校注：《醫說》，北京：中國中醫藥出版社，2009 年。

45. 張介賓：《景嶽全書》，北京：中國中醫藥出版社，1994 年。

46. 張錫純著：《醫學衷中參西錄集要》，瀋陽：遼寧科學技術出版社，2007 年。

47. 周登庸纂輯：《續廣達生編》，清光緒二年刻本。

48. 周毓齡增撰：《廣達生編》，清光緒二年刻本。

49. 朱瑞章編，徐安國整理，楊金萍點校：《衛生家寶產科備要》，上海：上海科學技術出版社，2003 年。

50. 朱震亨：《丹溪先生胎產秘書》，《續修四庫全書・子部・醫家類》1007 冊，上海：上海古籍出版社，2002 年。

(二) 筆記、小說、文集類

1. 陳鐸：《滑稽餘韻》，謝伯陽編：《全明散曲》第 1 卷，濟南：齊魯書社，1994 年。

2. 陳華昌、黃道京主編：《中國古代禁燬小說文庫：金石緣》，西安：太白文藝出版社，1996 年。

3. 陳慶桂：《諫書稀庵筆記》，上海：小說叢報社，1922 年。

4. 陳師道：《後山談叢》，《筆記小說大觀》第四編第三冊，臺北：新興書局，1981 年。

5. 陳梓：《刪後文集》，《清代詩文集彙編》254 冊，上海：上海古籍出版社 2010 年版。

6. 待余生、逆旅過客著，張榮起校注：《燕市積弊 都市叢談》，北京：北京古籍出版社，1995 年。

7. 得碩亭《草珠一串 京都竹枝詞百有八首》，雷夢水、潘超等編《中華竹枝詞》，北京：北京古籍出版社，1996 年。

8. 定晉岩樵叟：《成都竹枝詞》，雷夢水、潘超等編：《中華竹枝詞》，北京：北京古籍出版社，1996 年。

9. 馮夢龍著：《喻世明言 插圖足本》，長春：時代文藝出版社，2000 年。

10. 關漢卿著，朱利華、陳圓改編：《救風塵》，太原：山西古籍出版社，1998 年。

11. 桂萬榮：《棠陰比事原編》，《筆記小說大觀》第六編第四冊，臺北：新興書局，1981 年。

12. 郭小亭撰：《濟公全傳》，天津：天津古籍出版社，2006 年。

13. 何剛德：《春明夢錄》下，上海：上海古籍書店影印，1983 年。

14. 洪邁：《夷堅丙志》，《筆記小說大觀》第八編第四冊，臺北：新興書局，1981 年。

15. 洪邁：《夷堅丁志》，《筆記小說大觀》第八編第四冊，臺北：新興書局，1981 年。

16. 洪邁：《夷堅乙志》，《筆記小說大觀》第八編第三冊，臺北：新興書局，1981 年。

17. 洪邁：《夷堅志》，《筆記小說大觀》第二十一編第四冊，臺北：新興書局，1981 年。

18. 洪邁：《夷堅志補》，《筆記小說大觀》第八編第五冊，臺北：新興書局，1981 年。

19. 蔣士銓撰，周妙中點校：《蔣士銓戲曲集‧一片石》，北京市：中華書局，1993 年。

20. 蘭陵笑笑生著：《金瓶梅詞話》上、下，北京：人民文學出版社，2000 年。

21. 老舍：《正紅旗下》，北京：人民文學出版社，1980 年。

22. 李斗著，周光培點校：《揚州畫舫錄》，揚州：江蘇廣陵古籍刻印社，1984 年，第 201 頁。

23. 李光庭：《鄉言解頤》，《清代筆記史料叢刊》，北京：中華書局，1982 年。

24. 李涵秋著：《廣陵潮》上，長沙：湖南文藝出版社，1998 年。

25. 李行甫：《包待制智賺灰闌記》，張月中、王鋼主編：《全元曲》下，鄭州：中州古籍出版社，1996 年。

26. 李綠園：《歧路燈》，濟南：齊魯書社，1998 年。

27. 梁恭辰：《北東園筆錄三編》，《筆記小說大觀》十二編十冊，臺北：新興書局，1981 年。

28. 梁恭辰輯：《勸誡錄類編》，《筆記小說大觀》第十二編第一冊，臺北新興書局，1981 年。

29. 劉向：《列仙傳》，上海：上海古籍出版社，1990 年。

30. 盧群點校、評說：《北京舊聞 晚清社會新聞圖錄 自點石齋畫報》，蘇州：古吳軒出版社，2003 年。

31. 陸粲：《庚巳編》，《筆記小說大觀》第十六編第五冊，臺北：新興書局，1981 年。

32. 陸長春：《香飲樓賓談》，《筆記小說大觀》第二編第十冊，臺北：新興書局 1981 年。

33. 齊學裘：《見聞隨筆》，《續修四庫全書・子部・雜家類》1181 冊，上海：上海古籍出版社，2002 年。

34. 青城子：《志異續編》，《筆記小說大觀》一編十冊，臺北：新興書局，1981 年。

35. 沈節甫：《中國文獻珍本叢刊 紀錄彙編》，全國圖書館文獻縮微複製中心，1994 年。

36. 沈長卿：《沈氏日旦》，《續修四庫全書・子部・雜家類》1131 冊，上海：上海古籍出版社，2002 年。

37. 損公：《新鮮滋味 鐵王三》，京話日報社排印，《筆記小說大觀》第九編第九冊，臺北：新興書局，1981 年。

38. 貪夢道人著，秦克、鞏軍校點：《彭公案》，上海：上海古籍出版社，2005 年。

39. 陶宗儀著，文灝點校：《南村輟耕錄》，北京：文化藝術出版社，1998 年。

40. 王昶輯：《湖海詩傳》，《續修四庫全書・集部・總集類》1625 冊，上海古籍出版社，2002 年。

41. 王圻：《稗史彙編》，《筆記小說大觀》第三編第六冊，臺北：新興書局，1981 年。

42. 王同軌著，呂友仁、孫順霖校點：《耳談類增》，鄭州：中州古籍出版社，1994 年。

43. 吳虞：《吳虞日記（上冊）》，成都：四川人民出版社，1984 年。

44. 吳震方：《說鈴》，《筆記小說大觀》第三編第十冊，臺北：新興書局，1981 年。

45. 五色石主人著：《八洞天》，北京：書目文獻出版社，1985 年。

46. 伍晉、陳麗編：《廈門高甲戲優秀傳統劇目選·狸貓換太子——拷寇珠》，北京：中國戲劇出版社，2009 年。

47. 武漢臣：《散家財天賜老生兒》，王季思主編：《全元戲曲》第 2 卷，北京：人民文學出版社，1990 年。

48. 西周生輯著：《醒世姻緣傳》上、中、下，濟南：齊魯書社，1980 年。

49. 謝肇淛：《五雜組》，《筆記小說大觀》第八編第七冊，臺北：新興書局，1981 年。

50. 謝肇淛：《塵餘》，《續修四庫全書·子部·雜家類》第 1130 冊，上海：上海古籍出版社，2002 年。

51. 熊夢祥著，北京圖書館善本組輯：《析津志輯佚》，北京：北京古籍出版社，1983 年。

52. 許奉恩：《里乘》，《筆記小說大觀》第一編第十冊，臺北：新興書局，1981 年。

53. 許秋垞：《聞見異辭》，《筆記小說大觀》第一編第三冊，臺北：新興書局，1981 年。

54. 俞樾：《茶香室叢鈔》，北京：中華書局，1995 年。

55. 俞樾：《春在堂雜文》，《清代詩文集彙編》686 冊，上海：上海古籍出版社，2010 年。

56. 俞樾：《耳郵》，《筆記小說大觀》第一編第十冊，臺北：新興書局，1981 年。

57. 俞樾撰，徐明霞點校：《右臺仙館筆記》，上海：上海古籍出版社，1986 年。

58. 袁枚著，沈習康校點：《新齊諧 續新齊諧》，北京：人民文學出版社，1996 年。

59. 章培恒主編：《四庫家藏 六十種曲（二）》，濟南：山東畫報出版社，2004 年。

60. 長白浩歌子著，陳果標點：《螢窗異草三編》，重慶：重慶出版社，2005 年。

61. 長谷眞逸：《農田餘話》，北京：中華書局，1991 年。

62. 中國民間文學集成全國編輯委員會《中國歌謠集成 遼寧卷》編輯委員會編：《中國歌謠集成 遼寧卷》，北京：中國 ISBN 中心，2008 年。

63. 鍾叔河編：《周作人文類編 5》，長沙：湖南文藝出版社，1998 年。

64. 周暉：《續金陵瑣事》，《筆記小說大觀》第十六編第四冊，臺北：新興書局，1981 年。

65. 朱梅叔：《埋憂集》，長沙：嶽麓書社，1985 年。

（三）近代報刊

1. 《北平衛生局產婆講習所成立紀事》，《衛生月刊》1928 年第 2 期。

2. 《產婆規則》，《醫學世界》1909 年第 9 期。

3. 《產婆學講義序》，《醫學世界》1913 年第 18 期。

4. 《產婆學宜習》，《安亭旅滬同鄉報》1910 年第 6 期。

5. 《從收生婆想到北平產科教育委員會的工作》，《衛生月刊》1928 年第 2 期。

6. 《關於清河鎮鄉村產育種種及其迷信風俗之調查》，《第一助產學校年刊》1934 年第 5 卷。

7. 《關於上海產婆補習所之事實報告》，《醫藥評論》1929 年第 5 期。

8. 《關於上海產婆補習所之事實報告續》，《醫藥評論》1929 年第 6 期。

9. 《敬告市民注意接生婆的一隻筐子》，《第一助產學校年刊》1931 年第 2 卷。

10. 《清河鎮兩年來婦嬰衛生工作之概況》，《第一助產學校年刊》1933 年第 4 卷。

11. 《請廣行西法收生以解產厄說》，《萬國公報》1898 年正月卷。

12. 《取締穩婆章程》，《（安慶）市政月刊》1928 年第 2 期。

13. 《上海市政府公報》1934 年第 143 期。

14. 《上海特別市市政府衛生局管理助產女士（產婆）暫行章程》，《上海特別市市政公報》1927 年第 4 期。

15. 《上海特別市市政公報 法規》第六十一期。

16. 《十九年冬無錫市政籌備處附設接生婆訓練班報告》，《無錫市政》1930 年第六號。

17. 《實施產婆教育說》，《廣濟醫刊》1927 年第 4 卷第 9 號。

18. 《談談收生婆的婆字》，《家庭醫藥常識》1931 年第 4 期。

19. 《特製六個月的收死婆》，《醫藥評論》1930 年第 38 期。

20. 《我為什麼選擇國立第一助產》，《淮沿助產學報》1948 年第 1 卷第 4 期。

21. 《修正上海市衛生局訓練產婆簡章》，《上海市政府公報》1934 年第 143 期。

22. 《中國今日宜養成產婆論》,《婦女雜誌》1916 年第二卷第四號。

23. 胡定安:《國家與社會之婦女衛生問題》,《婦女雜誌》1927 年 13 卷 9 期。

24. 黃迪:《清河村鎮社區——一個初步研究報告》,李文海主編:《民國時期社會調查叢編 二編 鄉村社會卷》,福州:福建教育出版社,2009 年,第 31~69 頁。

25. 李群彥:《我為什麼選擇助產》,《淮沿助產學報》1948 年第 1 卷第 3 期。

26. 龐玉芸:《我為什麼選擇進助產學校》,《淮沿助產學報》1948 年第 1 卷第 1 期。

27. 齊樂山:《吾鄉的生產風俗（綏遠新城)》,《婦女雜誌》,1925 年第 11 卷第 7 期。

28. 史濟綱:《實施產婆教育說》,《廣濟醫刊》1927 年第 4 卷第 9 號。

29. 王光:《吾鄉的生產風俗（浙江鄞縣)》,《婦女雜誌》1925 年第 11 卷第 7 期。

30. 王荷卿:《吾鄉的生產風俗（安徽績溪)》,《婦女雜誌》1925 年第 11 卷第 7 期。

31. 毛子震:《產婆的名字好嗎》,《通俗醫事月刊》1919 年第 1 期。

32. 陳萬里:《我也說說這產婆兩個字》,《通俗醫事月刊》1919 年第 2 期。

33. 許言午:《吾鄉的生產風俗（浙江紹興)》,《婦女雜誌》,1925 年第 11 卷第 7 期。

34. 徐瀛芳:《節補達生篇緒言》,陸淵雷等編:《中醫新生命》1935 年第 5 期。

35. 芸子:《吾鄉的生產風俗（北京)》,《婦女雜誌》1925 年第 11 卷第 7 期。

36. 《產婆傳習所開學記盛》,《警務叢報》1915 年 4 月第 10 期。

37. 王恩覃:《中國穩婆與產褥熱》,《醫藥學》1927 年 4 卷 11 期。

38. 《國民政府內政部內政公報 法規》1928 年 1 月第 4 期。

39. 王先麟:《改良產婆之我見》,《社會醫報匯刊第一集》1928 年 9 月。

40. 俞松筠:《關於上海產婆補習所之事實報告》,《醫藥評論》1929 年 5 月。

41. 勝利:《天津產兒的風俗》,天津《大公報·婦女與家庭》1929 年 11 月 28 日,收入陳益民編:《民國名家隨筆叢書 陋俗與惡習》,天津:天津人民出版社,2011 年,第 38~39 頁。

42. 《接生婆訓練班畢業典禮紀事》,《無錫市政》第六號 1930 年 3 月。

43. 王世偉:《十九年冬無錫市政籌備處附設接生婆訓練班報告》,《無錫市政》1930 年 3 月第六號。

44. 佚名:《專門接生的陳姥姥》,天津《大公報·社會花絮》1930 年 3 月 3 日,收入陳益民編:《民國名家隨筆叢書 陋俗與惡習》,天津:天津人民

出版社，2011 年，第 42～45 頁。

45. 《1933 年 12 月 27 日文電》，《醫事匯刊》1934 年第 19 期。

46. 《山東省政府公報 本省命令》，1934 年 12 月 13 日。

47. 朱培章：《論吾國穩婆接生亟應改良之我見》，《醫藥導報》1935 年 1 卷 11 期。

48. 《安徽省政府公報 訓令》，1937 年 1 月 29 日。

49. 俞松筠：《科學的達生編》，連載於《社會衛生》1944 年 1 卷 1 期至 1 卷 7 期。

50. 俞松筠：《衛生行政的意義》，《社會衛生》1946 年 2 卷第 3 期。

51. 嚴雯：《論收生婆問題》，東聯社《莫釐風》1947 年 4 月 1 日。

52. 馬麗：《改造產婆》，顧頡剛主編：《民眾週刊》，上海民眾讀物社，1948 年第 2 卷第 1～8 期。

（四）近代檔案

1. 北京檔案館 J005-001-00594《衛生局產婆談話會記實及保嬰事務所檢送公務員甄別審查證明文件清冊》1946 年。

2. 北京檔案館 J005-002-00172《衛生局致函北平同仁會北京醫院請將附設產婆養成所辦理情形並造畢業生名冊見覆的公函及市政府的指令》。

3. 北京檔案館 J005-002-00176《接生婆丁陳氏呈北京特別市衛生局為新遷移住址及貽誤查驗原因，仍乞恩施格外，予以換發新照以資營業而維生活由》。

4. 北京檔案館 J005-003-00201《潘陳氏等關於請發給接生婆開業執照的呈及衛生局的批》。

5. 北京檔案館 J029-1-24《北京醫學專門學校畢業生名冊及該校附設產婆養成所學生畢業成績表》。

6. 北京檔案館 J181-018-00222《京師警察廳衛生處關於取締陰陽生及產婆規則的公函》。

7. 北京檔案館 J181-018-04936《京師警察廳外右二區區署關於徐小堂控產婆吳潘為其妻黃氏墜胎身死一案辦理情形的詳報》。

8. 北京檔案館 J181-019-06975《京師警察廳外左四區區署關於未經官准產婆李張氏私行營業的詳報》。

9. 北京檔案館 J181-019-32279《京師警察廳衛生處為收生婆白姓即英金氏誤將張金氏子宮損傷身故的呈》。

10. 北京檔案館 J181-019-3229《京師警察廳內左三區警察署關於陳張氏接生將嬰兒頭揪斷的呈》。

11. 北京檔案館 J181-019-46291《張王氏控張李氏因收生手術不良以至伊傷內身死送請訊辦一案》。

12. 北京檔案館 J181-020-23891《北平市政府關於查輯向市內各產婆行騙匪犯的訓令》。

13. 北京檔案館 J181-033-01083《北平市警察局外左三區區署關於杜張氏未經官准私行產婆業務的案》。

14. 北京市檔案館 J181-033-01083《北平市警察局外左三區區署關於杜張氏未經官准私行產婆業務的案表》。

15. 上海檔案館 B242-1-303《上海市衛生局關於上海市產婆改造和管理辦法草案》1951 年。

16. 上海檔案館 D2-0-1009《關於「論收生婆問題」》,《莫釐風》第 1 卷第 11 期。

17. 上海檔案館 Q400-1-2629《上海市衛生局關於調查及取締穩婆》。

18. 上海檔案館 Q400-1-3380《上海市衛生局關於各區衛生事務所新法接生人數新生嬰兒健康情況調查表》1947 年 5 月。

19. 天津檔案館 J0117-1-000016《接生婆註冊問題》1937 年。

20. 天津檔案館 J0117-1-000018《接生婆註冊規則》1937 年。

21. 天津檔案館 J0130-1-000093,廣仁堂卷宗《光緒三十二年二月督憲袁箚興辦女醫學堂卷》。

(五)其他

1. (日)內藤乾吉:《六部成語注解》,杭州:浙江古籍出版社,1987 年。

2. 班固:《漢書》,北京:中華書局,1962 年。

3. 杜家驥編:《清嘉慶朝刑科題本社會史料輯刊》,天津:天津古籍出版社,2008 年。

4. 范祖述著,洪如嵩補輯:《杭俗遺風》,王國平主編:《西湖文獻集成》第 19 冊《西湖風俗》,杭州:杭州出版社,2004 年。

5. 傅崇榘編:《成都通覽》上冊,成都:巴蜀書社,1987 年。

6. 甘山、程在嶸纂修:《霍山縣志》,乾隆四十一年版刊本,《中國方志叢書》第 716 冊,臺北:成文出版社,1985 年。

7. 關槐增纂,吳瀟恒、張春龍點校:《事物異名錄》,長沙:嶽麓書社,1991 年。

8. 胡文炳輯:《折獄高抬貴手補》,陳重業主編:《折獄高抬貴手補譯注》,北京:北京大學出版社,2006 年。

9. 黃遵憲著,吳振清、徐勇、王家祥點校整理:《日本國志》卷三十一刑法

志五，天津：天津人民出版社，2005 年。

10. 李家瑞編：《北平風俗類徵》，北京：商務印書館，1937 年。

11. 李清著，陸有珣等注釋：《〈折獄新語〉注釋》，長春：吉林人民出版社，1987 年。

12. 李永祜主編：《盦史選注 中國古代婦女生活大觀》，北京：中國人民大學出版社，1994 年。

13. 梁章鉅：《稱謂錄》，天津：天津市古籍書店，1987 年。

14. 廖名春、鄒新明校點：《孔子家語》，瀋陽：遼寧教育出版社，1997 年。

15. 南洋公學譯書院初譯、高珣點校：《新譯日本法規大全》第 6 卷，北京：商務印書館，2008 年。

16. 錢實甫編：《清代職官年版表》二，北京：中華書局，1980 年。

17. 王明編：《太平經合校》，北京：中華書局，1960 年。

18. 吳漢癡主編：《切口大詞典》，上海：上海文藝出版社，1989 年。

19. 吳廷燮等纂：《北京市志稿 2 民政志》，北京燕山出版社，1989 年。

20. 徐珂：《清稗類鈔》第七冊，北京：中華書局，1986 年。

21. 徐珂：《清稗類鈔》第三冊，北京：中華書局，1984 年。

22. 徐元誥撰：《國語集解》卷二十·越語上，北京：中華書局，2002 年。

23. 薛公綽：《我們學習的榜樣》，嚴仁英主編：《楊崇瑞博士——誕辰百年紀念》，北京醫科大學、中國協和醫科大學聯合出版社，1990 年，第 32～33 頁。

24. 薛清錄主編：《全國中醫圖書聯合目錄》，北京：中醫古籍出版社 1991 年版，第 453～454 頁。

25. 嚴仁英：《學習楊崇瑞的獻身精神》，嚴仁英主編：《楊崇瑞博士——誕辰百年紀念》，北京醫科大學、中國協和醫科大學聯合出版社，1990 年，第 27～28 頁。

26. 楊崇瑞：《產科教育計劃》，嚴仁英主編：《楊崇瑞博士——誕辰百年紀念》，北京醫科大學、中國協和醫科大學聯合出版社，1990 年，第 136～142 頁。

27. 楊崇瑞：《我的自傳》，嚴仁英主編：《楊崇瑞博士——誕辰百年紀念》，北京醫科大學、中國協和醫科大學聯合出版社，1990 年，第 143～153 頁。

28. 張官五、吳嗣仲等纂修：《沅州府志》，同治十年版刊。

29. 鄭觀應著，辛俊玲評注：《盛世危言》，北京：華夏出版社，2002 年。

二、研究論著

（一）著作

1. （美）白馥蘭，江湄、鄧京力譯：《技術與性別——晚期帝制中國的權力經緯》，南京：江蘇人民出版社，2006 年。

2. 常人春、高巍著：《北京民俗史話》，北京：現代出版社，2007 年。

3. 陳東原：《中國婦女生活史》，上海：上海書店，1984 年。根據商務印書館 1937 年版複印。

4. 陳方之：《衛生學與衛生行政》，北京：商務印書館發行，1934 年。

5. （英）道格拉斯著，黃劍波等譯：《潔淨與危險》，北京：民族出版社，2008 年。

6. （美）杜贊奇著，王憲明譯：《從民族國家拯救歷史：民族主義話語與中國現代史研究》，社會科學文獻出版社，2003 年。

7. 方燕：《巫文化視域下的宋代女性——立足於女性生育、疾病的考察》，北京：中華書局，2008 年。

8. （美）費俠莉著，甄橙主譯：《繁盛之陰：中國醫學史中的性（960～1665）》，南京：江蘇人民出版社，2006 年。

9. 馮天瑜：《新語探源——中西日文化互動與近代漢字術語生成》，北京：中華書局，2004 年。

10. （法）米歇爾·福柯：《瘋癲與文明》，北京：生活·讀書·新知三聯書店，2007 年。

11. 傅大爲：《亞細亞的新身體：性別、醫療與近代臺灣》，臺北：群學出版有限公司，2005 年。

12. （美）高彥頤著，李志生譯：《閨塾師：明末清初江南的才女文化》，南京：江蘇人民出版社，2005 年。

13. （美）戈夫曼著，宋立宏譯：《污名——受損身份管理箚記》，北京：商務印書館，2009 年。

14. 郭錦桴：《中國女性禁忌》，石家莊：河北人民出版社，1991 年。

15. 郭立誠：《中國生育禮俗考》，臺北：文史哲出版社，1979 年。

16. 洪有錫、陳麗新：《先生媽、產婆與婦產科醫師》，臺北：前衛出版社，2002 年。

17. 江紹原：《中國禮俗迷信》，天津：渤海灣出版公司，1989 年。

18. 江紹原：《中國人的天癸觀》，《晨報副刊》1926 年 3 月 8 日。

19. （日）酒井忠夫：《中國善書研究》，南京：江蘇人民出版社，2010 年。

20. （英）克萊爾·漢森著，章梅芳譯：《懷孕文化史：懷孕、醫學和文化（1750

～2000）》，北京：北京大學出版社，2010 年。

21. 李春光纂：《清代名人軼事輯覽》，北京：中國社會科學出版社，2004 年。

22. 馬大正：《中國婦產科發展史》，太原：山西科學教育出版社，1991 年。

23. （美）曼素恩著，定宜莊、顏宜葳譯：《綴珍錄：十八世紀及其前後的中國婦女》，南京：江蘇人民出版社，2005 年。

24. 孟昭連著：《金瓶梅詩詞解析》，長春：吉林文史出版社，1991 年。

25. 穆玉敏著：《北京警察百年》，北京：中國人民公安大學出版社，2004 年

26. （美）帕特里克・D・韓南著，包振南譯：《〈金瓶梅〉版本及素材來源研究》，包振南等編選：《〈金瓶梅〉及其他》，長春市：吉林文史出版社，1991 年。

27. 祁連休、程薔、呂微主編：《中國民間文學史》，石家莊：河北教育出版社，2008 年。

28. 卿希泰主編，丁貽莊等撰：《中國道教》第 2 卷，北京：知識出版社，1994 年。

29. 王銘銘主編：《西方人類學名著提要》，南昌：江西人民出版社，2004 年。

30. 韋正編著，汪清、季倩譯，郭群等攝影：《金銀器》，上海：上海古籍出版社，1999 年。

31. 熊秉真：《幼幼：傳統中國的襁褓之道》，臺北市：聯經出版社，1995 年。

32. 楊念群：《再造「病人」：中西醫衝突下的空間政治（1832～1985）》，北京：中國人民大學出版社，2006 年。

33. （美）伊沛霞著，胡志宏譯：《內闈：宋代的婚姻和婦女生活》，南京：江蘇人民出版社，2004 年。

34. 衣若蘭：《三姑六婆——明代婦女與社會的探索》，臺北：稻香出版社，2002 年。

35. 游子安：《勸化金箴——清代善書研究》，天津：天津人民出版社，1999 年。

36. 游子安：《善與人同——明清以來的慈善與教化》，北京：中華書局，2005 年。

37. 余新忠：《清代江南的瘟疫與社會——一項醫療社會史的研究》，北京：中國人民大學出版社，2003 年。

38. 張大慶：《中國近代疾病社會史（1912～1937）》，濟南：山東教育出版社，2006 年。

39. 張國剛主編，余新忠著：《中國家庭史 第四卷明清時期》，廣州：廣東人民出版社，2007 年。

40. 張宏生編：《明清文學與性別研究》，江蘇古籍出版社，2002 年。

41. 張志斌：《古代中醫婦產科疾病史》，北京：中醫古籍出版社，2000 年。

42. 鄭曉江主編：《中國生育文化大觀》，南昌：百花洲文藝出版社，1999 年。

43. 周春燕：《女體與國族：強國強種與近代中國的婦女衛生（1895～1949）》，臺北市：政大歷史系，2010 年。

44. 周積明、宋德金主編：《中國社會史論》上，武漢：湖北教育出版社，2005 年。

45. （美）羅芙芸：《衛生的現代性》，江蘇人民出版社，2007 年。

46. 陳存仁：《我的醫務生涯》，廣西師範大學出版社，2007 年。

47. Ornella Moscucci, The science of woman: gynaecology and gender in England, 1800-1929, Cambridge university press, 1993.

48. Sharla M. Fett, Working Cures: Healing, Health, and Power on Southern Slave Plantations, University of North Carolina Press, 2002.

49. Yi-Li Wu, Reproducing Women: Medicine, Metaphor, and Childbirth in Late Imperial China, university of California press, 2010.

50. Yi-Li Wu, Transmitted Secrets: The Doctors of the Lower Yangzi Region and Popular Gynecology in Late Imperial China, Ph.D.dissertation, Yale University,1998.

51. 姚毅：《近代中國の出産と国家・社会》，東京：研文出版，2011 年。

（二）論文

1. 曹麗娟：《試論清末衛生行政機構》，《中華醫史雜誌》2001 年第 2 期。

2. 常建華：《論明代社會生活性消費風俗的變遷》，《南開學報》1994 年第 4 期。

3. 程章燦：《話鬼——「讀鬼節」之二》，《文史知識》1999 年第 2 期。

4. 丁芮：《北洋政府時期京師警察廳研究》，中國社科院研究生院博士論文，2011 年。

5. 杜麗紅：《清末北京衛生行政的創立》，收入余新忠主編：《清以來的疾病、醫療和衛生：以社會文化史爲視角的探索》，三聯書店，2009 年。

6. 管健：《污名的概念發展與多維度模型建構》，《南開學報》（哲社版），2007 年第 5 期。

7. （美）賀蕭：《生育的故事：1950 年代中國農村接生員》，王政、陳雁主編：《百年中國女權思潮研究》，上海：復旦大學出版社，2005 年。

8. 貫治中、楊燕飛：《〈達生編〉及其作者考》，《中華醫史雜誌》1996 年 4 月第 26 卷第 2 期。

9. 蔣竹山：《從產婆到男性助產士：評介三本近代歐洲助產士與婦科醫學的專著》，《近代中國婦女史研究》（臺北），1999 年第 7 期。

10. 蔣竹山：《女體與戰爭——明清戰爭與「陰門陣」再探》，《新史學》1999 年第 10 卷 3 期。

11. 蔣竹山：《晚明江南祁彪佳家族的日常生活史——以醫病關係爲例的探討》，收入孫遜、楊劍龍主編：《都市文化研究 第二輯 都市、帝國與先知》，上海：三聯書局，2006 年，第 181～212 頁。

12. 雷祥麟：《負責任的醫生與有信仰的病人——中西醫論爭與醫病關係在民國時期的轉變》，收入李建民主編：《生命與醫療》，中國大百科全書出版社，2005 年。

13. 李伯重：《墮胎、避孕與絕育：宋元明清時期江浙地區的節育方法及其運用與傳播》，收入李伯重著：《多視角看江南經濟史（1250～1850）》，生活‧讀書‧新知三聯書店，2003 年。

14. 李琳：《龐安時針刺治療難產案考辨》，《中華醫史雜誌》1998 年 7 月第 28 卷第 3 期。

15. 李亞琴：《民族國家的重建與助產革命：以滬寧地區爲中心的觀察（1928～1937）》，南京大學碩士論文，2006 年。

16. 李貞德：《超越父系家族的藩籬——臺灣地區「中國婦女史研究」（1945～1995）》，《新史學》1996 年 7 卷 2 期。

17. 李貞德：《漢唐之間的女性醫療照顧者》，《臺大歷史學報》，1999 年第 23 期。

18. 李貞德：《漢唐之間醫書中的忌見婦人與女體爲藥》，《新史學》2002 年 13 卷 3 期。

19. 李貞德：《漢唐之間醫書中的生產之道》，李建民主編：《生命與醫療》，北京：中國大百科全書出版社，2005 年。

20. 李貞德：《唐代的性別與醫療》，鄧小南主編：《唐宋女性與社會》，上海：上海辭書出版社，2003 年。

21. 梁其姿著，蔣竹山譯：《前近代中國的女性醫療從業者》，收入李貞德、梁其姿主編《婦女與社會》，北京：中國大百科全書出版社，2005 年。

22. 劉桂秋：《明清小說中的「三姑六婆」》，《文史知識》2006 年第 5 期。

23. 劉靜貞：《從損子壞胎的報應傳說看宋代婦女的生育問題》》，《大陸雜誌》第 90 卷第 1 期。

24. 劉衛東：《20 世紀 30 年代「中醫科學化」思潮論析》，《齊魯學刊》2008 年第 2 期。

25. 盧彥名：《疼痛的隱喻——17、18 世紀英國產科醫學史的另一種敘事》，《理論界》2008 年第 5 期。

26. 路彩霞：《天津衛生局裁撤事件探析——清末中國衛生管理近代轉型的個案考察》，《史林》2010 年 3 期。

27. 羅久蓉：《Engendering China: Women, Culture, and the state 書評》，《近代中國婦女史研究》1995 年 8 月第 3 期。

28. 馬大正：《佛手散小考》，《浙江中醫雜誌》1985 年第 4 期。

29. 馬繼興：《日本古舊遺址中發現的零殘中醫古文獻概況》，《天津中醫藥大學學報》2008 年 9 月第 27 卷第 3 期。

30. 孟慶雲：《〈達生編〉作者考》，《中華醫史雜誌》2009 年 9 月第 39 卷第 5 期。

31. 史紅偉、張兵：《略論明清小說中的人物類型化問題》，《復旦學報：社科版》2001 年第 5 期。

32. 唐魁玉、徐華：《污名化理論視野下的人類日常生活》，《黑龍江社會科學》2007 年第 5 期。

33. 王露：《淺議「三姑六婆」與晚明社會的關係——以《金瓶梅》爲中心》，吳兆路，甲斐勝二編著：《中國學研究》第十二輯，濟南市：濟南出版社，2009 年。

34. 王明珂：《女人、不潔與村寨認同：岷江上游的毒藥貓故事》，《中研院歷史語言研究所集刊》1999 年 70 本第 3 分。

35. 吳嘉苓：《醫療專業、性別與國家：臺灣助產士興衰的社會分析》，《臺灣社會學研究》，2000 年 7 月第 4 期。

36. 吳一立著，林欣儀翻譯：《鬼胎、假妊娠與中國古典醫學中的醫療不確定性》，鄧小南、王政、游鑒明主編：《中國婦女史研究讀本》，北京市：北京大學出版社，2011 年。

37. 夏坤、趙靜：《晚清廣州女醫群體》，《中華醫史雜誌》2006 年 1 月第 36 卷第 1 期。

38. 楊念群：《「蘭安生模式」與民國初年北京生死控制與空間的轉換》，《社會學研究》1999 年第 4 期。

39. 尤昭玲：《婦科離經脈與正常產程關係的初步研究》，《天津中醫藥》1986 年第 1 期。

40. 楊曉越、余新忠：《醫生也「瘋狂」：明清笑話中的庸醫形象探析》，《安徽史學》2017 年第 1 期。

41. 游鑒明：《日據時期臺灣的產婆》，《近代中國婦女史研究》1993 年 6 月第 1 期。

42. 於文：《生育與國家：1950 年代中國婦嬰衛生運動中的政治、科學與性別》，復旦大學歷史學系碩士論文，2008 年。

43. 余新忠：《晚清「衛生」概念演變探略》，收入黃愛平、黃興濤主編：《西學與清代文化》，中華書局，2008 年。

44. 余新忠：《晚清的衛生行政與近代身體的形成——以衛生防疫爲中心》，

《清史研究》2011 年 8 月第 3 期。

45. 余新忠：《衛生何爲——中國近世的衛生史研究》，《史學理論研究》2011 年第 3 期。

46. 張德英：《穩婆》，《文史知識》2003 年第 3 期。

47. 張梅芳、劉兵：《女性主義醫學史研究的意義——對兩個相關科學史研究案例的比較研究》，《中國科技史雜誌》2005 年第 2 期。

48. 趙婧：《1927～1936 年上海的婦幼衛生事業——以衛生行政爲中心的討論》，《史林》2008 年第 2 期。

49. 趙婧：《近代上海的分娩衛生研究（1927～1949）》，復旦大學博士論文，2009 年。

50. 趙婧：《母性話語與分娩醫療化——以 20 世紀三、四十年代的上海爲中心》，《婦女研究論叢》2010 年 7 月第 4 期。

51. 趙婧：《助產士與中國近代的分娩衛生》，《醫學與哲學（人文社會醫學版）》，2010 年第 31 卷第 3 期。

52. 祝平一：《宋、明之際的醫史與「儒醫」》，《中央研究院歷史語言研究所集刊》2006 年第七十七本第三分。

53. Charlotte Furth, Concepts of Pregnancy, Childbirth, and Infancy in Ch'ing Dynasty China, *The Journal of Asian Studies*, Vol.46, No.1 (Feb.,1987):7-35.

54. Emily M. Ahern, The power and pollution of Chinese Women, in *Women in Chinese Society*, Ed. by Margery Wolf & Roxane Witke, Stanford: Stanford University Press, 1975:193-214.

55. Victoria B. Cass, Female Healers in the Ming and the Lodge of Ritual and Ceremony, *Journal of the American Oriental Society*, Vol.106,No.1, 1986:233-245.